»Unkräuter haben – wenn man ihnen mit dem Herzen zuhört – viele Geschichten zu erzählen und Geheimnisse zu verraten.«

Wolf-Dieter Storl

DER SELBSTVERSORGER

WOLF-DIETER STORL

DIE ‚UNKRÄUTER' IN MEINEM GARTEN

21 Pflanzenpersönlichkeiten erkennen & nutzen

DIE GU-QUALITÄTS-GARANTIE

Wir möchten Ihnen mit den Informationen und Anregungen in diesem Buch das Leben erleichtern und Sie inspirieren, Neues auszuprobieren. Bei jedem unserer Produkte achten wir auf Aktualität und stellen höchste Ansprüche an Inhalt, Optik und Ausstattung. Alle Informationen werden von unseren Autoren und unserer Fachredaktion sorgfältig ausgewählt und mehrfach geprüft. Deshalb bieten wir Ihnen eine 100 %ige Qualitätsgarantie.

Darauf können Sie sich verlassen:
Wir legen Wert auf einen nachhaltigen Umgang mit der Natur im eigenen Garten. Wir garantieren, dass:

- alle Anleitungen und Tipps von Experten in der Praxis geprüft und
- durch klar verständliche Texte und Illustrationen einfach umsetzbar sind.

Wir möchten für Sie immer besser werden:
Sollten wir mit diesem Buch Ihre Erwartungen nicht erfüllen, lassen Sie es uns bitte wissen! Wir tauschen Ihr Buch jederzeit gegen ein gleichwertiges zum gleichen oder ähnlichen Thema um. Nehmen Sie einfach Kontakt zu unserem Leserservice auf. Die Kontaktdaten unseres Leserservice finden Sie am Ende dieses Buches.

GRÄFE UND UNZER VERLAG
Der erste Ratgeberverlag – seit 1722.

Anhang

VORWORT

Lerne deine pflanzlichen Verbündeten kennen

»Unkraut wächst immer« *(Mauvaise herbe pousse toujours)*, sagt ein französisches Sprichwort. Nicht nur im Garten, unter der Hecke oder auf dem Feld findet man es, sondern auch überall in der Großstadt. Egal in welcher Stadt ich unterwegs bin, aus den Mauerritzen leuchten mir Ruprechtskraut oder Schöllkraut entgegen, deren Samen irgendeine Ameise dort deponiert hat; zwischen den Gehwegplatten und Pflasterritzen zwängt sich ein Wegerich hervor, eine Gänsedistel oder ein Vogelknöterich. Und mitten in München sehe ich, wie ein frecher kleiner Löwenzahn die harte Betonplatte direkt vor einer Feuerwehreinfahrt sprengt und seine zarten Blätter und Blüten der Sonne entgegenstreckt.

Für mich ist das ein Wunder, ein Zeichen der Hoffnung, dass sich das Leben nicht unterkriegen lässt, dass die Natur das letzte Wort hat und dass – wie es der weise Lao-Tse im Tao Te Ching verkündet – das Weiche, Lebendige stärker ist als das Tote, Verhärtete.

In diesem Sinn sind Wildkräuter meine Lehrer und Gurus. Sie nehmen mir meine Depressionen und vertreiben den Pessimismus.

Es gibt Abertausende sogenannte Unkräuter. Gerne hätte ich noch mehr in dieses Buch aufgenommen, denn alle sind interessant und haben – wenn man ihnen mit dem Herzen zuhört – viele Geschichten zu erzählen und Geheimnisse zu verraten. Aber wenn ich darüber noch weiter schreiben würde, dann würde das viele Jahre dauern. Und wer weiß, wie viele Bände es am Ende wären?

Anhand der kurzen Beschreibungen einiger ausgewählter einheimischer Garten- und Ackerbegleitpflanzen werden wir erkennen, dass die sogenannten »Unkräuter« eine wichtige ökologische wie auch kulturelle Rolle spielen.

Für die Landwirte sind die hartnäckigen Begleitkräuter lediglich Pflanzen, die sich zur falschen Zeit am falschen Ort befinden. Sie stören. Dennoch: Ohne sie wäre die Natur nicht denkbar. Ohne sie wären wir viel ärmer.

Wir sollten uns Zeit nehmen, sie besser kennenzulernen. Wenn wir unsere Sinne und Herzen öffnen, werden sie uns neue Dimensionen unseres Seins offenbaren. Und umgekehrt sind unser bewusstes Interesse und unsere Bewunderung eine Kraft, die der Natur zugutekommt.

Für den Gärtner und Landwirt noch ein Rat: Du solltest alle Pflanzen rund ums Haus, im Garten und auf deinem Acker kennen! Und für den Wildpflanzenkoch: Du solltest auch die giftigen und eher unbekömmlichen Kräuter gut kennen!

MEINE UNKRÄUTER

»Unkraut! Nein, wie kannst du das Unwort überhaupt in den Mund nehmen? Du hast doch immer davon geredet, dass Pflanzen besondere Wesen sind, dass das Leben auf der Erde ohne sie gar nicht möglich wäre; sie nähren uns, heilen uns und geben uns sogar die Luft, den Sauerstoff, zum Atmen. Du hast ja geschrieben, dass man sogar mit ihnen reden und kommunizieren kann, dass sie so etwas wie einen Geist oder eine Seele haben und nicht auf bloße Botanik reduziert werden können. Unkräuter! Das ist doch regelrecht diskriminierend – Ackerbegleitkräuter, Beikräuter, Beigrün, Spontanvegetation oder zumindest unerwünschte Wildkräuter sind das!«

◆ Unkräuter gibt es in Wirklichkeit nicht, nur in der Vorstellung des Menschen.

So wies mich eine gute Bekannte, die gerne Engelbücher liest und sich Mühe gab, ihre Umwelt mit positiven Gedanken zu beglücken, enttäuscht zurecht. Ich vermochte ihr auch nicht zu widersprechen. Es stimmte, was sie sagte. Und dennoch bleibe ich dabei, einige der kraftstrotzenden Gewächse, die mir im Gemüsegarten die Reihen mit den frisch gekeimten Möhren, Pastinaken oder Roten Beten überwuchern und bedrängen, mit dem Unwort zu bezeichnen. Die Zaunwinde etwa, deren Triebe sich im Frühling so zart und elfenhaft aus dem Boden erheben, um sich dann kurz darauf in würgende Schlangen zu verwandeln, die meine Blumen und Stauden gnadenlos strangulieren. Oder die kleine Kartoffel und die Topinambur-Knolle, die bei der Ernte im Herbst übersehen wurden, im Beet blieben und nun im Frühling mit überbordender Vitalität aus der Erde hervorbrechen und dabei den jungen Salat und die Radieschen-Sämlinge gnadenlos beiseitedrücken. Ein weiteres »Unkraut« in meinem Gemüsegarten ist sogar die Kamille. Ein besseres Heilkraut gibt es zwar kaum, aber bei mir tritt sie massenhaft auf. Vielleicht, weil ich diesen sonnigen Korbblütler so sehr mag; meine Oma konnte ja fast alles mit Kamillen heilen: »Kamillen statt Pillen« war ihre Devise. Besonders die Wege zwischen den Gemüsezeilen mag das schmucke Kräutlein, obwohl man da ständig auf ihm herumtrampelt. Ein pflanzlicher Masochist? Nein, ganz im Gegenteil. Das ständige Getreten- und Getrampeltwerden durch emsige Gärtnerfüße gibt der Kamille einen Überlebensvorteil gegenüber Konkurrenzvegetation. Im Gegensatz zu empfindlicheren Pflanzen kann dieser kleine Korbblütler das wegstecken. Die Kamille ist, wie auch der Vogelknöterich, der Breitwegerich und die Knopfkamille, Teil der sogenannten »Trittgesellschaft«, deren reife Samen – wenn es feucht ist – klebrig werden und an den

Fußsohlen haften. Auf diese Weise finden viele solche Pflanzen Verbreitung.

Eigentlich ist mir das Jäten, Hacken und brutale Herausrupfen der Spontanvegetation zuwider. Die Pflänzchen sind einfach zu schön, und im Vergleich zu konventionellen Gemüsegärtnern lasse ich viel zu viele davon stehen. Aber wenn man auf das Jäten verzichtet, kann man das Gärtnern vergessen. Jede Pflanze, die dort im Garten wächst, wo der Gärtner sie nicht haben will, ist also ein potentielles »Unkraut«. Wir sehen, Unkräuter an sich gibt es in Wirklichkeit nicht, außer in der Vorstellung des Menschen.

LIEBE IST DER SCHLÜSSEL ZUM VERSTÄNDNIS

Wenn sie sich nicht vordrängeln und mir die Aussicht auf Erntefreuden vermiesen, dann stören mich die Begleitpflanzen überhaupt nicht. Im Gegenteil, ich mag sie – nein, besser gesagt, ich liebe sie geradezu, liebe ihre oft unerkannte Schönheit, liebe ihre potentielle Heilkraft, ihren Geschmack als Wildgemüse oder Würze, liebe die Geschichten, die sie umranken und die sie erzählen können. Man muss sich nur auf sie einlassen. »Pflanzen verraten dir alle ihre Geheimnisse ... vorausgesetzt, du liebst sie genug!« Das sagte einmal der Pflanzenfreund George Washington Carver (1860-1943), der als schwarzer Sklave in Missouri geboren wurde und schon als kleiner Junge ein »Hospital« für seine grünen Lieblinge unterhielt. Nachbarn brachten ihm ihre »kranken« Topfpflanzen, damit er sie heile. Später wurde er zu einem bedeutenden Wissenschaftler und es gelang ihm, die von der einseitigen Baumwollmonokultur ausgelaugten Böden der Südstaaten durch den Anbau von Erdnüssen, Süßkartoffeln, Augenbohnen, Soja und anderen Leguminosen zu sanieren. Auch die Erdnussbutter soll er erfunden haben. »Ein Unkraut«, sagte er, »ist nichts anderes als eine Blume, die am falschen Ort wächst«.

»Was gibt uns das Recht,
einen Pflanzenreichtum
als Unkraut abzuwerten?

...

Täglich, wo ich gehe,
wo ich stehe,
gibt es grüne Naturflecken.
Ich staune und habe gelernt,
die Formen- und Farbenvielfalt
zu erkennen, zu schätzen.
Heute ist für mich das
Un-Kraut ein Gut-Kraut.«

Gottfried Honegger[1]

Ringelblumen und bunte Sommerblumen gedeihen zwischen den Gemüsen im Garten.

Einige berüchtigte Unkräuter habe ich mir sogar absichtlich in den Garten gepflanzt, etwa den Japanischen Staudenknöterich, den man überall als aggressiven Neophyten mit Flamme, Machete und Gift bekämpft. Warum habe ich das getan? Weil die zarten, saftigen Frühjahrssprossen – sie wachsen in lauen Nächten 30 bis 40 Zentimeter pro Nacht – so lecker sind. Die angenehm säuerlichen Sprossen kommen bei uns mit in die Gemüsepfanne; auch einen »Rhabarber«-kuchen kann man aus ihnen backen.

»Ein Unkraut ist nichts anderes als eine Blume, die am falschen Ort wächst.«

George Washington Carver

Letztes Jahr entdeckte ich im Spätherbst auf dem Bahnhofsplatz in Kempten das Franzosenkraut (→ S. 93) – in einer schmalen Gehsteigritze. Der kleine Korbblütler bringt bis zu 30 000 Samen pro Pflanze hervor, die ungefähr zehn Jahre lang keimfähig bleiben. Schon vier Wochen nach der Keimung erscheinen die ersten Blütenknospen, die bald darauf wiederum eine neue Generation hervorbringen. Es ist ein wahrlich gefürchtetes Garten- und Feldunkraut!
Ich zog einige Pflänzchen samt Wurzeln aus der Spalte heraus und setzte sie in meinen Gemüsegarten. Sie waren schon verwelkt und ich glaubte, sie würden wahrscheinlich nicht anwachsen; aber schon am nächsten Morgen sahen sie wieder frisch aus. Welcher vernünftige Gärtner würde ein dermaßen gefährliches Unkraut in seine Beete setzen? Wahrscheinlich keiner. Aber für mich ist

auch diese Beipflanze ein hervorragendes, schmackhaftes Wildgemüse. Man könnte das Pflänzchen auch als Bodendecker verstehen, der den Boden unter hoch wachsenden Gemüsen, wie etwa dem Zuckermais, feucht hält und schützt. Wo es zum Problem wird, muss man es einfach hacken und jäten; dann wird es zum wertvollen Futter für Regenwürmer und Bodenkleinlebewesen.

EHE ES »UNKRÄUTER« GAB

Als die Menschen noch Jäger und Sammlerinnen waren – und das waren sie schon vor über einer Million Jahren, noch ehe sie sich zum Homo sapiens entwickelten – gab es noch keine Unkräuter, da waren alle Pflanzen Wildpflanzen. Und praktisch alle diese Wildpflanzen, viele, die heute als Unkräuter gelten, hatten irgendeinen Nutzen. Sie waren:

- **Heilkräuter:** Fast alle Pflanzen, die in späterer Zeit als Begleitkräuter in Gärten und Äckern wuchsen, eignen sich als Heilpflanzen und wurden als solche schon in der Steinzeit angewendet.
- **Faserpflanzen:** Einige der Wildpflanzen, wie die Brennnessel, waren für die Jäger und Sammler wichtige Faserpflanzen, aus denen Seile, Stricke und Netze gemacht werden konnten (→ S. 70).
- **Räucherpflanzen:** Räuchern spielte bei den Ritualen des Heilens und im Schamanismus immer eine wichtige Rolle. Mit dem Rauch konnte man die Stimmung beeinflussen, ungute Geister vertreiben und gute herbeirufen. Einige, die heute »Unkräuter« sind, wie etwa der Beifuß, waren seit der Eiszeit wichtige Räucherpflanzen.
- **Essbare Wildpflanzen:** Wir kaufen unsere Nahrungsmittel, meistens schön in Kunststoff verpackt, im Supermarkt. Vielleicht gehören wir zu den wenigen, die noch einen Garten haben und sich zum Teil selbst versorgen können. Wildkräuter haben eine sehr

IN RESONANZ MIT DEN PFLANZEN

Als ich mit Bill Tallbull, dem bekannten Medizinmann der Cheyenne, in den Rocky Mountains unterwegs war, kostete er immer wieder von dieser und jener Pflanze. »Jede Pflanzenart hat ihren bevorzugten Standort, ihren arteigenen Wachstums- und Fortpflanzungsrhythmus, jede hat ihr eigenes Bewusstsein. Indem wir sie essen, lässt sie uns teilhaben an ihrem Bewusstsein, wir treten in Resonanz mit ihr und sie schenkt uns eine Botschaft«, erklärte er, »wenn man nur Supermarktgemüse isst, bleibt unser Bewusstsein beschränkt.« Ein breit gefächertes, differenziertes Nahrungsangebot lässt uns wacher, aufmerksamer, lebendiger und gesünder werden. Aus diesem Grund essen viele Schamanen und Medizinmänner ganz bewusst »breit gefächert«, indem sie eine Vielfalt von Wildpflanzen in ihre Diät aufnehmen.

hohe Nährstoffdichte – im Vergleich zu den hochgezüchteten Kultursorten, die wir in den Regalen finden. Als Eiweißspender, Vitamin- und Mineralstoffbomben lassen sie Kulturgemüse weit hinter sich. Ihnen wurde nichts weggezüchtet; sie wurden nicht manipuliert, um sie ackerbaukonform zu machen oder um sie optisch zu verbessern.

Wertvolle Inhaltsstoffe

Wildkräuter, unter ihnen echte »Unkräuter«, sind voller bioaktiver Pflanzenstoffe[2]. So enthalten sie:

- **Bitterstoffe,** die für die Leberfunktion wichtig sind, für eine gesunde Darmflora sorgen und die Verdauungssäfte anregen. Unter ihnen befinden sich Löwenzahn, Gänseblümchen, Günsel, Gundermann, Wegwarte und viele andere.
- **Gelbstoffe (Flavonoide),** die die Blutgefäße stärken und als Antioxidantien Krebserkrankungen vorbeugen können. Man findet sie in Ackerstiefmütterchen, Vogelknöterich, Wegmalve, Wegerich, Wilder Möhre und vielen anderen Wildkräutern.
- **Seifenstoffe** (Saponine), die unter anderem schleimlösend, antimykotisch (pilzwidrig), harntreibend, verdauungsfördernd und immunstärkend wirken. Saponine befinden sich in Vogelmiere, Gänseblümchen, Weißem Gänsefuß, Melde, Taubnessel und vielen weiteren Pflanzen.
- **Schleimstoffe,** die auf Stuhlgang und Stoffwechsel regulierend wirken, sind außerdem erweichend, reizmildernd, abpuffernd, giftstoffabsorbierend und entzündungshemmend. Unter anderem befinden sie sich in verschiedenen Wegericharten, Malvenarten, Huflattich und anderen.
- **Senfölglykoside,** die vor allem in den Kreuzblütlern vorhanden sind und unter anderem bindegewebsentgiftend, pilzwidrig und keimhemmend wirken. Vorhanden sind sie in Knoblauchhederich, Rauke, Wildem Senf, Wiesenschaumkraut und Wildkressen.
- **Kieselsäure,** die Knochen und Bindegewebe stärkt, ist enthalten in Ackerschachtelhalm, Vogelknöterich, Hohlzahn und anderen Wildkräutern.

Noch immer haben Jäger- und Sammlervölker eine ganze Palette wild wachsender Pflanzen auf ihrem täglichen Speiseplan. Wenn man – zum Beispiel als Völkerkundler – mit einer Gruppe der wenigen noch verbliebenen Wildbeuter bei ihren Streifzügen unterwegs ist, dann sieht man, wie sie ständig links und rechts einige Blätter, Kräuter oder Wildfrüchte abzupfen und essen.

Wer jeden Tag eine Handvoll Wildkräuter unter seinen Salat mischt, nimmt viele wertvolle Bioaktivstoffe auf.

MINERALSTOFFGEHALT VON WILDKRÄUTERN UND KULTURGEMÜSE

Angaben in mg pro 100 g

	Wasser (g pro 100 g)	Kalium	Phosphor	Magnesium	Kalzium
Wildgemüse					
Bärenklau	79,8	540	125	75	320
Brennnessel	84,8	410	105	71	630
Gänseblümchen	87,5	600	88	33	190
Guter Heinrich	81,7	730	95	66	110
Huflattich	84,8	670	51	58	320
Knopfkraut	87,8	390	56	56	410
Löwenzahn	89,9	590	68	23	50
Schlangenknöterich	84,0	580	74	69	100
Schmalblättriges Weidenröschen	75,0	450	94	81	150
Vogelmiere	91,5	680	54	39	80
Weißer Gänsefuß	86,9	920	80	93	310
Wilde Malve	82,0	450	95	58	200
Kulturgemüse					
Blumenkohl	91,6	328	54	17	20
Chicorée	94,4	192	26	13	26
Chinakohl	95,4	202	30	11	40
Endiviensalat	94,3	346	54	10	54
Feldsalat	93,4	421	49	13	35
Grünkohl	86,3	490	87	31	212
Kopfsalat	95,0	224	33	11	37
Mangold	92,2	376	39	80	103
Rosenkohl	85,0	411	83	22	31
Rotkohl	91,8	266	30	18	35
Spinat	91,6	633	55	58	126
Weißkohl	92,1	227	28	23	46

So machen es auch die Khoi-San, die in der unwirtlichen Kalahari-Wüste im südlichen Afrika leben. Sie ernähren sich von rund 200 verschiedenen Wildpflanzen. Das ist eine vollkommenere Diät als die, von der der Großteil der Weltbevölkerung abhängig ist. Die vier wichtigsten Kohlenhydratspender – Weizen, Reis, Mais und Kartoffeln – ergänzt durch diverse Arten von Gemüse und Leguminosen ernähren heute 90 Prozent der Weltbevölkerung.
Die Tabelle zeigt den Vergleich im Mineralstoffgehalt. Beim Vitamingehalt und den Proteinen ist der Unterschied noch gravierender, da schneiden die Wildgemüse besser ab. So liefert die Brennnessel dreimal so viel

Vitamin C wie der Grünkohl und der Giersch doppelt so viel Eiweiß. Zudem enthalten sie die für die Verdauung und eine gesunde Darmflora so wichtigen Bitterstoffe.

DIE GÄRTEN DER NATURVÖLKER

Auch bei vielen der einfachen Gartenbauvölker und Hackbauern in Südamerika, Südasien oder Afrika ist der Begriff »Unkraut« nicht vorhanden.
Oft erkennen westliche Touristen, die in Kerala oder Guatemala unterwegs sind, gar nicht, dass die wilde, dschungelartige Landschaft, durch die sie fahren, in Wirklichkeit intensiv genutzte Gärten sind. Da stehen unbekannte Gemüsepflanzen in bunter Mischung zwischen höherwachsenden Stauden; der Boden ist bedeckt mit allerlei grünen Kräutern und Blütenpflanzen, die als Heilkräuter, Bienenweide, Sakralpflanzen, Gewürze oder Salatgrün geschätzt werden; dazwischen ragen verschiedene Obst- und Nussbäume empor. Überall flattern Schmetterlinge und Vögel. Nirgends findet man eintönige Monokulturen, wo Pflanzen der gleichen Art wie Soldaten in Reih und Glied auf entblößten, von Beikräutern gesäuberten Böden strammstehen müssen. Solche Gärten sind kleine, der wilden Natur nachempfundene Biotope, in denen es kaum zu Schädlingsplagen, zum Verlust der Bodenfruchtbarkeit oder ähnlichen Disharmonien kommt. Die Erosion des Bodens ist wegen der flächigen Verwurzelung auch kein Thema. Diese Mischkultur ist relativ arbeitsintensiv, aber es werden mehr Nahrungsmittel pro Flächeneinheit geerntet als in den energieaufwendigen, ökologisch problematischen Monokulturen. Beim Ernten schließen sich die Lücken durch den Wuchs der Nachbarpflanzen und Beikräuter schnell.

EIN PROPHET NAMENS ZARATHUSTRA

Für die Urvölker, die Jäger und Sammlerinnen, auch für unsere heidnischen Vorfahren hatte jedes Wesen seine guten und weniger guten Seiten. Nichts war ausschließlich gut oder ausschließlich böse. Feuer kann wärmen, aber auch brennen; Schlangen konnten beißen und töten, aber ihr Erscheinen konnte auch Heilung bedeuten. Auch die Götter und Geister waren weder gut noch böse, sie waren ambivalent. Der griechische Sonnengott Apollo wie auch der indische Rudra konnten Segen spenden, aber ihre Pfeile konnten Mensch und Tier ebenso Verderben und Siechtum bringen. Die alte Erdgöttin

Wildkräuter suchen sich gern den Platz aus, an dem sie sich wohlfühlen: am liebsten in einer bunten Gemeinschaft – hier eine kecke *Echinacea purpurea*.

Brennnesselsamen erntet man im September – Empfindliche tragen dabei Handschuhe.

– wir kennen sie noch aus dem Märchen der Frau Holle – galt als Ernährerin und Heilerin, aber zugleich war sie die Göttin des Todes. Genauso verhielt es sich mit den Pflanzen, auch in ihnen erkannte man sowohl positive als auch weniger angenehme Eigenschaften. Diese althergebrachte Sichtweise sollte sich jedoch dank eines Propheten namens Zarathustra (griechisch: Zoroaster) radikal ändern.

Niemand weiß genau, wann der einflussreiche persische Prophet lebte; es könnte vor mehreren tausend Jahren gewesen sein oder, wie einige Historiker meinen, 500 Jahre vor unserer Zeitrechnung. Eines ist jedoch sicher: Mit seiner Vision, die er als Kamelhuter im östlichen Iran empfing, hat er die Welt verändert. Judentum, Christentum, Islam und auch säkulare Weltanschauungen wie der Marxismus sind Teil seines Erbes. Für ihn war die Schöpfung keine bunt durcheinandergewirbelte Mischung, in der jedes Wesen positive wie auch negative Seiten aufweist. Er teilte alles Existierende in zwei diametral entgegengesetzte Kategorien: in Gut und Böse. Gemäß seiner Kosmologie erschuf der gute Gott, der weise lichtvolle Herr Ahura Mazda – der übrigens keine Göttin an seiner Seite braucht – alles. Seine Schöpfung war gut, die Erde ein Paradies. Doch dann drang ein düsterer Gegengott, der arge Ahriman mit seinen Dämonen – es handelt sich um die alten heidnischen Götter – in dieses Paradies ein, um es zu verwüsten. Ein kompromissloser Kampf zwischen Gut und Böse entbrannte. Der Mensch, lehrte der Prophet, steht in der Mitte und muss sich individuell entscheiden, auf welcher Seite er

steht. Am Ende der Zeit, am Jüngsten Tag, würden die Toten auferstehen und gerichtet werden; das Gute würde obsiegen, das verlorene Paradies wiederhergestellt und die Dämonen in den Abgrund gestürzt.
Wir sehen also, die Welt zerfällt nach dieser Vision in zwei ganz gegensätzliche Teile:
Es gibt gute Menschen. Das sind die Bauern, die fleißig den Acker bestellen und das Vieh hüten. Im Gegensatz dazu gibt es »Un-Menschen«; das sind die herumstreifenden kriegerischen Nomaden, die die Bauern bedrängen und die den Dämonen – den Daevas, den alten Göttern – anhängen.
Es gibt gute Tiere. Das sind die Haustiere: Hunde, Kühe, Schafe, Ziegen, Kamele und auch die honigspendenden Bienen. Und es gibt die lästigen »Un«-Tiere, die der Teufel Ahriman in die Welt gesetzt hat: Raubtiere wie Wölfe und Tiger, lästige Nager wie Mäuse und Ratten, dann die Schlangen, Echsen, Lurche und sämtliche »unreinen« Tiere: die Raupen, Käfer, Fliegen und all das krabbelnde, stechende, kriechende Ungeziefer, das Saat und Vorräte verdirbt. Für die Anhänger Zarathustras galt es als Gottesdienst, diese Schädlinge zu töten und zu vergiften.
Und schließlich gibt es die guten Pflanzen – Getreide, Obst, Heilpflanzen und Gewürze – und die nutzlosen »Un-Kräuter«, Disteln, Dornensträucher, Nesseln und Giftgewächse. Diese auszurotten, sie wegzujäten, galt als gottgefällig.
Was wir in diesem Zarathustrismus vor uns haben, ist nicht mehr die Vision der alten paläolithischen Jäger und Sammlerinnen – diese Sicht gehört zum Weltbild der »neolithischen Revolution«, welche die Menschheit sesshaft werden ließ und zur Arbeit auf dem Acker und der Viehweide bestimmte. Zarathustras Vision – er predigte, dass die Erde sich freue, beackert zu werden, so wie sich die Frau freut, vom Mann geliebt zu werden – passt zum Lebensbild der bäuerlichen Gemeinschaft.

◆
Nach Zarathustra zerfällt die Welt in Gut und Böse – und so gibt es angeblich auch gute und böse Pflanzen.

Alant, seit der Antike als Heilpflanze bekannt, wird heute bei uns kaum mehr verwendet.

Das Unkraut in der Bibel

Die Bibel nimmt diesen zarathustrischen Gedanken des »Unkrauts« auf. Schon im ersten Buch Mose (3,17-18) verkündet Gott: »... verflucht sei der Acker um deinetwillen, mit Kummer sollst du dich darauf nähren dein Leben lang. Dornen und Disteln soll er dir tragen.« Auch das Neue Testament (Matth 13,25-30) bewegt sich in dieser Vorstellungswelt. Da erklärt Jesus: »Mit dem Himmelreich ist es wie mit einem Mann, der guten Samen auf seinen Acker säte. Während nun die Leute schliefen, kam sein Feind,« – gemeint ist natürlich der Teufel – »säte Unkraut unter den Weizen und ging wieder weg. Als die Saat aufging und sich die Ähren bildeten, kam auch das Unkraut zum Vorschein. Da gingen die Knechte zu dem Gutsherrn und sagten: Herr, hast du nicht guten Samen auf deinen Acker gesät? Woher kommt dann das Unkraut? Er antwortete:

Das hat ein Feind von mir getan. Da sagten die Knechte zu ihm: Sollen wir gehen und es ausreißen? Er entgegnete: Nein, sonst reißt ihr zusammen mit dem Unkraut auch den Weizen aus. Lasst beides wachsen bis zur Ernte. Wenn dann die Zeit der Ernte ist, werde ich den Arbeitern sagen: Sammelt zuerst das Unkraut und bindet es in Bündel, um es zu verbrennen; den Weizen aber bringt in meine Scheune.«

In diesen Worten kommt das dualistische Weltbild zum Ausdruck. Das Böse – zu dem auch die Unkräuter gehören – muss vernichtet werden. Bis zum heutigen Tag lebt diese Einstellung fort und hat sich in der Sprache niedergeschlagen: *Mauvaise herbe* (böses Kraut) sagt man im Französischen zum Begleitkraut; *erbacce* (nutzloses, hässliches Kraut) heißt es im Italienischen, *maleza* oder *mala hierba* (böses Kraut) im Spanischen, *Onkruid* im Holländischen. Die englische Bezeichnung *weed* suggeriert als Zeitwort »ausjäten« oder »ausmerzen«.

Sprache programmiert, auch wenn es uns nicht bewusst ist, das Denken. Man hat dann weniger Hemmungen, zur chemischen Keule zu greifen oder sich der genetischen Manipulation zu bedienen.

GNADENLOSE HERBIZIDE

Heute ist die Welt im Umbruch. Immer weniger sind es die kleinen Bauern und Gärtner, die uns in früheren Zeiten mit Lebensmitteln versorgten und dabei das Land und den Boden verehrten und pflegten. Immer mehr sind es global agierende Agrarkonzerne, die unsere Nahrung produzieren. Riesige Maschinen brausen über chemiegedüngte Äcker, die manchmal so weit reichen wie das Auge sehen kann. Trotz aller Modernität bleiben die Denkstrukturen bestehen: Noch immer ist Unkraut für die meisten ein Feind, den es auszurotten gilt. Und die Waffen gegen ihn sind schärfer als je zuvor. Gegen die sogenannten »Schadpflanzen« haben Wissenschaftler effektive Herbizide entwickelt, die oft auch in Kleingärten zum Einsatz kommen. Raffinierte Stoffe sind das. Manche wirken wie Hormone, die das Wachstum anregen, sodass sich die Pflanzen regelrecht zu Tode wachsen; andere verätzen die Begleitpflanzen.

Die neueste Generation von Pflanzenkillern sind Breitbandherbizide, wie etwa glyphosat-haltige Unkrautvernichter, die jedes zweikeimblättrige Kraut abtöten. Die Gifte werden eingesetzt, um Plätze, Gehwege, Straßenränder und die Ritzen zwischen den Platten »sauber« zu halten. Mit Roundup kann man auch den Garten oder das Feld vor der Aussaat oder der Bepflanzung behandeln, um die lästigen Begleitkräuter loszuwerden,

Gundermann erfreut uns dank seiner langen Ausläufer auch an widrigen Standorten mit seinen Blüten.

ehe diese voll auskeimen. Auch nach der Ernte kann man das Herbizid einsetzen: etwa zur Sikkation – wörtlich: Austrocknung – von Raps und Getreide, also um die noch grünen, lebendigen Teile, zwecks leichterem Erntemaschineneinsatz, abzutöten und auszutrocknen. 5400 Tonnen des Giftes werden jährlich auf deutschen Feldern ausgebracht.

In einigen Ländern, etwa in Nord- und Südamerika, kommt Glyphosat sogar während der Wachstumsphase zum Einsatz. Allein die gewünschten Nutzpflanzen – Mais, Soja, Baumwolle, Zuckerrüben, Luzerne, Raps – überleben den Sprüheinsatz. Wie ist das möglich? Weil man mittels Gentechnologie den Nutzpflanzen ein Gen für Herbizid-Resistenz eingebaut hat – ein Gen, das einem Bodenbakterium entstammt.

All das klingt effizient, es spart Arbeit und Zeit. Doch inzwischen zeigt sich der Pferdefuß. Das Grundwasser wird verseucht, Fische und Lurche in angrenzenden Gewässern werden geschädigt, Bodenorganismen, die für die Fruchtbarkeit der Erde zuständig sind, werden angegriffen. Durch das Abtöten der Wildkräuter nehmen auch die Insekten ab, die auf die Kräuter angewiesen sind. Weniger Insekten bedeutet weniger Singvögel, die diese Kerbtierchen auf dem Speiseplan haben. Unsere Welt wird stumm und weniger bunt. Nach der vorsichtigen Einschätzung der WHO könnte Glyphosat auch krebserregend sein. Unabhängige Forscher, wie der Franzose Gilles-Éric Séralini, haben empirische Beweise geliefert, die den Verdacht erhärten. Rückstände des Unkrautvernichters finden sich auch in der menschlichen Ernährung, in Brot und Bier, und wirken sich auf unsere Darmbakterien negativ aus. Bei Rindern und Wildtieren vermindern die Herbizid-Rückstände die wichtigen Zellulose abbauenden Bakterien im Pansen[4].

LIEBLING DER INDIANER

Für das Agribusiness ist er ein großes Problem, für die Indianer dagegen galt der Amarant immer als ergiebige Nahrungspflanze – das Grün als Gemüse, die Samen als Getreide.

DIE NATUR WEHRT SICH: SUPERUNKRÄUTER

Mutter Natur ist weiser als die lieblosen Zauberlehrlinge, deren Manipulationen vor allem den Zweck haben, Profit zu machen. Es zeigt sich, dass immer mehr Ackerbegleitkräuter spritzmittelresistent werden. In den USA gibt es schon 145 Arten, denen die Herbizide nichts anhaben können; in Mitteleuropa sind es immerhin inzwischen 32 Arten, und es werden mehr. 25 Millionen Hektar Ackerland sind in Amerika an diese Superunkräuter verloren gegangen. Das schlimmste von ihnen ist eine Fuchsschwanzart, der Palmer Amarant – nach einem Spiegel-Bericht »ein Unkraut aus der Hölle«! Mit drei Metern Höhe überwuchert das schnell wachsende, zähe, trockenheitsresistente Superkraut Mais, Baumwolle und andere Monokulturen. Pro Pflanze produziert dieser Amarant eine halbe Million Samen. Wenn nur 1000 dieser Kräuter auf dem Feld wachsen, entsteht eine Samenfracht von einer halben Milliarde. Unter dieser

Ackerbegleitkräuter an den Feldrändern erfreuen Spaziergänger und Bienen.

halben Milliarde ist bestimmt ein Freak, eine Mutation, die gegen die nächste Generation von Unkrautvernichtungsmitteln unempfindlich sein wird.

Zu den zunehmend giftresistenten Ackerbegleitkräutern, die sich bei uns auf den Feldern breitmachen, gehören das Ackerhellerkraut, das Franzosenkraut, Gänsefußarten, Greiskräuter, das Kletten-Labkraut, Knötericharten, der Schwarze Nachtschatten, die Vogelmiere, Windenarten und der Zweizahn; dazu kommen solche »Un-Gräser« wie der Ackerfuchsschwanz und der Flughafer. Im Anmarsch sind auch mächtige amerikanische Wildpflanzen wie das nordamerikanische Große Traubenkraut *(Ambrosia)* und das Kanadische Berufkraut. Mutter Erde ist keusch, sie will nicht entblößt dastehen, sie möchte immer ein grünes Kleid tragen. Damit das geschieht, kommen ihr die schnell wachsenden, äußerst vitalen und nahezu unverwüstlichen Pionierpflanzen zu Hilfe. Und wenn die Menschen mit Gift anrücken, dann mutieren diese Pflanzen eben und werden widerstandsfähig.

BEGLEITKRÄUTER ALS TEIL DER MENSCHLICHEN KULTUR

Genau betrachtet sind die Unkräuter keine eigentliche Wildflora. Ohne menschliches Wirken, ohne Rodung, Garten- und Ackerbau gäbe es sie nicht, wenigstens nicht in der Form, in der sie uns heute begegnen. Sie sind, wie die Kulturpflanzen selber, entstanden aus dem wechselseitigen Aufeinandereinwirken menschlicher Kultur und der Natur. Botaniker unterscheiden drei Gruppen von Unkräutern:

Apophyten

Einheimische Pflanzen, die ihre ursprünglichen Standorte verlassen haben und nun auf menschengemachte Standorte – Äcker, Weiden oder Wegränder – angewiesen sind, nennen die Botaniker Apophyten (griechisch *apo* = getrennt von; *phytón* = Pflanze). Es sind Pflanzen, die von ihren ursprünglichen Standorten getrennt sind, sozusagen »heimatlos gewordene Gesellen«. Bei ihnen handelt es sich um die ehemaligen Bewohner der eiszeitlichen Mammutsteppen oder der Taiga-Wälder. Sie lieben Licht und gute Düngung. Oft wuchsen sie dort, wo sich die Herdentiere – Wisente, Auerochsen, Rentiere, Mammutelefanten – öfters aufhielten und den Boden mit ihrem Harn und ihren Fladen gut düngten. Als das Klima dann wärmer wurde, die Steppentiere abwanderten und allmählich der Wald das Land bedeckte, überlebten diese oft schnell wachsenden, stickstoffhungrigen Pflanzen an Böschungen, nach Erdrutschen, bei entwurzelten Bäumen und anderen lichten Stellen. Als dann die ersten Bauern kamen und durch Rodung der dichten, schattigen Wälder Freiflächen – sozusagen eine »Kultursteppe« – schufen, besiedelten die Pflanzen diese neuen Lebensräume. Zu ihnen gehören viele unserer Ackerunkräuter und Ruderalpflanzen (lateinisch *ruderalis* = Schutt liebend), die am Wegrand, in Gehwegritzen, auf Brachäckern oder auf Schuttanhäufungen wachsen. Zu ihnen gehören: Ackerkratzdistel, Ackerglockenblume, Ackerwinde, Brennnessel, Frauenflachs (Leinkraut), Gänsedistel (Saudistel), Gänsefuß (Melde), Gänsefingerkraut – das sich den Gänseanger als neuen Lebensraum auserkoren hat –, Guter Heinrich – er gedeiht besonders gut in der Nähe von Stallungen und Sennhütten – , Hederich (Ackerrettich), Hohlzahn, Klette, Kletten-Labkraut, verschiedene Knötericharten, Löwenzahn, verschiedene Malvenarten, Schotenkresse (Ackerschmalwand), Vogelmiere, Wilde Möhre.

Diese und andere Apophyten sind heute fast nur auf menschengemachten (anthropogenen) Standorten zu finden. Sie scheinen die menschliche Nähe zu lieben.

Archäophyten

Unter Archäophyten (griechisch *archaios* = alt, althergebracht; *phytón* = Pflanze) versteht man alte Kulturbegleiter, die mit dem Saatgut der Ackerbau betreibenden Bauern vor rund 7000 Jahren aus Südwesteuropa und Westasien nach Mitteleuropa eingeschleppt wurden. Unter den pflanzlichen Einwanderern befinden sich altbekannte Ackerbegleitkräuter, die

Die Wurzel der Wilden Möhre ist essbar, wegen fehlender Karotine aber weißlich, nicht orange wie bei der Speisemöhre.

einst unsere Kornfelder so bunt machten. Hier einige Beispiele: Ackersenf, Ackergauchheil, Ackerhellerkraut, Erdrauch, Efeu-Ehrenpreis, Hirtentäschel, Klatschmohn, Kornrade, die verschiedenen Kamillen-Arten wie Echte Kamille und Hundskamille, die Kornblume sowie etliche »Un-Gräser« wie Quecke, Taumellolch, Hühnerhirse und Borstenhirse.

Neophyten

Als Neophyten[5] bezeichnet man alle nichteinheimischen Pflanzen, die seit Oktober 1492 eingebürgert wurden. Warum dieses exakte Datum? Weil da Kolumbus nach der Entdeckung der Neuen Welt zurückkehrte und mit ihm – absichtlich oder zufällig – die Samen einiger Exoten mitkamen, die nun als Begleitvegetation unsere Gärten und Felder besiedeln. Zu den aus Amerika eingewanderten Pflanzen, die unsere heimische »Unkraut«-Flora bereichern, gehören das Kanadische Berufkraut, das Einjährige Berufkraut oder Feinstrahl, das Franzosenkraut, die Nachtkerze, mehrere Fuchsschwanz-*(Amaranthus-)*Arten, das Beifußblättrige Traubenkraut *(Ambrosia)*, die Strahlenlose Kamille, Winterpostelein *(Claytonia)* und viele andere. Aus Asien kamen als Neophyten der Persische Ehrenpreis, das Frühlingskreuzkraut und verschiedene Gänsefuß- und Knötericharten.

Die Borstenhirse gilt bei Landwirten als ertragsminderndes Unkraut, doch Vögel freuen sich über die Samen.

UNSERE ÄLTESTEN HEILPFLANZEN

Schon lange bevor sie zu Bauern wurden, kannten die Eingeborenen Mitteleuropas die Apophyten, die »heimatlos gewordenen Pflanzen«. Diese Kräuter waren nicht nur Teil ihrer natürlichen Mitwelt, sondern spielten auch in ihrer Kultur eine wichtige Rolle. In der Aufzählung links (→ S. 18) sehen wir, dass viele essbare Wildgemüse unter ihnen zu finden sind. Sicherlich waren diese Pflanzen schon für die Jäger und Sammler der eiszeitlichen Steppe eine wichtige Vitaminquelle. Auch einige unserer beliebtesten und ältesten Heilkräuter befinden sich unter ihnen. Sie werden in Volksmedizin und Phytotherapie noch heute verwendet. Erfahrungswissen, weitergegeben von kräuterkundigen Frauen über eine Zeitspanne von mehreren tausend Jahren, ist mit ihnen verbunden. Die intime Beziehung zu diesen einheimischen Pflanzen hat sich im Bewusstsein der indigenen Europäer in zahlreichen Märchen, Sagen, magischen Anwendungen, in der Symbolik und im »Aberglauben« niedergeschlagen.

◆
Alle nichteinheimischen Pflanzen, die nach 1492 zu uns kamen, bezeichnet man als Neophyten.

GETREIDEUNKRÄUTER UND LÄNDLICHES BRAUCHTUM

Die in der Jungsteinzeit aus südlicheren Gefilden miteingewanderte wilde Ackerflora blieb über Jahrtausende hinweg ständiger Begleiter der Getreidefelder in Mitteleuropa. Die Botaniker sprechen diesbezüglich von

In den Roggenfeldern blühten früher bunte Ackerwildkräuter – hier ist der Braune Waldvogel zu Besuch.

Segetalflora (vom lateinischen *seges, segetis* = Saatfeld). Ihr Blühen begleitete den sakralen Jahreskreis; es war Teil des Naturkalenders und der damit verbundenen Festlichkeiten der Landbevölkerung.
Wie bunt und lebendig die Getreidefelder einst waren, kann sich unsere jüngere Generation kaum mehr vorstellen. Schmetterlinge und Käfer flatterten, schwirrten und brummten über die farbenfrohen Flächen. Ich habe es als kleiner Knirps in Sachsen, kurz nach dem Krieg, noch erleben können. Das schöne Bild der reifenden, blassgelben Roggen- und Gerstenfelder mit der Vielfalt gelber, roter, blauer und weißer Feldblumen liegt noch vor meinem inneren Auge und nährt noch immer meine Seele. Wie eintönig grün und langweilig sind unsere Felder doch inzwischen geworden!

Unsere wichtigsten Ackerunkräuter

Wie sich die Ackerwildkraut-Flora gestaltet und welche Beikräuter auftreten, ist natürlich abhängig von Umweltbedingungen wie der Beschaffenheit des Bodens, der Witterung und der Bewirtschaftungsart. Ökologen machen zwischen 150 und 350 Arten solcher Ackerbegleitkräuter in Mitteleuropa aus. Darunter befinden sich folgende:

- Die weiß blühende, süß duftende, von Nachtfaltern bestäubte, auf Kalkböden wachsende **Ackerlichtnelke.**
- Das zart rosa blühende **Ackerlöwenmaul,** das lehmige Äcker und Weinberge besiedelt.
- Der selten gewordene, von Hummeln mit langem Rüssel bestäubte, prächtig tiefblau blühende **Ackerrittersporn.**
- Der schwefelgelb blühende **Ackersenf,** dessen Blüten eine nektarreiche Bienenweide

sind und der bis zu 25 000 viele Jahre keimfähige Samen pro Pflanze hervorbringen kann.

◆ Der auf warmen, trockenen Äckern wachsende **Ackerwachtelweizen,** der mit seinen purpurfarbenen Hochblättern und unten gelben und oben roten Rachenblüten ein wahrer Blickfang ist. Die Samen dieser einjährigen Pflanze haben die gleiche Größe wie ein Getreidekorn; wenn diese mit dem Korn zusammen gemahlen werden, wird das Mehl bitter. Es sind vor allem Ameisen, die die Samen aufnehmen und zu ihrer Verbreitung beitragen.

◆ Auch die nach reifen Äpfeln duftende **Kamille** und die duftlose **Hundskamille** wuchsen einst in den Getreidefeldern.

◆ Der scharlachrot blühende **Klatschmohn** ist wohl einer der spektakulärsten Blüher im Getreidefeld. Die Loki-Schmidt-Stiftung ernannte ihn zur »Blume des Jahres 2017«, um auf die Gefährdung der Ackerwildkräuter aufmerksam zu machen.

◆ Die **Kornblume,** deren himmelblaue Blüten die Farben des roten Mohns, des gelben Senfs und der sonnigen Kamillen im Feld harmonisch ergänzt.

Wegen moderner Agrartechnologie – effizienter Saatgutreinigung, tiefem Pflügen, Einsatz von Herbiziden und Kunstdünger – und der Eliminierung von Grenzflächen findet seit den 1950er Jahren eine schleichende Artenverarmung auf den Feldern Mitteleuropas statt. Damals waren rund 40 Prozent der Pflanzen auf den Äckern Wildkräuter, heute sind es im Durchschnitt lediglich 4 Prozent. Von den altherkömmlichen hübsch blühenden Begleitkräutern befinden sich viele auf der Roten Liste, einige sind schon ausgestorben, andere dümpeln in Samenbanken dahin.

Das Verschwinden der blühenden Unkräuter wirkt sich auch auf die Insektenwelt aus. Und wenn es immer weniger von dem kleinen Krabbelvolk gibt, dann gibt es auch immer weniger Vögel. Also verlieren die Felder nicht nur ihre bunte Farbe, sondern auch ihren Gesang – sie werden stumm; und wir Menschen verlieren ein Stück Lebensfreude. Überhaupt zwingen die eintönigen Monokulturen zunehmend auch die größeren Tiere – Wildschweine, Füchse, Hasen – zur Landflucht: Sie wandern ab in die Städte.

Kulturelle Tradition

Das alles ist wahrhaftig eine ökologische Katastrophe. Aber nicht nur das. Es ist auch eine kulturelle Katastrophe. Die Ackerwildkräuter, die uns seit der Zeit der ersten Bauern begleiten, sind auch Teil unserer Kultur. Ihr Verschwinden ist nicht nur ein biologischer Vorgang, sondern auch ein kultureller Verlust, ein Erlöschen unserer kulturellen Erinnerung:

◆ Die Ackerunkräuter stecken voller **symbolischer und metaphysischer Bezüge;** sie waren und sind Merkmale und Ausdruck der vorchristlichen Gottheiten und später der christlichen Heiligen.

◆ Sie sind Teil der Feiern, der **Jahreszeitfeste und Erntebräuche.** Mit ihnen dekorierte man den Erntekranz, schmückte man die Heiligenbilder und den Altar; man pflückte sie als Blumensträuße, mit denen man den Menschen, die man liebte, seine Gefühle ausdrücken konnte; man schenkte sie bei

Auch auf dem Kaffeetisch eine Augenweide: blühende Kräuter.

Taufen und Geburtstagen und wob sie mit in den bunten Blütenkranz für die Braut.

◆ Lange ehe man zu mineralischen Giften oder Chemieprodukten griff, waren sie die wichtigsten **Heilmittel** der Landbevölkerung. Das Wissen um sie und ihre Anwendung wurde vor allem von den Frauen weitergegeben, von den Großmüttern zu den Töchtern und Enkeltöchtern.

◆ Blätter, Wurzeln oder Blüten waren **Würze oder vitaminreiche Ergänzungen** der alltäglichen eher langweiligen Getreide- und Rübengerichte.

DIE BUNTE KRONE DER KORNGÖTTIN

Das Korn – das tägliche Brot – war die Lebensgrundlage der bäuerlichen Kultur. Das Getreide, das den Menschen ihr Dasein auf Erden ermöglichte, galt als die Verkörperung eines göttlichen Wesens, es war die Tochter der Mutter Erde.

Ihr Leben glich dem des Menschen: Das Besäen des gepflügten Ackers glich der Zeugung, das Keimen der Geburt, das schnelle Wachstum der Kindheit, und wenn es im Mittsommer der Reife zuging, dann schmückte die junge Göttin ihr goldblondes Haar – symbolisiert vom reifenden Getreidefeld – mit allerlei bunten Blumen: den blühenden Ackerbegleitkräutern. Im Kreislauf des Daseins folgt dem Leben der Tod. Der kam in Gestalt des Schnitters. Die Garben auf dem Erntewagen galten als die geopferten Kinder der Erdmutter.

Eine reiche Getreideernte war früher überlebensnotwendig und wurde ausgiebig gefeiert.

MARIENPFLANZE

Im christlichen Mittelalter weihte man die Kamille der Gottesmutter Maria oder auch dem heiligen Johannes, der zu Mittsommer an die Stelle des Sonnengottes Baldur getreten war. Zur Sommersonnenwende war es vielerorts Brauch, einen Strauß Kamille in den Gottesdienst mitzunehmen und auch Kränze aus dem blühenden Kraut an Stall- und Haustür zu hängen – das sollte vor Blitzschlag schützen.

Sif hieß die Göttin des Kornfeldes bei den germanischen Völkern, als *Siva (Ziva)* kannten die Westslawen sie und stellten sie als nackte Jungfrau dar, mit einem Kranz aus weißen Kamillen, roten Mohn- und Kornradenblüten, gelben Senfblüten und blauen Kornblumen im Haar. In der einen Hand trug sie einen Apfel, das Symbol der Wiedergeburt, in der anderen süße Trauben.
Die gleichen Blumen schmückten die aus den zuletzt geschnittenen Ährenhalmen gebundene Garbe. Diese Garbe wurde Kornfrau, Gerstenweib oder Roggenmuhme genannt; sie war auch die »Alte«, die »Großmutter«, die *Baba* (slawisch) oder die *Caillech* (keltisch). In der letzten Garbe steckt ihre Kraft oft in Gestalt eines aus Stroh geformten Tieres, etwa einer Wildsau, eines Wolfs, Bocks oder Hasen. Diese Garbe wurde mit roten Bändern und den oben genannten Blumen geschmückt und unter Singen und Jauchzen auf dem Erntewagen ins Dorf gefahren, wo der Erntedankgottesdienst gefeiert wurde, auf den der freudige Ernteschmaus und der Erntetanz folgten. Das Fest ist uralt und lebte in verschiedenen Ausprägungen bis in die Neuzeit fort. Schauen wir uns diese symbolträchtigen Ackerunkräuter genauer an:

Deutsche Kamille

Wenn dieser lichtkeimende Korbblütler »deutsch« genannt wird, dann hat das nichts mit einer Nationalität im heutigen Sinn zu tun: Deutsch bedeutete einfach »allgemein gebräuchlich«, ähnlich dem lateinischen *vulgaris:* »vom einfachen Volk verwendet«.
Die Kamille *(Matricaria chamomilla)* ist ein Klassiker der Volksmedizin und das seit der Zeit, als sie, absichtlich oder unabsichtlich, von den ersten Bauern aus dem östlichen Mittelmeerraum miteingeschleppt wurde.
Die Germanen, die Ureinwohner des nördlichen Europa, sahen in der hübschen Blüte mit gelber Mitte und dem Kranz weißer Zungenblüten ein Abbild der Sonne. Sie weihten das Kraut dem Sonnengott Baldur und nannten es, wie andere ähnliche Korbblütler, »Augenwimpern Baldurs«.
Im »Angelsächsischen Neunkräutersegen« aus dem 11. Jahrhundert, in dem heidnisch-germanisches Wissen aufgezeichnet wurde, wird die Kamille *Maegthe* oder *Maythen* (Mädchenkraut) genannt und als eine der neun wichtigsten Heilpflanzen hervorgehoben. Der Spruch, mit dem die Pflanze vom Heilkundigen angesprochen wurde, lautet:

> Erinnere dich, Maythen,
> was du verkündetest,
> was du zustande brachtest
> in Alorford (Alderford = Erlenfurt),
> dass nimmermehr ein Mensch durch
> Ansteckung sein Leben verlor,
> seit man ihm Kamille zu essen gab.

Der in dem Spruch erwähnte Ort ist nicht unbedingt ein geographischer Name,

Die Kamille, ein typisches Ackerbegleitkraut, ist fast ein Allheilmittel.

sondern bezieht sich auf die Furt über den Fluss, der zum jenseitigen Ufer, zur Totenwelt, führt. Der sumpfige Erlenbruch war in der germanischen und keltischen Sage synonym mit der Anderswelt, der Welt der Totengeister. Die Kamille hat also die Kraft, diese letzte Reise zu verhindern und dem Menschen das Leben zu erhalten:

- Kamille hilft den Frauen als Sitzbad bei Scheidenentzündung, als Tee bei Menstruationskrämpfen. Sie hilft bei **Frauenkrankheiten und Regelstörungen,** insgesamt bei vielen Leiden der Gebärmutter. Daher kommt auch der lateinische Name *Matricaria* (von *matrix* = Gebärmutter, *matricalis* = zur Gebärmutter gehörig).
- Sie ist ein wirksames antibakterielles Mittel bei **Magen-Darm-Entzündung** (Gram's Colitis) und Zwölffingerdarmgeschwüren.
- Bei **Bronchitis** hilft ein Gesichtsdampfbad mit Kamille. Auch eine beginnende Erkältung kann man so manchmal abwehren.
- Dank ihrer ätherischen Öle (Azulen) ist sie eine der besten **Wundheilerinnen.**
- Dank der Lichtkraft, die sie in sich trägt, ist sie pilzwidrig und hilft bei **Candida-Befall.**

Klatschmohn

Schon im Frühsommer beginnen die feurig roten Blüten des Klatschmohns *(Papaver rhoeas)* in den Getreidefeldern zu leuchten. Dieser Archäophyt kam wie seine größere Schwester, der Schlafmohn, vor 7000 Jahren mit den neolithischen Bauern nach Mitteleuropa. Hunderte Namen hat die zarte Pflanze; jeder Landstrich, jede Mundart benennt sie anders: als Feuerblume, Fackel, Flammenblume, Hahnenblume, Flatterrose, Kornrose, Feldmohn und so weiter kennt man sie. Kinder klatschen die dünnen, roten Blütenblätter gerne zwischen Handflächen oder an die Stirn, daher ist sie die Klatschrose, der Klappmohn, das Kläpperle, die Schnalle, Tätschblume oder Plotzblum.

Auch Blutrose wird sie genannt, wahrscheinlich, weil man seit dem Altertum glaubte, sie sei dem Blut gefallener Krieger oder Ritter entsprungen. Die Pionierpflanze kann im Nu entblößte oder gepflügte Böden besiedeln – jede einzelne Klatschmohnkapsel enthält bis zu 20 000 winzige Samen. Noch im Ersten Weltkrieg glaubten die Soldaten, dass der rote Mohn, der plötzlich in Massen auf der blutgetränkten, von Granaten zerwühlten Erde Flanderns auftrat, dem Blut der Gefallenen entsprossen sei. Pappelrose oder ihr lateinischer Name *Papaver* soll auf das keltische Wort *papa* (= Brei) zurückgehen, denn die nahrhaften Samen des Mohns wurden dem täglichen Getreidebrei beigefügt. Das Wort könnte auch auf das westgermanische *papua* zurückgeführt werden; das bedeutet »aufgeblasen« und könnte sich auf die Samenkapsel beziehen.

Der Klatschmohn, wie auch der verwandte Schlafmohn, der ebenfalls gelegentlich als Begleitkraut im Feld oder im Gemüsegarten auftritt, ist essbar. Die ganz jungen Blattrosetten eignen sich als Salatgemüse, die Blüten als Salatdekoration und die reifen Samen kann man mit in Brot und Kuchen einbacken. Beide Mohnarten standen in der Antike unter der Herrschaft der Großen Göttin, der Getreidegöttin Demeter oder der römischen Ceres (nach letzterer sind die Zerealien, die Getreidespeisen, benannt und auch die keltische *Cervisia,* spanisch *Cerveza,* das aus dem Getreide gebraute Bier). Jede Samenkapsel des Schlafmohns enthält bis zu 50 000 keimfreudige Samen. So wurde die Pflanze Symbol für die Fruchtbarkeit der Erdgöttin. Vielerorts war es seit der Antike Brauch, das Brautpaar bei der Hochzeit mit Mohnsamen und Getreidekörnern zu überschütten, damit auch sie in der Ehe fruchtbar sein würden.

Der Schlafmohn, aus dessen weißem Saft Rohopium gewonnen wird, wirkt schmerzstillend. Die Sage erzählt, dass Demeter ihren Schmerz damit betäubte, als ihre Tochter, das Blumenmädchen Persephone, von Pluto, dem schwarzen Gott der Unterwelt, geraubt wurde, wobei das Lebensgrün von der Erde verschwand und der Winter Einzug hielt. Aber auch der kleine Verwandte des Schlafmohns, der Klatschmohn, hat etwas Beruhigendes und Schmerzlinderndes an sich, obwohl er kein Opiumalkaloid enthält; die Klatschmohnblüten sollen, als Tee aufgegossen oder als Sirup eingenommen, bei Schlaflosigkeit, bei Unruhezuständen von Kindern und bei Husten lindernd wirken.

ROT WIE BLUT

In der christlichen Symbolik des Mittelalters steht der rote Klatschmohn, diese Feuerblume, für das Höllenfeuer, welches die Sünder nach dem Jüngsten Gericht erwartet. Öfter jedoch galt die Blüte als Symbol des Glücks oder der vergänglichen Lebensfreuden. Im Verbund mit der Weizenähre steht die Klatschmohnblüte für das Abendmahl, für den roten Wein und das ungesäuerte Brot, also für das erlösende Blut und den geopferten Leib des Heilands.

Kornblume

Die Kornblume *(Centaurea cyanus)* ist ein weiterer Archäophyt aus dem Vorderen Orient, dessen Blüten einst die Getreidefelder schmückten. Die Kornblume wuchs schon auf den primitiven Feldern in den Pfahlbausiedlungen. Inzwischen hat jede Mundart, jeder Landstrich eine eigene Benennung für diesen hübschen Korbblütler gefunden. Die himmelblau blühende Flockenblumenart ist unter anderem als Blaumütze, Tremse, Kornnägeli, Roggenrose, Kornmutter oder, wegen der zähen Stängel, als Ziegenbein bekannt; blauer Schneider heißt sie ebenfalls, weil sie

so dürr und schmächtig ist wie ein armer Schneider. Als Zachariasblume war sie hier und da im Mittelalter bekannt, wahrscheinlich, weil der heilige Zacharias oft mit einem blauen Heiligenschein abgebildet wurde.
Die alten Griechen kannten die Kornblume als *Kentaúreios*. Die Zentauren (Kentauren) sind heilkundige Fabelwesen, halb Mensch, halb Ross. Sie verkörperten das, was einen echten Heiler ausmacht: menschlicher Verstand, gekoppelt mit tierischer Instinktsicherheit. Die Sage erzählt, dass der berühmteste Kentaur, Chiron, von einem mit dem giftigen Blut der schrecklichen Hydra benetzten Pfeil ins Knie getroffen wurde. Er heilte die schmerzende, schwärende Wunde, indem er Kornblumen auflegte.
Die Sage deutet darauf hin, dass man die Kornblume in der Antike als zusammenziehendes, reinigendes Wundheilmittel schätzte; zudem galt sie als menstruationsfördernd, abführend, harntreibend und blutreinigend. Noch heute wird sie so in der Volksmedizin des Nahen Ostens verwendet. Es könnte sogar sein, dass die Neandertaler sie schon vor 60 000 Jahren als Heilpflanze kannten. Durch Pollenanalysen stellte man fest, dass in einer Höhle im irakischen Kurdistan ein verstorbener Neandertaler auf Büscheln blühender Heilkräuter bestattet worden war. Auch die Kornblume war mit dabei.
Auch unsere mitteleuropäischen Bauern versuchten manche Krankheiten mit der Pflanze zu heilen. Sie wurde aber vor allem auf magische Weise angewendet. In Böhmen und Österreich bestrich man sich die Augen mit der ersten blühenden Kornblume, die man fand, um das Sehen zu stärken und gesund zu halten. In Ostdeutschland versuchte man Blutungen zu stillen, indem man getrocknete Kornblumen in die Hand nahm; diese wirkten jedoch angeblich nur, wenn sie am Johannistag oder zu Fronleichnam während des Mittagsläutens gepflückt worden waren.
Trotz dieser Ehre, trotz seiner Schönheit und Heilkraft, sahen die Bauern das Getreideunkraut auch als eine Plage an (→ S. 158). Toller Hund, Hungerblume, Kornfresser und Sichelblume nannten sie es, da es, wenn es vermehrt auftrat, das Korn bedrängte und bei der Ernte die Sichel stumpf machte. Schimmelblume nannten die Preußen diese Flockenblume, weil das Brot angeblich leichter schimmelt, wenn man sie ins Haus trägt. Erst die Romantik entdeckte sie wieder als Symbol der Treue und Beständigkeit. Für Friedrich Schiller war sie »Sinnbild des ländlichen Glücks«.
Die Kornblume wird von Bienen, Hummeln und Schmetterlingen bestäubt. Jede einzelne Pflanze erzeugt bis zu 800 Samen, die eine Keimdauer von zehn Jahren haben. Als Heilpflanze kennen wir die Kornblume heute kaum mehr, höchstens noch als Schmuckdroge in Kräutertees.

BLUME DER CERES

Es erstaunt nicht, dass man die Kornblume einst der Ceres weihte. Diese Herrin des Getreides wurde mit einem Kranz Kornblumen im Haar dargestellt. Später, in christlichen Zeiten, weihte man die blaue Blume der Maria in ihrer Erscheinung als in den Himmel »aufgefahrene« Himmelskönigin.

Früher häufig in den Getreidefeldern zu finden, ist die Kornrade heute selten geworden.

Kornrade

Auch die hübsche, karminrot blühende Kornrade *(Agrostemma githago)* ist recht selten geworden, ja, sie ist praktisch ausgestorben. Wie bei ihren Geschwistern haftet viel Aberglaube und Brauchtum an diesem Nelkengewächs. Schon der lateinische Gattungsname *Agrostemma* gibt einen Hinweis darauf: Das griechische Wort *agrós* bedeutet Acker, und *stémma* ist ein Kranz. Die Blume kam also mit in die Erntekränze und Erntekronen. Kornradenkränze wurden auch im Sommer um die Obstbäume geflochten, damit die Früchte nicht zu früh abfielen. Kornraden durften nicht ins Haus gebracht werden, denn sie galten als Pflanzen des Teufels und man fürchtete, die rote Farbe der Blüten könnte den Blitz anziehen. Kinder durften sie auch nicht pflücken, denn das würde die Kornmutter ärgern; sie würde dann kommen und die Kinder mitnehmen. Erzählte man diese Geschichte, weil die Samen eher giftig sind? Oder wollte man man einfach verhindern, dass die Kinder im Getreidefeld herumtrampelten?

Für die Bauern war die Kornrade aber auch ein Unkraut, dessen getreidekorngroße schwarze Samen das Mehl verdarben, da sie ein giftiges Saponin enthalten. Das Wort *Rade* (althochdeutsch *Ratan)* ist übrigens ein altes Wort für Ackerunkraut. Hildegard von Bingen wendete die *Rato* als Fliegengift an, indem sie die Samen mahlte, mit Honig mischte und die Wände damit bestrich.

Volkstümliche Benennungen wie Höllenkorn, Korn-Not, Bettelmann oder Kornbeißer drücken den Missmut der Pflanze gegenüber aus. Wenn ein Mädchen ihrem Verehrer

Der schwefelgelb leuchtende Ackersenf ist eine gute Bienenweide.

eine Kornrade reichte, dann wusste er, dass sie ihn nicht mochte und er keine Chancen bei seiner Angebeteten hatte (→ S. 156). Nichts ist jedoch nur schlecht. Mancher Bauer glaubte, wenn die Kornraden viele Samen hervorbrächten, dann würde es viel Geld für die Ernte geben. Die von Tagfaltern bestäubte Rade bringt um die 200 Samen je Pflanze hervor, deren Keimfähigkeit zwei Jahre erhalten bleibt.

Die Volksmedizin kennt Abkochungen der Pflanze gegen Würmer und Hautkrankheiten. Als Rezept gegen Ausschlag auf dem Kopf empfiehlt die heilige Hildegard, die gemahlenen Samen mit ausgelassenem Speck vermischt aufzutragen. Von innerlichen Anwendungen sollte man heute absehen.

Ackersenf

Auch der Ackersenf *(Sinapis arvensis)*, auch Falscher Hederich oder Wilder Senf genannt, gehört seit der Jungsteinzeit zu den Begleitern auf unseren Äckern. Als typische Pionierpflanze bringt dieser Kreuzblütler Unmengen Samen hervor und besiedelt harte, offene Böden, wie sie auf Äckern eben vorhanden sind.

Der Wilde Senf ist eine »Schwefelpflanze«. Er besitzt nicht nur schwefelgelbe Blüten und schwefelgelben Blütenstaub, er enthält – vor allem in den kugelrunden, schwarzen Samen – auch schwefelhaltige Senfölglykoside. Diese beißend scharfen Öle schützen die Pflanze vor Pilzbefall und Kerbtieren – außer der gefräßigen Kohlweißling-Raupe. Seine

nektarreiche Blüte ist jedoch eine hervorragende Insekten- und Bienenweide.
Der Ackersenf kann kühle Witterung gut vertragen, denn er hat, dank des Schwefels, wie die Alchemisten meinten, viel Sonnenlicht und Wärme in sich: *Sulfur* (Schwefel) aus den lateinischen Wörtern *sol* und *ferre* bedeutet »Sonnenträger«. Und wo die Sonne scheint, verfliegen dunkle Gedanken und Melancholie. Also wurde der Ackersenf wie auch der schärfere kultivierte Senf von den Ärzten schon früh gegen derartige düstere Gemütszustände verschrieben. Die Mediziner stellten den Senf unter die Herrschaft der Sonne und des Planeten Jupiter.
Die Hitze des Senfs befeuert nicht nur den Stoffwechsel, sondern wirkt auch aufs Gemüt. Ganz in diesem Sinn verwendet Dr. Edward Bach die Blüte des Ackersenfs, um die Blütenessenz *Mustard* herzustellen; diese Essenz soll Menschen helfen, die phasenweise an tiefer Melancholie leiden.[6]
Die Griechen kannten schon die hautreizende, durchblutungsfördernde Wirkung des Senfpflasters bei Hexenschuss, Rheuma, Muskelschmerzen und Ischias. Die Römer erfanden den Tafelsenf oder Mostrich (aus dem lateinischen *mustrum* = Most; *ardens* = brennend), indem sie gemahlene Senfsamen in Traubenmost mazerierten.
Nicht nur die Samen kann man als Speisezutat verwenden. Gerne esse ich den grünen, noch wachsenden Ackersenf als Spinatgemüse. Die jungen Blätter schmecken, frisch gepflückt, auch gut im Salat.
Ein Gartentipp: Im Herbst säe ich gerne Senfsaat in die schon abgeernteten Beete als Gründünger; dieser gefriert bei strengem Frost und verwandelt sich in einen schützenden Mulch für den Boden.
Im überlieferten Aberglauben gelten Senfkörner als hexenwidrig. Wenn man sie ums Haus streut, sind die Hexen gezwungen, sie zu zählen. Da sich diese zwangsneurotischen Unholde immer wieder verzählen, müssen sie ständig von Neuem anfangen; dadurch haben sie dann keine Zeit, ins Haus einzudringen und irgendeinen Schaden anzurichten. Und die Braut, die in der Ehe die Herrschaft über den Mann begehrt, flüstert heimlich bei der Trauungszeremonie:

Ich hab' Senf und Dill,
mein Mann muss tun wie ich will!

Wir alle kennen den hohen Stellenwert, den der Senf in der christlichen Symbolik besitzt. Der Heiland selber erklärt das Reich Gottes: »Das Himmelreich ist gleich einem Senfkorn, das ein Mensch nahm und auf seinen Acker säte. Es ist zwar das kleinste von allen Samenkörnern; wenn es aber wächst, ist es das

Im Spätsommer und im Herbst säe ich gern Ackersenf als Gründünger in die abgeernteten Beete.

Blau blühende Leinfelder – ein Anblick, den heute kaum mehr jemand kennt.

größte der Kräuter und wird ein Baum, sodass die Vögel des Himmels kommen und nisten in seinen Zweigen.«

ANPASSUNGSFÄHIGE WILDKRÄUTER

Bekanntlich wurden die ersten Menschengruppen vor rund 12 000 Jahren sesshaft und begannen im sogenannten »Fruchtbaren Halbmond« in Vorderasien mit dem Anbau von Gerste, Einkorn, Emmer, Ackerbohnen, Lein und Linsen. Die Felder mussten bestellt werden, gehackt, vor Tierfraß geschützt und notfalls bewässert werden. Es war der Beginn der mühseligen Arbeit, des Malochens – »im Schweiße deines Angesichts sollst du dein Brot essen« –, einer Arbeit, die den Jägern und Sammlern fremd war, aber Bevölkerungszunahme ermöglichte und mehr Macht gegenüber einfacheren Gesellschaften versprach. Zugleich bedeutete sie auch Macht und mehr Herrschaft über die Natur.

Aus ehemaligen Wildkräutern wurden im Lauf der Jahrtausende Kulturpflanzen: etwa Tomaten und Amarant, Buchweizen und Roggen.

In den primitiven, mit dem hölzernen Hackpflug aufgeritzten Böden wuchsen selbstverständlich auch Wildkräuter – Ackerbegleitkräuter, die diesen frühen Bauern sicherlich Ärger bereiteten. Diese ersten Unkräuter waren gezwungen, sich dem alljährlichen Rhythmus von Aussaat und Ernte anzupassen, wenn sie an diesen Standorten überleben wollten. Das heißt, sie unterlagen den gleichen Auslesebedingungen wie die Kulturpflanzen. Eine echte Co-Evolution, eine gemeinsame Entwicklung von Wildpflanze und domestizierter Kulturpflanze kam da zustande.

Wie die Kulturpflanzen begannen nun auch die Ackerbegleitpflanzen gleichmäßig zu keimen. Wildpflanzen keimen sonst recht ungleichmäßig, mit Verzögerungen, die sich manchmal über Monate oder Jahre hinweg erstrecken. Der Auslesedruck bevorzugte zudem eine schnelle Jugendentwicklung, gleichmäßiges Wachstum und gleichzeitige Reife. Normalerweise haben Wildpflanzen die Tendenz, sich langsam und ungleichmäßig zu entwickeln, sie müssen sich nicht dem landwirtschaftlichen Kalender anpassen. Bei einigen der Ackerwildkräuter wurden die Ährenspindeln oder Samenkapseln fest und dreschfähig wie beim kultivierten Getreide, und die Samen wurden gleichmäßig reif – Wildgräser und -kräuter haben dagegen brüchige Ähren oder locker sitzende, leicht verstreubare Samen. In Anbetracht dieser evolutionären Anpassung kann man auch die Ackerunkräuter in gewissem Sinn als »Kulturpflanzen« betrachten.

Auf diese Weise hatte sich das Flachsleimkraut (Echte Flachsnelke) den Leinfeldern völlig angepasst; inzwischen ist es aber mit dem Rückgang des Flachsanbaus vom Aussterben bedroht. Ähnlich geht es der hübschen, rot blühenden Kornrade, einem Begleitkraut in den Kornfeldern. Seine Samen reifen zur selben Zeit wie das Getreide und haben auch die Größe und das Gewicht von Getreidekörnern, sodass sie auf der Dreschtenne mit dem Korn ausgedroschen wurden. Den Bauern gefiel das nicht, denn die Kornraden-Samen waren bitter und leicht giftig. Wäre das nicht der Fall gewesen, dann wäre die Kornrade sicherlich eine Kulturpflanze geworden.

AUS UNKRÄUTERN WURDEN KULTURPFLANZEN

Dass sich Ackerbegleitkräuter zu echten Kulturpflanzen mausern, passierte öfters und passiert heute noch – vorausgesetzt, Roundup, 2,4-D oder andere Produkte der Giftküche machen ihnen nicht den Garaus. So waren zum Beispiel in Vorderasien Roggen, Hafer, Linsen und Erbsen zuallererst Ackerunkräuter. In Amerika waren die Tomaten und der Amarant ursprünglich Unkräuter, in Asien der Buchweizen.
Der Roggen zum Beispiel war ein lästiges Unkraut in den Weizen- und Gerstenfeldern der jungsteinzeitlichen Bauern. Wie auch andere Archäophyten zog der Roggen mit in den Norden, als die Landwirtschaft sich dorthin ausbreitete. Es stellte sich heraus, dass dieses »Un-Gras« anspruchsloser war als der empfindliche Weizen; es konnte das rauere, kältere Klima und ebenso die ärmlicheren Böden besser vertragen und wuchs immer üppiger, wo der Weizen versagte. Inzwischen hatte der Roggen sich so gut

Auch der Roggen war ursprünglich ein Ackerunkraut, das im Lauf der Zeit zur Kulturpflanze wurde.

Auch viele unserer Gemüsepflanzen waren einst Wildkräuter.

angepasst, seine Samen waren groß wie Weizenkörner geworden und saßen fest in der Ähre, sodass sie beim Reifen nicht abfielen. Schließlich wurde er in den nördlichen Ländern zum bevorzugten Brotgetreide. Ähnlich ging es dem Hafer, einem Unkraut in den Weizen- und Roggenfeldern. Auch er mauserte sich zu einer der wichtigsten Kulturpflanzen, besonders bei den germanischen Völkern, wo noch immer Haferbrei – bei den Engländern der Porridge – und Müsli vor allem beim Frühstück eine wichtige Rolle spielen. Sogar dem Donnergott Thor wird nachgesagt, dass er gerne Haferbrei aß. Die Römer, bei denen der Weizen gut gedieh, verachteten die Barbaren des Nordens als »Haferfresser«.

Aus den Leinfeldern gingen mehrere ehemalige Unkräuter als Kulturpflanzen hervor. Zum Beispiel der Leindotter *(Camelia sativa)*, der bald wegen seiner ölhaltigen Samen eigens angebaut wurde. Diese Samen enthalten wertvolle ungesättigte Fettsäuren und wurden Teil der Nahrung. Auch der Gelbe oder Weiße Senf *(Sinapis alba)* und der mit dem Raps verwandte Rübsamen *(Brassica rapa)* fanden ihren Anfang in den Leinfeldern. Aus dem Rübsamen, dessen Früchte ebenfalls ölhaltig sind, entwickelten Gärtner den Chinakohl und die leckeren Teltower Rübchen, eine kleine Speiserübe, die zu Goethes Lieblingsgemüsen gehörte. Die Ölrauke *(Eruca sativa)*, ein Kreuzblütler, dessen Samen auch zu Öl gepresst werden, ist ebenfalls ein uneheliches Kind des Leinfeldes. Heutzutage kennt jeder, der »in«, modern und gesundheitsbewusst ist, dessen grüne, würzige Blatter als modische Salatzutat – es ist der Rucola.

Auch die Erbsen und Linsen traten zuerst als Unkräuter in den Feldern des Nahen Ostens auf, ehe sie zu eigenständigen – und eiweißreichen – Kulturpflanzen wurden. Dasselbe gilt auch für Hanf, Mohn und Mangold, aus dem sich die Rote Bete und die Zuckerrübe entwickelte.

Immer wieder werden aus Ackerunkräutern und anderen Beipflanzen neue Gemüse, Gewürz- oder Nahrungspflanzen. Der weiße, torpedoförmige Chicorée, der uns während der Winterzeit einen knackig frischen Salat beschert, ist eigentlich nichts anderes als die Triebspitze der ausschlagenden Wurzel der Wegwarte, einer Ruderalpflanze oder ein Unkraut, das am Wege wächst. Der Chicorée

SAMEN KÖNNEN WARTEN

Königskerzensamen können bis zu tausend Jahre leben; das heißt, sie können mehrere Generationen Wald überleben und warten, bis ein Sturm die Bäume entwurzelt, sodass der Kuss der warmen Sonne sie zum Leben erweckt.

wurde erst Mitte des 19. Jahrhunderts von belgischen und niederländischen Gärtnern in Kultur genommen.
Der kleine Feldsalat oder Nüssler, der ebenfalls einen zarten, leckeren Wintersalat hergibt, wird seit dem 18. Jahrhundert kultiviert. Davor war er ein Unkraut, vor allem in den Weinbergen. Im Spätherbst, Vorfrühling oder auch in einem milden, schneefreien Winter, wenn es an anderem frischen Grün mangelt, kann man ihn ernten.

VOM ÖKOLOGISCHEN WERT DER BEGLEITKRÄUTER

Unkräuter sind keine Aliens, keine Dämonen in Pflanzengestalt, die irgendein böser Geist auf die armen Bauern oder Gärtner losgelassen hat. Sie sind die allerersten Pflanzen, die Pionierpflanzen, die erscheinen, wenn ein Boden durch Wind- und Wassererosion, Sturm, Hangrutsch, auch durch Pflügen, Kahlschlag, Baggern und andere menschliche Aktivitäten seiner Pflanzendecke beraubt wurde. Sie stellen die Erste Hilfe im Selbstheilungsprozess eines geschundenen Bodens dar – wie der Grind, der die Schürfwunde auf der verletzten Haut erst einmal bedeckt. Ihnen folgen, in zweiter Stufe der sogenannten Sukzession, Gräser, Stauden und Dornengestrüpp, bis dann, in dritter Stufe, sich die endgültige Pflanzendecke – meist der Wald – wieder etabliert hat.
Pionierpflanzen – und das sind die meisten »Unkräuter« – wachsen unglaublich schnell, sie durchwurzeln den gefährdeten Boden und sie erzeugen Unmengen von Samen (Diasporen). Das Hirtentäschel zum Beispiel kann mehr als 60 000 Samen pro Pflanze hervorbringen, die kleine Strahlenlose Kamille über 10 000, der Weiße Gänsefuß ungefähr 75 000, der Klatschmohn rund 20 000, der Fuchsschwanz um die 100 000 und die Geruchlose Kamille sogar bis zu 200 000 Samen.
Diese Diasporen keimen auch nicht unbedingt sofort, sie sind in Bereitschaftsstellung, falls sie wieder gebraucht werden. Auf einen Quadratmeter Acker- oder Gartenboden kommen bis zu 100 000 ruhende Samen. Der Dornröschenschlaf kann viele Jahre dauern: Manchmal dauert der Keimverzug auch viel länger. Botaniker fanden keimfähige Samen vom Weißen Gänsefuß, deren Alter auf 1700 Jahre geschätzt wurde.
Was bringt die schlummernden Samen zum Keimen? Da gibt es verschiedene Faktoren:

DURCHSCHNITTLICHE LEBENSDAUER DER SAMEN IM BODEN

Krauser Ampfer	70 Jahre
Nachtkerze	70 Jahre
Vogelmiere	60 Jahre
Fuchsschwanz	50 Jahre
Ambrosia	50 Jahre
Ackersenf	50 Jahre
Vogelknöterich	50 Jahre
Weißer Gänsefuß	40 Jahre
Hirtentäschel	35 Jahre
Ackerhellerkraut	30 Jahre
Kornblume	10 Jahre

Temperatur, Feuchtigkeit, Lichtverhältnisse – etwa Bodenbearbeitung, die die Lichtkeimer an die Oberfläche bringt – oder auch, wie Maria Thun herausgefunden hat, bestimmte kosmische Konstellationen. Die Hitze eines Waldbrandes veranlasst die Samen des Schmalblättrigen Weidenröschens zu keimen; und nach dem Weltkrieg keimten in den von Bomben durchwühlten Böden der Städte plötzlich massenweise die Kanadische Goldrute, das Kanadische Berufkraut und andere Wildpflanzen, die vorher weniger massenhaft aufgetreten waren.

Nützliche Unkräuter

Begleitkräuter sind Teile des Lebensgefüges. Wenn man richtig mit ihnen umgeht, tun sie Garten und Feld nur Gutes:

◆ Sie wirken **stabilisierend auf den Humus.** Ihre abgestorbenen Blätter und Wurzeln füttern und nähren die vielen verschiedenen Bodenorganismen. Die Regenwürmer holen aus den Tiefen Tonmineralien und mischen diese in ihrem Verdauungstrakt mit den abgestorbenen Pflanzenresten. Aus ihrem Kot entstehen die wertvollen Ton-Humus-Komplexe, die 11-mal so viel Kalium, 7-mal so viel Phosphor, 5-mal so viel Stickstoff, zweieinhalb Mal so viel Magnesium und doppelt so viel Kalk enthalten wie der umgebende Erdboden.

◆ Begleitkräuter schützen die Kulturpflanzen vor Schädlingen und den Boden vor dem Austrocknen.

◆ Wild wachsende Begleitkräuter mindern **»Schädlinge«**, indem sie Nektar für erwachsene Schlupfwespen, Florfliegen und andere Insekten bereithalten. Schwebefliegen, deren Larven eifrig Blattläuse vertilgen, laben sich zum Beispiel am Nektar des Persischen oder des Efeublättrigen Ehrenpreises.

◆ Kriechende Unkräuter, wie Vogelmiere, Gauchheil, Gundermann oder Portulak, **schützen den Boden** vor Austrocknung und vor Wind- und Wassererosion. Ihre Wurzelmassen durchlockern und beleben den Boden. Sie helfen dabei, eine gute Bodengare, also einen fruchtbaren Boden, zu erhalten.

Ein Wollschweber saugt mit seinem langen Rüssel Nektar aus einer Ehrenpreisblüte.

◆ Die meisten Unkräuter sind Tiefwurzler, die die harte, verkrustete, kaum durchlässige Unterschicht (Pflugsohle) des Bodens durchbrechen und den **Untergrund für die schwächeren Kulturpflanzen aufschließen.**

◆ Mit ihren tiefbohrenden Wurzeln pumpen sie versickerte **Nährstoffe wieder zur Oberfläche.** Der Löwenzahn befördert zum Beispiel Kalzium und Stickstoff.

◆ Mit ihren Ausscheidungen und Chelaten erschließen die Unkrautwurzeln weitere **Nährstoffe für die Kulturpflanzen.** (Chelate lösen schwer lösliche Mineralien aus dem Gestein und stellen diese dem Pflanzenstoffwechsel zur Verfügung.)

◆ Die biodynamischen Gärtner betonen, dass gesunde und kräftige Begleitkräuter ätherische Lebenskräfte in den Garten ziehen und ein Energiefeld schaffen, das die allgemeine **Vitalität des Biotops erhöht.**

◆ Eine Studie der Rodale-Stiftung (Rodale Institute, Pennsylvania) konnte zeigen, dass der **Insektenfraß an Kulturpflanzen wesentlich verringert** wird, wenn viele verschiedene Wildkräuter als Nachbarpflanzen mit im Gartenbeet wachsen.

◆ Eine große Artenvielfalt von Wildkräutern im Garten ist ein Indikator eines **gesunden Biotops.** Wenn nur eine oder nur wenige Arten überhandnehmen, ist dies ein Zeichen einer Störung.

ZEIGERPFLANZEN

Wenn der Gärtner oder Ackerbauer seine Wildkräuter kennt, dann braucht er nicht unbedingt irgendwelche teure oder komplizierte Bodenanalysen des Labors. Die Begleitkräuter können viel über die Qualität des Bodens aussagen. Die sogenannten Zeiger- oder Indikatorpflanzen geben verlässlich Auskunft, wenn sie nicht nur vereinzelt, sondern als Leitpflanzen häufig auftreten:

◆ **Säureanzeiger** oder Kalk meidende Unkräuter sind: Ackerveilchen, Dreiblättriger Ehrenpreis, Feldspark, Hahnenfuß, Hohlzahn, Hundskamille, Nacktstängeliger Bauernsenf, Kleiner Sauerampfer, Knöterich, Lämmersalat, Schachtelhalm.

◆ **Kalk liebende, Säure meidende** Begleitkräuter sind: Ackergauchheil, Ackerglockenblume, Ackerhellerkraut, Ackerhaftdolde, Ackerhornkraut, Ackersenf, Feldrittersporn, Gänsedistel, Klatschmohn, Kleine Wolfsmilch, Leinkraut (Frauenflachs), Sommeradonisröschen, Steinklee, Storchschnabel, Taubnessel, Venuskamm.

◆ **Lehmige, pH-neutrale Böden** werden gerne von Feldrittersporn, Echter Kamille, Gänsedistel und auch Feldehrenpreis besiedelt. Der Blaue Gauchheil, das Einjährige Bingelkraut und das Kleinblütige Franzosenkraut sind dort auch anzutreffen.

◆ **Stickstoff liebende Begleitkräuter** sind Ackerhellerkraut, Ackersenf, Einjähriges Bingelkraut, Große Brennnessel, Ehrenpreisarten, Erdrauch, Franzosenkraut, Gänsedistel, Gänsefußgewächse, Giersch, Hirtentäschel, Kamille, Kletten-Labkraut, Löwenzahn, Schwarzer Nachtschatten, Taubnessel, Vogelmiere, Gartenwolfsmilch.

◆ **Kalianzeiger** sind Ackerehrenpreis, Schwarzer Nachtschatten und Melde.

◆ Begleitkräuter auf **stickstoffarmen Böden:** Ackerhohlzahn, Ackerziest, Klappertopf, Hornkraut, Geruchlose Kamille.

Löwenzahn, Vogelmiere und Taubnessel siedeln sich gern auf stickstoffreichen Böden an.

Die Erde mag nicht nackt sein und bedeckt sich sogleich mit zarten grünen Pflänzchen.

- **Nasse Standorte** werden gerne von Ackerschachtelhalm, Ampfer-Knöterich, Gänsefingerkraut, Kriechendem Hahnenfuß und Sumpfruhrkraut besiedelt.
- **Trockene Standorte** werden unter anderem von Hohlzahn, Weißer Lichtnelke, Sichelmöhre, Sonnenröschen und den Wegerich-Arten bevorzugt.

UNKRAUT BEKÄMPFEN

Wie wir sehen konnten, macht es ökologisch Sinn, so weitgehend wie möglich auf chemische Bekämpfung der Begleitkräuter zu verzichten. Wo die Kulturpflanzen dank richtiger Düngung, artgerechter Pflege und passendem Standort gesund sind und zügig wachsen können, hat man weniger Unkrautprobleme. Noch immer ist das regelmäßige Jäten die beste Lösung. Folgende Maßnahmen führen zum Erfolg:

- Vor dem Säen oder Auspflanzen der Setzlinge muss man erst einmal den **Boden kultivieren, eggen und glatt rechen** und dann einige Tage ruhen lassen. Viele Wildkräuter werden sofort keimen und ihre kleinen Keimblätter der Sonne entgegenstrecken. Nun ist es Zeit, noch einmal mit dem Kultivator über den Acker zu gehen, um die kleinen Pflänzchen in Regenwurmfutter zu verwandeln. Der Gärtner oder Bauer ist auch gut beraten, die Keimlinge (Sämlinge) der verschiedenen Begleitkräuter-Arten kennenzulernen.

◆ Die **Rhizome der Wurzelunkräuter,** wie etwa Giersch, Löwenzahn, Quecke, Hahnenfuß, Ackerwinde, sollte man sorgfältig mit einer Grabgabel aushebeln und entsorgen.

◆ Nachdem die Nutzpflanzen in Reihen mit genügend Abstand ausgesät wurden, muss man **immer wieder hacken** oder mit der Pendelhacke die Reihen entlang ziehen. Das erfordert besonders im Frühjahr viel Zeit; später, wenn die erwünschten Pflanzen größer sind, kann man entspannen.

◆ Wo Schnecken kein Problem sind, ist die **Bodenbedeckung** (Mulchen) mit altem Heu, Laubschnitzel oder anderen organischen Abfällen eine gute Art und Weise, die Unkräuter zu dämpfen.

◆ Größere Unkräuter – falls man sie nicht hier und da als »Mutterkräuter« stehen lässt – kann man mit einem speziellen **Unkrautstecher** ausstechen. Das gilt auch für Rasenunkräuter, besonders für Pfahlwurzler.

◆ Wenn man **Fruchtfolgen** und **Fruchtwechsel** beachtet, wird man weniger Unkrautprobleme haben. Zwischendurch hilft es, Gründüngung auszusäen. Auch Kartoffeln und Buchweizen unterdrücken mit ihrem dichten Blätterdach starke Verunkrautung.

◆ **Samenunkräuter** – Franzosenkraut, Vogelmiere, Melde, Schwarzer Nachtschatten – sollte man rechtzeitig jäten, ehe sie blühen und versamen.

◆ Bei extremer Verunkrautung kann man den Boden über längere Zeit **mit schwarzer Folie** abdecken oder sogar mit einem Abflammgerät auf die unerwünschte Flora losgehen.

◆ **Das Hacken** war schon seit der Jungsteinzeit unverzichtbar beim Anbau von Feld- und Gartenfrüchten. Es verhindert nicht nur den Unkrautbefall, es bricht auch die verdichtete Bodenoberfläche auf, sodass die Erde und die Wurzeln atmen können. Hacken lässt das CO_2 aus dem Boden aufsteigen, sodass dieser nicht versäuert. Die Pflanzen nehmen diesen Kohlenstoff durch die Spaltöffnungen an der Unterseite ihrer Blätter auf und verwerten ihn in der Photosynthese. Für manche Gärtner ist das Hacken eine ungeliebte Schufterei, für mich ist es immer eine willkommene Gelegenheit zum Meditieren. Der Rhythmus des Hackens in den großen Gemüseflächen gleicht dem Rhythmus der Schamanentrommel, es lässt die Seele in die Tiefe reisen.

Auch wenn es schwerfällt: Das Borretschpflänzchen muss weichen, die Erdbeeren brauchen Platz.

ACKERHELLERKRAUT

Das Ackerhellerkraut gilt als berüchtigtes Samenunkraut. Es keimt und wächst schnell, dabei bedrängt es die Kulturpflanzen. Früher schätzte man es als Wildgemüse und als Heilpflanze. Seine runden Schoten erinnern an ein Geldstück.

In Regionen, in denen das Ackerhellerkraut *(Thlaspi arvense)* besonders häufig auftritt, etwa auf den lehmigen Sandböden Vorpommerns oder Dänemarks, nannten die Bauern das Kraut *Bettelmann* oder *Hungerblume.* In Finnland wurde im Jahr 1734 sogar ein Gesetz erlassen, in dem es heißt, »wer dem Nachbarn (aus Boshaftigkeit) Unkräuter wie das Täschelkraut in den Acker sät, wird seine Ehre verlieren und eine Strafe erhalten«.

NENN MIR DEN NAMEN

Das einjährige Kräutlein, das bis zu 40 Zentimeter in die Höhe wachsen kann, hat wie andere Kreuzblütler vier kreuzweise gestellte Blumenblätter. Diese kleinen, weißen Blüten sind eher unspektakulär; die runden, flach abgeplatteten Schoten ziehen dagegen viel mehr Aufmerksamkeit auf sich. Ihre Form erinnerte die Bauern an eine Münze, besonders an den Heller. Mit diesem Namen bezeichnete man einst eine kleine, zuerst von Kaiser Barbarossa im 12. Jahrhundert geprägte Münze aus dünnem Silberblech. Sie hatte den Wert eines zwölftel Schillings oder eines großen Käselaibs.

Auch anderswo brachte man die runden Schoten des Feldunkrauts mit dem jeweils landesüblichen Geldstück in Verbindung. In Böhmen und im Thüringer Wald nannte man das Pflänzchen schlicht und einfach *Geld,* in Frankreich *herbe à la monnaie;* in Hamburg *Geldkraut;* anderswo war es das *Pfennigkraut* oder die *Pfennigkresse* (in Schottland *penny cress,* in Schweden *pennig-gräs*); die Lausitzer kannten es als *Klappergroschen;* in Böhmen war es der *Kreuzer* und in den Niederlanden der *Judaspennig.*

Doch nicht nur Geld kam den Menschen beim Anblick der flachen Fruchtkapseln in den Sinn. Wie beim nahe verwandten Hirtentäschel *(Capsella bursa-pastoris),* erinnern die Schoten an kleine Taschen – deswegen heißt das Ackerhellerkraut auch *Täschelkraut, Taschenkraut, Ackerhirtentasche* oder auch *Säckelkraut* und *Silbersäckel.*

Da wir schon bei den Benennungen sind, sollten wir auch den offiziellen botanischen Namen, *Thlaspi arvense,* nicht übergehen.

◆

Die Samenschoten des Ackerhellerkrauts erinnern an Geldstücke.

AUS DER NÄHE

ACKERHELLERKRAUT

Thlaspi arvense

VERBREITUNG

Heimisch in Europa und Teilen von Asien, eingeschleppt in Nordamerika

STANDORT

Auf Äckern mit nährstoffreichen Lehm- und Tonböden, aber auch auf Sandböden und Schutthalden

VEGETATIONSZEIT

Einjährig, Blüte: April–Juni

VERWENDBARE TEILE

Ganzes Kraut, Blüten, frische Samenschoten

1. JUNGE PFLANZE

Die jungen Pflänzchen des Ackerhellerkrauts sind nicht einfach zu identifizieren. Sie sehen Feldsalat-Pflanzen zum Verwechseln ähnlich.

2. BLÄTTER UND STÄNGEL

Der Stängel ist kantig, oft verzweigt, die Blätter sind länglich und am Rand meist gezähnt.

3. BLÜTE

Die Blüten erscheinen meist von April bis Juni, vereinzelt auch noch später im Jahr. Jedes Einzelblütchen besitzt vier weiße Blütenblätter und vier grüne Kelchblätter.

4. JUNGE SAMENSCHOTEN

Aus den Blüten entstehen nach und nach zunächst kleine grüne, flache Samenschoten, während sich oben an der Traube immer wieder neue Blüten bilden.

5. REIFE SAMENSCHOTEN

An den reifen Schoten deutlich zu erkennen: die seitlichen »Flügel« und die Einkerbung am oberen Ende.

6. SAMEN

In jeder reifen Samenschote befinden sich rund ein Dutzend kleine, braune Samenkörner, die sich durch Tiere, vor allem aber auch – begünstigt durch die Flügelchen an den Schoten – mit dem Wind verbreiten.

1

2

3

4

5

6

Thlaspi kommt aus dem Griechischen und bedeutet »zerquetschen«, was sich wiederum darauf bezieht, dass die Samen zerquetscht und, zu einer Paste vermischt, wie Senf verwendet wurden. Der Zusatz *arvense* kommt aus dem Lateinischen und bedeutet schlicht: »auf dem Ackerland (lateinisch: *arva)* wachsend«.

ÖKOLOGIE

In Europa ist das Ackerhellerkraut ein Archäophyt, ein Feldunkraut seit der Jungsteinzeit. Die Samen wurden in Pfahlbausiedlungen gefunden. In Amerika dagegen tritt der Kreuzblütler gegen Anfang des 18. Jahrhunderts als harmloser Neophyt auf. In der zweiten Hälfte des 19. Jahrhunderts besiedelte er massiv die Trassen der neu gebauten transkontinentalen Eisenbahnstrecken, die den Kontinent vom Atlantik bis zum Pazifik durchqueren – daher heißt das Kraut in den USA nicht mehr *field pennycress* (Feldpfennigkresse) wie in England, sondern *Jim Hill weed* nach dem Bankier James J. Hill (1838-1916), der die Finanzen für den Eisenbahnbau bereitstellte.

Futterquelle für Schädlinge

Erst im Zeitalter der sich über endlose Meilen erstreckenden Monokulturen wurde der Neuankömmling als »aggressive fremde *(alien)* Schädlingspflanze« aufgefasst: Angeblich soll sie durch spezielle Wurzelausscheidungen das Keimen der Weizensaat behindern, was zu einer Ertragsminderung von bis zu 35 Prozent führt; wenn die Kühe Ackerhellerkraut fressen, soll es den Geschmack von Fleisch und Milch verderben; wegen der möglichen langjährigen Samenruhe keimt es immer wieder zusammen mit dem ausgesäten Raps und verdirbt dessen Qualität. Zudem sei das Ackerhellerkraut Wirt und Futterquelle für viele Schädlinge, wie etwa die Kohlmotte, Blattwanzen, Wurzelgallen-Ählchen, für die Rübenzysten-Nematode, Raps- und Kohlweißling, die Kleine Kohlfliege – den gefährlichsten Rapsschäd-

»Mit dem Hellerkraut habe ich keinen Zoff, ich sehe es eher als Segen an.«

Wolf-Dieter Storl

Im Gegenlicht deutlich zu sehen: die zahlreichen Samenschoten des Ackerhellerkrauts mit den dunklen Samen in der Mitte.

In meinem Garten dürfen viele Pflanzen wachsen, die von selbst den Weg zu mir gefunden haben.

ling überhaupt – sowie für den *Leptosphaeria*-Pilz, der bei Kohl und Raps Stängel- und Wurzelfäule hervorruft. Und, als ob das noch nicht genug wäre, wird dieses Unkraut zunehmend resistent gegen Herbizide.

Rohstoff zur Ölgewinnung

Jedes Hellerkraut-Pflänzchen bringt – typisch für eine Pionierpflanze – Unmengen von Samen hervor. Bis zu 20 000 pro Pflanze können es sein, und diese bleiben bis zu 30 Jahre lang keimfähig. Die reifen Schoten werden leicht vom Wind erfasst und verweht – auf diese Weise verbreiten sich die Samen. Aber auch indem der Regen die Samen versprengt oder sie an Fußsohlen und Ackergeräten kleben, besiedeln sie neue Standorte.

Die Samen enthalten bis zu 34 Prozent Öl, das man – wie man es schon in der Antike gemacht hat – auspressen und als Speise- oder Massageöl verwenden kann.
Inzwischen dämonisiert man auch in Amerika die Pflanze nicht mehr nur als bedrohlichen Eindringling, sondern sieht sie wegen ihres hohen Ölgehalts als möglichen Rohstoff an. Das US-amerikanische Landwirtschaftsministerium (USDA) befürwortet den Anbau des Ackerhellerkrauts als mögliche Quelle für Bio-Diesel oder Ethanol und schlägt vor, die winterannuelle (einjährig überwinternde) Pflanze als Folgefrucht nach der Sojaernte auszusäen. Im Frühling blüht sie dann und entwickelt ihre Samen, ehe die nächste Tracht Soja oder Mais in die Erde kommt.

Das ölhaltige Ackerhellerkraut wird in Amerika inzwischen sogar als möglicher Rohstofflieferant getestet.

Der Presskuchen, der nach dem Auspressen des Öls zurückbleibt, dient als eiweißreiches Futter für Rinder und Schafe.

DAS ACKERHELLERKRAUT IN DER KÜCHE

Die jungen Triebe sind im Frühling roh – etwa frisch gehackt mit Quark auf Brot – oder gekocht in Suppe oder Eintopf gut essbar, wenn auch leicht bitter. Wie anderes Frühlingsgrün haben sie eine antiskorbutische Wirkung, das heißt, sie heben den winterlichen Vitamin-C-Mangel auf und regen die Lebenskräfte an. Die noch grünen »Heller«, in Öl eingelegt, ergeben eine knoblauchartige Würzzutat. Sammeln würde ich das Kraut oder die grünen Schoten jedoch nur auf den Äckern von Biobauern!
Mit den Blüten, die eher würzig, kresseartig schmecken, kann man – wie auch mit Gänseblümchen, Wiesenschaumkraut oder Löwenzahnblüten – den Frühlingssalat garnieren. Wenn man Zeit und Geduld hat, kann man aus den Samen Speiseöl pressen. Wie Steffen Fleischhauer[7] berichtet, kann man auch die Samen schroten, den Schrot in heißes Wasser legen und dann das Öl von der Oberfläche abschöpfen.

Die filigranen Blüten des Ackerhellerkrauts schmecken würzig wie Kresse auf dem Butterbrot oder im Quark.

HEILEN MIT DEM ACKERHELLERKRAUT

Auch als Heilmittel ist das kleine Ackerwildkraut nicht zu unterschätzen. Heilindikationen sind folgende:

- Das frische, im Frühling gesammelte Kraut wirkt, da es viel Vitamin C enthält, gegen **Frühjahrsmüdigkeit.** Zu den Inhaltsstoffen gehört neben Senföl auch der essentielle Mineralstoff Magnesium, welcher bekanntlich muskelentspannend wirkt.
- Eine Abkochung aus den gemahlenen Samen wirkt harn- und schweißtreibend, entzündungshemmend, antibakteriell und schleimlösend. Ein solcher Tee eignet sich bei **Grippe und Atembeschwerden.** Auch bei Nierenentzündung soll er hilfreich sein.
- Als Tee (Aufguss) getrunken soll das Ackerhellerkraut bei **Frauenleiden** wie einer Entzündung der Gebärmutter helfen oder als Sitzbad bei Scheidenentzündung (Kontraindikation bei Darmentzündung!).
- Äußerlich angewendet, als Tee oder Umschlag, wirkt das Ackerhellerkraut bei Furunkeln, **Hautentzündung,** eitrigen Wunden. Auch hier zeigt sich eine antibakterielle und fungistatische (pilzhemmende) Wirkung.
- Die Samen, zermahlen und abgekocht, sollen blutreinigend bei **Gicht und Rheuma** wirken. Sie sind wegen ihres Senfölgehalts ähnlich wie ein Senfpflaster verwendbar.

IN DER PRAXIS

WIE WERDE ICH ES LOS?

Wenn sich das Kraut in Ihrem Garten angesiedelt hat, lässt es sich durch regelmäßiges Jäten relativ einfach wieder entfernen. Wichtig ist, dass Sie es nicht bis zur Samenreife wachsen lassen, da es sich durch die enorm hohe Samenproduktion explosionsartig vermehrt. Sind die Samen einmal im Boden, dauert es lange, bis man die letzten sich entwickelnden Pflänzchen ausgerottet hat, da die Samen bis zu 30 Jahre lang keimfähig bleiben.

WAS KANN MAN ESSEN?

Das ganze Kraut inklusive Blättern, Blüten und Samenschoten kann roh, eingelegt oder gekocht verzehrt werden. Sehr fein schmecken die Samenschoten klein gehackt in Kräuterquark gemischt, die Blüten kann man zur Dekoration darüberstreuen. Die Blätter sind eher herb und leicht bitter.
Dosieren Sie die Samenschoten zunächst vorsichtig. Sie sind durch die enthaltenen Senföle ziemlich scharf.

ACKERHELLERKRAUT-TEE

3 EL klein geschnittenes frisches Kraut oder 3 TL getrocknetes Kraut mit ½ l kochendem Wasser überbrühen, zugedeckt 10 Minuten ziehen lassen und abseihen. Dreimal täglich 1 Tasse trinken bei Menstruationsbeschwerden, Gebärmutterentzündung, Nierenentzündung. Äußerlich als Umschlag bei Hautentzündungen.

ACKERSCHACHTEL-HALM

Ich kenne Gärtner, die sich vom Ackerschachtelhalm fast in den Wahnsinn treiben lassen. Je fleißiger sie ihn jäten und hacken, desto freudiger sprießen die dünnen Stängel wieder hervor.

Auch wenn man versucht, tief umzugraben und die langen, schwarzen Wurzeln des Ackerschachtelhalms *(Equisetum arvense)* sorgfältig herauszurechen – er treibt immer wieder nach. Das ist auch verständlich, wenn man weiß, dass sich die Speicherknollen, die ihm seine Kraft geben, anderthalb Meter unter der Bodenoberfläche befinden. Man könnte das Problem lösen, indem man diese stärkehaltigen Wurzelknollen verspeist. Man kann sie tatsächlich gut essen. Wer aber würde seine Beete schon so tief umgraben wollen? Da bräuchte man einen Bagger.

PFLANZE DER URZEIT

Als ich vor Jahren meinen Garten mit viel Schweiß und Mühe der Brennnesselwildnis abgerungen und urbar gemacht hatte, befanden sich einige der kleinen Schachtelhalme an einer Ecke. Wie alle gejäteten Unkräuter, alten Mulch und andere Gartenabfälle grub ich sie aus und warf sie in den Kompost. Diesen hatte ich hoch genug aufgetürmt und gut gemischt, sodass sich der Haufen zuerst einmal richtig erhitzte und dampfte. Später, nach einmaligem Umsetzen, wurde daraus dunkler, nährstoffreicher Humus, mit dem ich die Beete düngte. Was ich nicht erwartet hatte, war, dass darauf plötzlich eine ganze Menge kleine, unschuldig aussehende Schachtelhalmpflänzchen erschienen. Wie Miniaturtannenbäumchen standen sie da. Jedes winzige Schachtelhalm-Wurzelstückchen hatte den Kompostierungsvorgang, der ja sonst alles gründlich verdaut, überlebt!
Es war, als schmunzelten die Pflänzchen und sagten: »Wir sind Ur-Pflanzen. Vor 400 Millionen Jahren, im Devon, als deine Vorfahren noch salamanderähnliche Lurche waren und die Evolution noch nicht einmal die kaltblütigen Reptilien hervorgebracht hatte, gab es uns schon. In den Jahrmillionen haben wir alle Klimawandlungen überlebt, extreme Hitze wie auch Kälte – da kann uns dein lächerlicher Kompost nichts antun!«
Ja, nun habe ich ihn, den *Equisetum arvense,* und werde ihn nicht mehr los. Munter wächst er zwischen meinem Gemüse.
Ich rege mich aber deswegen nicht auf. Das kleine lebende Fossil ist zu einem meiner

◆
Wie kleine Tannenbäumchen stehen die Schachtelhalmwedel im Gartenbeet.

AUS DER NÄHE

ACKERSCHACHTELHALM

Equisetum arvense

VERBREITUNG

Auf der gesamten Nordhalbkugel verbreitet

STANDORT

Auf feuchten, lehmig-tonigen Böden in Äckern und Gärten und an Wiesenrändern

VEGETATIONSZEIT

Ausdauernd

VERWENDBARE TEILE

Frühjahrssprosse, ganzes Kraut, Wurzelknollen

1. FRÜHJAHRSSPROSS

Im zeitigen Frühling erscheinen zunächst die bräunlichen, Sporen tragenden Sprosse. Sie sind zart und schmecken gut als kurz gebratenes Pfannengemüse oder im Rührei.

2. SPOREN

Aus den Kolben der Frühlingssprosse rieseln die blassgrünen Sporen. Nach dem Abstäuben sterben diese Frühlingstriebe ab und machen Platz für die nun erscheinenden grünen Schachtelhalmwedel.

3. JUNGE PFLANZE

Mit seinen langen, unterirdischen Wurzelausläufern gräbt sich der Ackerschachtelhalm über weite Strecken durch den Boden. Aus den Ausläufern erscheinen dann die kleinen Tannenbäumchen der Pflanze überall im Garten.

4. AUSGEWACHSENE PFLANZE

Je älter die grünen Schachtelhalmwedel werden, desto länger wächst der Stängel und desto filigraner werden die Seitentriebe.

5. STÄNGEL UND SEITENTRIEBE

Die Seitentriebe wachsen quirlständig rund um den hohlen Hauptstängel. Wo die Quirle am Stängel ansetzen, befinden sich jeweils die »Verbindungsstücke«, aus denen sich der Stängel zusammensetzt. Man erkennt sie an den feinen Zähnchen. An diesen Stellen kann man den Stängel vorsichtig auseinanderziehen und wieder zusammenstecken, wie eine Schachtel – daher der Name.

1

2

3

4

5

Mit dem ersten Wiesengrün erscheint im Frühjahr auch der bräunliche Spross des Ackerschachtelhalms.

pflanzlichen Verbündeten geworden. Es ist eine der wirkkräftigsten Heilpflanzen, ein gutes Frühlingswildgemüse sowie eine Hilfe im Gärtnerhandwerk.
Ackerschachtelhalm wird auch *Zinnkraut* genannt. Er enthält nämlich so viel Kieselsäure (Siliziumdioxid), dass man ihn einst zum Blankputzen und Scheuern von Zinnbehältern benutzte[8]. Wieviel Kieselsäure das tatsächlich ist, kann man ganz einfach sichtbar machen: Wenn man einen Schachtelhalmwedel in eine heiße Ofenröhre steckt und ihn verascht, dann bleibt ein kieseliges Skelett davon übrig. Die weiße Asche besteht aus rund 90 Prozent reiner Kieselsäure. Der Anthroposoph Rudolf Steiner nannte den Schachtelhalm zu Recht einen »pflanzlichen Kieselstein«. Die Sporenträger in der endständigen Sporenähre enthalten sechseckige, bienenwabenähnliche Fächer, die an die sechseckigen Kristalle des Bergkristalls erinnern.

HEILEN MIT DEM ACKERSCHACHTELHALM

Es ist vor allem dieses biologisch verfügbare Silizium, das die fossile Pflanze zu einem Superheiler macht. Schachtelhalm enthält aber auch Flavonoide, die die Blutgefäße festigen, Saponine, die entwässernd wirken, Spurenelemente aller Art und verschiedene organische Säuren.
Die Ärzte der Antike benutzten den Equisetum-Sud vor allem als blutstillendes Mittel – dass das funktioniert, habe ich öfter bei eigenen blutenden Schnittwunden erfahren können. Auch als Mittel bei Milzerkrankungen benutzten sie es. Später ging das Wissen

um diese Pflanze verloren. Für Hildegard von Bingen war der Schachtelhalm – *Katzenzagel* nennt sie ihn – kaum der Rede wert: »Er entsteht aus den schlechten Säften der Erde und vermittelt dem Menschen, der ihn isst, keine Kraft. Doch wenn jemand ihn auf solche Weise zubereitet, dass Fliegen von ihm kosten, dann tötet er sie mit seiner Schlaffheit und seinen üblen Säften.«

Es war Kräuterpfarrer Sebastian Kneipp, der diese alte Heilpflanze der Vergessenheit entriss. Er benutzte sie als Hilfsmittel bei Lungenschwindsucht (Tuberkulose) – er selber litt als Student an der gefürchteten Krankheit. Die Kieselsäure hilft dabei, die Tbc-Herde in Kalkhüllen abzukapseln.

Schachtelhalmtee

Es gibt zwei Möglichkeiten, den Schachtelhalm therapeutisch anzuwenden: als Aufguss (Tee) oder als Abkochung (Dekokt).

Das aufgebrühte Kraut (Tee) hilft bei

- der Durchspülung bei bakteriellen und entzündlichen **Erkrankungen der ableitenden Harnwege, Prostatabeschwerden und bei Nierengrieß.**
- Gicht und Rheuma (kurmäßig getrunken).

Sitzbäder mit dem Aufguss sind angesagt bei mangelnder Nierentätigkeit und **erkrankten Harnorganen.**

Schachtelhalmabkochung

Eine noch wichtigere Rolle als der einfache Tee spielt die Abkochung (Dekokt). Das am besten im Frühsommer gesammelte Kraut wird etwa 20 bis 25 Minuten sanft geköchelt. Auf diese Weise wird die Kieselsäure herausgelöst. Dieses aus der Pfanne gewonnene Silizium ist im Gegensatz zu gemahlenem Quarz biologisch verfügbar. Dadurch eröffnet sich eine ganze Palette von therapeutischen Möglichkeiten:

- Wegen der Signatur der Pflanze – der rhythmisch gegliederte Hauptstängel ähnelt dem Rückgrat – trank man früher bei **Bandscheibenschäden** Equisetum-Abkochung und nahm damit Sitzbäder. Das ist teilweise sinnvoll, denn die enthaltene Kieselsäure unterstützt den Aufbau der Sinovialflüssigkeit (Gelenkschmiere) und stärkt das **Bindegewebe.**
- Silizium, aus der Kieselsäure, ist wichtig für **gesunde Haut** und gesunde Zähne; die Abkochung hilft bei splitternden Fingernägeln und stumpfen Haaren.
- Die uralte Pflanze ist ein **Geriatrikum,** sie hilft alten Menschen, gesund zu bleiben: Schachtelhalm stärkt die Knochen, wirkt **Osteoporose** entgegen, mindert die Verkalkung der Blutgefäße **(Arteriosklerose)** und dadurch auch den Gedächtnisschwund.

Jeden Tag eine Tasse: Wegen seines hohen Kieselsäuregehalts stärkt Schachtelhalm-Dekokt Knochen, Haut und Zähne.

Der grüne Teil des Schachtelhalms ist kurz im Vergleich mit der meterlangen Wurzel.

◆ Der Ackerschachtelhalm ist besonders durch seinen hohen Gehalt an Kieselsäure ein wertvolles Heilkraut.

Wer über vierzig ist – rät die Kräuterfrau Maria Treben –, der sollte jeden Tag ein Tässchen Schachtelhalmtee trinken. (Ich nehme an, sie meinte das scherzhaft.)

◆ Ackerschachtelhalm-Abkochungen helfen, täglich getrunken, beim **Wiederkalzifizieren gebrochener Knochen.** Diese Anwendung ist klinisch geprüft.

◆ Silizium ist ein Vermittler von Lichtkräften, daher wirkt es gegen **Verpilzung.** Fußbäder mit Schachtelhalmabkochungen helfen bei Befall mit Fußpilz.

◆ Umschläge mit den gekochten Schachtelhalmwedeln helfen bei **offenen Beinen** *(Ulcus cruris)*, schlecht heilenden Wunden und sollen – nach Angaben von Kräuterpfarrer Kneipp – sogar bei krebsigen Geschwüren eine positive Wirkung haben. Da könnte etwas dran sein. Sonnenlicht ist – wie der Physiker Hans Peter Dürr zeigt – die ordnungsgebende Kraft in lebenden Organismen. Eine Funktion des Siliziums ist es, den Zellen Lichtenergie zu vermitteln, Lichtenergie wurde messbar gemacht durch die Biophotonen-Forschung des Physikers Fritz-Albert Popp. Im Vergleich zu gesunden Zellen enthalten Krebszellen wenig Silizium und wenig Lichtenergie (Photonen).

◆ Wie schon die Ärzte der Antike lehrten, ist das Zinnkraut ein hervorragender **Blutstiller,** sowohl äußerlich als auch innerlich als Tee angewendet.

◆ Sitzbäder mit Schachtelhalmsud kommen in Frage bei **Weißfluss** der Frauen, bei **Verpilzung** (Candida), mangelnder Nierentätigkeit und bei Hämorrhoiden.

Schachtelhalmasche

Eine weitere Anwendung des Schachtelhalms ist die der Asche (→ S. 55). Eine Messerspitze des Pulvers hilft, eingenommen, sehr schnell bei **Sodbrennen** und Magenproblemen. Wir sehen also, wir haben es mit einer Superheilpflanze zu tun!

GARTENGEHILFE

Nicht nur für uns Menschen kann der unverwüstliche Schachtelhalm ein Heiler sein, sondern auch für den Garten.

◆ Schachtelhalmjauche (→ S. 54) stärkt die Gemüsepflanzen und macht sie widerstandsfähig gegen Pilzerkrankungen, wie etwa Braunfäule bei Tomaten, Mehltaubefall bei Rosen und Erdbeeren. Um diese Jauche herzustellen, stopft man den abgeernteten Schachtelhalm in einen Bottich und füllt diesen mit Regenwasser. Nach zwei, drei Wochen Gärzeit zersetzt sich das Kraut und wird zu Jauche. Die Pflanzen werden dann damit – eins zu fünf mit Wasser verdünnt – mit der Gießkanne begossen.

◆ Schachtelhalmabkochung (→ S. 54) kann auch direkt auf schwächelnde Pflanzen gesprüht werden. Bei Stängelfäule im Saatbeet besprüht man die keimenden Jungpflanzen mit einer Schachtelhalmabkochung, der man kurz nach dem Kochen noch eine Handvoll Kamillenblüten hinzugegeben hat.

DER ACKERSCHACHTELHALM IN DER KÜCHE

Die Pionierpflanzen, die damals im Erdmittelalter, noch vor dem Steinkohle-Zeitalter, allmählich das feste Land eroberten, blühten noch nicht. Es gab weder bunte Blumen, Bienen und Schmetterlinge, noch gab es Samen oder Früchte. Mithilfe von winzigen Sporen pflanzten sich die ersten Landpflanzen, die vielen verschiedenen Arten der Schachtelhalme, Farne und Moose, fort. Anstatt eine Blüte zu bilden, in der sich Pollen und Eizelle vereinen, fielen die Sporen auf den Boden, wo sie – begünstigt durch die Feuchtigkeit – zu Pflanzen austrieben.

Beim Ackerschachtelhalm sind die Sporentriebe von den grünen Wedeln getrennt. Die Sporentriebe sind kahle, nichtgrüne, unverzweigte, blass beigebraune, schuppige Triebe mit Sporenkapseln am oberen Ende. Sie erscheinen im Frühling und vergehen wieder, wenn dann die grünen Sommertriebe, die kleinen »Tannenbäumchen«, emporwachsen. Es sind diese ährentragenden Sprosse, die ein ausgezeichnetes, mild schmeckendes Wildgemüse hergeben. In China und Indien werden sie sogar auf den Märkten verkauft. Sie eignen sich für Gemüsepfannen, Suppen und Aufläufe. Ich mag sie besonders im Rührei. Roh sind sie weniger genießbar.

Ausgewachsene Schachtelhalmwedel können bis zu 50 cm hoch werden.

IN DER PRAXIS

VORSICHT!

In unserer mitteleuropäischen Heimat gibt es zehn verschiedene Schachtelhalmarten – darunter der Sumpfschachtelhalm, der Winterschachtelhalm, der Waldschachtelhalm und so weiter. Diese wachsen jedoch an sumpfigen oder schattigen Standorten und viele enthalten ein Enzym, das gesundheitsschädlich ist, weil es Thiamin (Vitamin B_1) im Körper abbaut. Als Heilpflanze kommt also nur das als Unkraut verschriene, auf sonnigen Äckern, Wegrändern und Gartenböden wachsende Zinnkraut in Frage.

SCHACHTELHALMJAUCHE

Eine Regentonne oder einen großen Eimer mit Schachtelhalm füllen und mit Regenwasser auffüllen. Täglich umrühren. Nach etwa 3 Wochen 1 Teil Jauche mit 5 Teilen Wasser mischen. Gemüsepflanzen, Rosen und Erdbeeren wachsen besser und gesünder, wenn sie mit dieser Mischung gegossen werden. Die Kieselsäure stärkt das Blattgerüst der Pflanzen. Für Jauche und Abkochung möglichst jungen Schachtelhalm, etwa bis August, ernten. In älteren Pflanzen ist die Kieselsäure nicht mehr so leicht löslich.

SCHACHTELHALMABKOCHUNG

Einen großen Topf mit Schachtelhalm füllen, mit Wasser auffüllen und 20-30 Minuten kochen lassen. Den abgeseihten und abgekühlten Sud mit einer Blumenspritze unverdünnt über die Blätter sprühen: besonders zu empfehlen bei Rosen (gegen Blattläuse), Tomaten (gegen Braunfäule), Jungpflanzen (gegen Stängelfäule) und Obstgehölzen (gegen Rostpilze).

SCHACHTELHALM VERASCHEN

Um die Schachtelhalmwedel zu veraschen, legt man das frische Kraut (Sprosse oder junge grüne Wedel) auf eine heiße Ofenplatte oder auf ein Backblech und erhitzt es im Backofen auf 250 °C, bis von den Pflanzenstängeln nur noch ein weißes Gerippe übrig ist. Es besteht aus reiner Kieselsäure und wird gegen alle Symptome von Magensäureüberschuss eingenommen: Magenverstimmung, Magenkrämpfe, Sodbrennen, leichte Übelkeit.

WAS KANN MAN ESSEN?

Sehr fein, mit einem leichten Pilzgeschmack, sind die ersten Frühjahrssprosse, die zuoberst ein Ährchen tragen, roh oder gegart. Die noch jungen grünen Wedel schmecken bitter und können – am besten zusammen mit anderem Gemüse – gekocht verzehrt werden. Die Wurzelknollen erntet man im Spätherbst und im Winter und isst sie roh oder gekocht, allerdings liegen sie sehr tief im Boden.

WIE WERDE ICH IHN LOS?

Der Ackerschachtelhalm ist eines der widerstandsfähigsten Unkräuter im Garten. Wenn er sich einmal ausgebreitet hat, wird man ihn nur schwer wieder los. Eindämmen lässt er sich, wenn man lehmig-tonige Erde durch Kompost und Sand verbessert und durch regelmäßiges Ausreißen. Legen Sie die Sprosse bzw. die Wedel möglichst tief frei und ziehen Sie den Schachtelhalm aus der Erde. Entsorgen Sie ihn auf keinen Fall im Kompost, er verrottet nicht! Um ihn samt Wurzelknollen zu entfernen, müssten Sie Ihren Garten metertief umgraben und alle unterirdischen Stängelteile beseitigen.

ACKERWINDE

Die Ackerwinde ist eine schnell wachsende, tief wurzelnde, windende Kletterpflanze, die gerne auf lehmigen Böden wächst – Sandböden meidet sie – und die wahrscheinlich von den ersten Ackerbauern im Neolithikum aus südlichen Gefilden eingeschleppt wurde.

Im Frühling schiebt die Ackerwinde *(Convolvulus arvensis)* zaghaft ihre zarten, glasig glänzenden Sprosse aus dem Erdboden hervor. Hübsch, wie kleine Elfenwesen, sehen diese aus. Aber – wie der Gärtnerfreund Jürgen Dahl bedauert – »bald verwandelt sich jedes der charmanten Elfchen mit den gesenkten Köpfchen binnen kurzem in eine unerbittliche Schlange«, die sich um Getreidehalme und Beerenbüsche, um Rosensträucher und Gartengemüse windet, diese überwuchert und zu erwürgen droht. »Sie wird sich mit anderen zu gewundenen Schnüren vereinigen und, wo es nichts zu umgarnen gibt, auf dem Boden weiterwandern, immer auf der Suche nach Kartoffelstauden, Bohnenstangen, Brokkolipflanzen, Buchsbaumbäumchen oder irgendetwas anderem, was Halt gibt auf dem Weg nach oben.«[9]

VITALER SCHLINGER

Die Windenranken haben tatsächlich etwas Schlangenartiges an sich: Sie machen kreisende, suchende Bewegungen und drehen einen vollen Kreis um eine gefundene Stützpflanze in weniger als zwei Stunden. Im Gegensatz zu Hopfen oder Geißblatt sind die Triebe linksdrehend.

Im Mittsommermonat fängt die Ackerwinde zu blühen an und blüht kontinuierlich bis zur Herbst-Tagundnachtgleiche, wobei jede einzelne der hübschen, rosa-weiß gestreiften, fünfteilig verwachsenen Trichterblüten nur einen einzigen Tag lang blüht. Die Blumenkelche, die zahlreichen Insekten Nektar bieten, sind wettersensibel und bleiben bei trübem Wetter geschlossen, weswegen sie in einigen Regionen den Namen *Regenschließer* oder *Donnerblume* bekamen. Sie kündigen also ein bevorstehendes Gewitter an.

◆ Weil sich die Ackerwinde linksherum windet, gilt sie als Unglück bringend.

Vermehrung über Wurzelstückchen

In den kugeligen Kapselfrüchten, die aus den Blüten hervorgehen, befinden sich jeweils nur wenige schwarze Samen. Das macht aber nichts, denn die Schlingpflanze vermehrt sich vor allem vegetativ über ihre unterirdisch kriechenden Wurzeln. Diese weißlichen, fleischigen, gewundenen Rhizome

AUS DER NÄHE

ACKERWINDE

Convolvulus arvensis

VERBREITUNG

Ihre Heimat ist Europa, inzwischen ist sie in den gemäßigten Klimazonen weltweit verbreitet.

STANDORT

Bevorzugt auf lehmigen Böden in Äckern, Wiesen und an Wegrändern, auch an trockenen Standorten

VEGETATIONSZEIT

Ausdauernd, Blüte: Juni-September

VERWENDBARE TEILE

Leicht giftig, nicht essbar

1. JUNGER TRIEB

Dünn und harmlos sehen die ersten, feinen Triebe aus, mit denen die Ackerwinde im Frühling selbst durch harte Erdkrusten stößt.

2. BLÄTTER

Spitz und lanzettlich präsentieren sich die Blätter der Ackerwinde, mit zwei spitzen Ecken am unteren Ende.

3. STÄNGEL

Deutlich zu sehen: die Linksdrehung, mit der sich der Windenstängel um andere Pflanzen schlingt.

4. GANZE PFLANZE

Aus den zarten Frühlingspflänzchen entwickeln sich im Lauf des Sommers meterlange Windenstränge, die sich in kurzer Zeit um ihre Nachbarpflanzen schlingen. Sie rauben ihren Haltepflanzen Licht, Luft und Nahrung und erwürgen empfindliche Pflanzen geradezu.

5. BLÜTE

Von zart rosa oder violett bis kräftig pink oder weiß-pink gestreift reicht die Farbpalette der trichterförmigen Ackerwinden-Blüten. Die Blüten der Zaunwinde sind dagegen rein weiß.

6. WURZELN

Mit ihren dicken, teilweise knotigen Wurzelsträngen arbeitet sich die Pflanze tief unter der Erde in kurzer Zeit durch große Ackerflächen. Wer sie beseitigen will, muss die Wurzeln ausgraben und auch das kleinste Stückchen sorgfältig entfernen.

1

2

3

4

5

6

der Pflanze strotzen vor lauter Vitalität. Wenn man den Boden bearbeitet und die Wurzeln hackt, wächst jedes der leicht zerbrechlichen, weißen Wurzelstückchen in kürzester Zeit zu einer neuen vitalen Pflanze heran. Es gibt wohl keinen echten Gärtner oder Bauern, der sie politisch korrekt als »Begleitkraut« bezeichnen würde – sie sind und bleiben für ihn ein lästiges, schwer zu entfernendes Unkraut!

EINE BÖSE PFLANZE

Jürgen Dahl würde sich wohl kaum für die süßliche Geschichte von dem *Marienbecher* (→ Kasten) begeistern können. Da ist er nicht der einzige. Für Gärtner und Landwirte ist die Schlingpflanze, die sie Zeit und Nerven kostet, eher des *Teufels Nähgarn (Düfels-Neigârn* heißt sie in Ostfriesland), *Teufelszwirn,* oder, in Irland, *devil's garter (Teufels Strumpfband)*; die Trichterblüte wird häufig als *Pisspot* oder *Sauwinde* geschmäht. In der Literatur gibt es kaum etwas Gutes über die Pflanze zu lesen. Der Biologieprofessor Edward Rollin Spencer, dessen Werk *All About Weeds* wir als junge Studenten der Agrarwissenschaft an der Ohio State University lesen mussten, schreibt über die Ackerwinde (englisch *bindweed),* die in Amerika *creeping Jenny* genannt wird, Folgendes: »Die Kriechende Jenny ist eines der bösartigsten Unkräuter. Sie ist ein säuselndes kleines Luder *(hussy),* das sich einschleicht und alles verdirbt.«[10]

Ein noch schärferes Urteil fällt Sara Stein, eine bekannte amerikanische Gartenexpertin. Nachdem sie erkannt hatte, dass sich die Schlingpflanze, die ihren Garten ruinierte, dank zerhackter Wurzelstückchen, mittels Klonen – »ohne Sex und Samen«, wie es sich eigentlich gehört – massiv vermehrt, ließ sie ihrer Fantasie freien Lauf: »Klonen hat den Beigeschmack von Science-Fiction-Szenari-

WARUM DIE BLÜTE ROTE STREIFEN HAT

Muttergottesgläschen, Liebfrauenbecher und Marienbecher sind weitere Benennungen der Ackerwinde. Folgende fromme Legende erklärt diese Namen: Einem Fuhrmann blieb der schwer mit Weinfässern beladene Wagen im Schlamm stecken. Trotz aller Mühe kriegte er ihn nicht wieder los. Zufällig kam die Muttergottes daher und sah seine Not. Da sprach sie zu ihm: »Ich bin müde und durstig; gib mir ein Glas von dem Wein und ich werde dir helfen.«

»Gern gebe ich dir zu trinken, gute Frau«, antwortete der Fuhrmann, »aber ich habe keinen Becher, worin ich dir einschenken könnte.«

Da brach Maria die weiße Blume einer Zaunwinde und benutzte den Blütenkelch als Trinkbecher. In dem Augenblick war der Wagen wieder frei. Die roten Streifen, die der Wein in dem Blütenkelch hinterließ, blieben aber allzeit erhalten.

en, von Vervielfältigung des Boshaften, von Horrorfilmen, die spät in der Nacht gezeigt werden.«[11]

Unglücksbringer

Im Volksaberglauben gilt sie als Unglückspflanze: Wer einen Kranz oder Strauß ins Haus bringt, wird nicht alt, oder – in Bern – das Haus brennt ab; wenn Kinder sie pflücken, prophezeit man ihnen, dass ein Unwetter komme oder dass sie das Bett nässen werden.

Für jene, die in den okkulten Wissenschaften zu Hause sind, hat auch der Linksdrall, die dem Sonnenlauf entgegengesetzte Bewegungsrichtung des Windentriebes, eine sinistre Bedeutung. Das Kreisen des Trinkhorns oder der indianischen Friedenspfeife, das Umschreiten von Kirchen und heiligen Orten, die Reigentänze und andere Rituale bewegen sich immer im Uhrzeigersinn, also im Einklang mit dem Sonnenlauf. Rituale, die Zerstörung, Schwächung oder Todeszauber bewirken sollen, verlaufen gegen den Uhrzeigersinn, oder, wie es im Mittelhochdeutschen hieß: *widersinnes* (altenglisch: *widdershins).*

In der Blumensprache bedeutet die Windenblüte: »Du wirst mich nicht los« –, was sich fast wie eine Drohung anhört.

Ranken und Wurzeln der Winden müssen regelmäßig entfernt werden.

ÖKOLOGIE

Ackernde Menschen mögen die Winde offensichtlich nicht, aber es gibt andere Geschöpfe, die lieben sie geradezu. Dazu gehören die beeindruckenden, bis zu 12 cm langen Raupen des Windenschwärmers, einer nachtaktiven Nachtfalterart, die sich mit Vorliebe von den Blättern ernähren. Verschiedene Insekten können die Blüten bestäuben, vor allem aber sind die Spiralhornbienen *(Systropha)* darauf spezialisiert. Die Weibchen fliegen die Blütenkelche im Sturzflug an, um sich praktisch im Pollen, der an ihrem Körper kleben bleibt, zu wälzen. Oft umschwirren begattungsgeile Männchen die Windenblüten und lauern den Weibchen auf. Gelegentlich benutzen diese Hautflügler die Blüte auch als Schlafplatz. Ganz nahe mit der Ackerwinde ist die weiß blühende Gewöhnliche Zaunwinde *(Calystegia sepium,* synonym *Convolvulus sepium)* verwandt. Sie hat ähnliche medizinische Eigenschaften und ist für Gärtner ebenfalls ein schwer auszurottendes Unkraut.

HEILEN MIT DER ACKERWINDE

Weder die Ackerwinde noch die nah verwandte weiß blühende Zaunwinde spielen heutzutage in der Heilkunde noch eine Rolle.

Reinigungs- und Abführmittel

In der Volksmedizin wurde die Winde einst – wahrscheinlich wegen der dickdarmähnlichen Signatur der Wurzeln – häufig als Abführmittel verwendet. Die getrockneten Blätter oder Wurzeln, morgens und abends als Tee getrunken, treiben den Gallenfluss und sind ein drastisch wirkendes Abführmittel. Das ist nicht verwunderlich, denn schließlich ist sie mit der westasiatischen Purgierwinde *(Convolvulus scammonia)* verwandt, welche die Ärzte früher – in Zeiten der »heroischen Medizin« – als stark wirkendes Abführmittel bei Verstopfung verwendeten.

Die ländliche Medizin unterschied kaum zwischen der Ackerwinde oder der Zaunwinde. Beide haben die Fähigkeit, den Körper zu purgieren (reinigen). Wie Quecksilber purgiert sie; zugleich befähigte sie quecksilbergeschädigte Gedärme zur Entleerung. Winden, wie auch das schillernde, flüssige Metall, wurden in der Herbalastrologie unter die Herrschaft des Merkur gestellt. Diese Gottheit der Heiler, Händler und Gauner war auch zuständig für die schnelle Ausleitung von Toxinen und schlechten Humoren. Merkurs Symbol ist der schlangenumwundene Äskulapstab.

Hildegard von Bingen

Für Hildegard ist die *Winda* eine kalte Pflanze, für die sie wenig Anwendung findet, außer einem eher abenteuerlichen Rezept zur Nagelpflege: »Wenn bei einem Menschen die Nägel anfangen grindig zu werden, dann nehme er *winda,* zerstoße sie, füge ein wenig Quecksilber hinzu, knete das Ganze zusammen und bringe es auf die Nägel auf ... dann werden sie nach einiger Zeit wieder schön sein«. Dass man sich dabei auch eine Quecksilbervergiftung einhandeln könnte, scheint ihr entgangen zu sein.

In der Volksheilkunde glaubte man, dass bei übermäßiger Regelblutung (Menorrhagia) ein Aufguss der Blüten helfen würde; wahrscheinlich dienten hier in erster Linie die rötlichen Streifen des Blütenkelchs als Signatur. Der Schweizer Kräuterpfarrer Johann Künzle verwendete die Blüten als Tee bei Fieber. Die Blätter enthalten Herzglykoside. Von einer Anwendung als Herzmittel ist jedoch nichts bekannt.

Ich persönlich würde die Winde als Heilpflanze nicht verwenden. Es gibt für jede mögliche Anwendung bessere Heilmittel als die als leicht giftig eingestufte Schlingpflanze.

Die Winden finden sogar den Weg zu entfernt stehenden Zweigen – hier am Ranunkelstrauch.

IN DER PRAXIS

WIE WERDE ICH SIE LOS?

Die Wurzeln und Rhizome der Acker- und der Zaunwinde können bis zu zwei Meter tief in der Erde liegen. Selbst wenn man die oberirdischen Ranken abreißt, treibt die Pflanze immer wieder aus.

Sie lässt sich aber im Wachstum eindämmen, indem man bei der Gartenarbeit die Triebe so tief wie möglich freilegt, ausgräbt bzw. ausreißt und die Pflanze samt Wurzeln und Wurzelstückchen sorgfältig verbrennt oder über die Restmülltonne entsorgt.

DIE WINDE IM KÜBEL

Eine Verwandte von Acker- und Zaunwinde ist die Purpurwinde, die mit ihren riesengroßen Trichterblüten in leuchtenden Farben eine ideale Kübelpflanze für Balkongärtner darstellt. Wie ihre wilden Genossen ist auch sie äußerst wuchsfreudig und berankt in einer Saison mühelos ein hohes Rankgerüst oder ein Balkongeländer. Man sät sie ab März direkt in den Kübel, zum Keimen braucht sie Wärme, mindestens 20 °C. Die Pflänzchen hält man frostfrei, erst nach den Eisheiligen Mitte Mai dürfen sie auf den Balkon oder die Terrasse umziehen. Ihre Ranken können zwei bis drei Meter lang werden, und ab etwa Juli blühen die Winden bis in den Herbst.

GROSSE BRENNNESSEL

Für die meisten Menschen ist die Brennnessel der Inbegriff des Unkrauts. Dabei verfügen wir mit dieser zu Unrecht geächteten Pflanze über eine der mächtigsten Heilpflanzen, die die Natur uns quasi überall kostenlos anbietet.

Schon der römische Naturkundler Plinius der Ältere bezeichnet die Brennnessel *(Urtica dioica)*, die bei Berührung schmerzhafte Quaddeln und Rötungen verursacht, als »die am meisten gehasste Pflanze« überhaupt. Auch im Alten Testament erklärt der weise Salomon: »Ich ging am Acker des Faulen vorüber und am Weinberg des Narren; und siehe, da waren eitel Nesseln darauf, und er stand voll Disteln« (Sprüche 24, 30), und der Prophet Hosea warnt die abtrünnigen Kinder Israels, dass Nesseln sie beerben werden, wenn sie nicht wieder zum rechten Glauben zurückkehren (Hosea 9, 6). Im Mittelalter galt die Brennnessel als ein bevorzugtes Kraut der Hexen.

Im Jahr 2002 wurde in Frankreich Brennnesseljauche *(le purin d'ortie)* gesetzlich verboten, und Herstellung und Vertrieb mit hohen Geldstrafen und bis zu zwei Jahren Haft belegt. Vier Jahre später wurde das Verbot verschärft. Der zuständige Minister behauptete, dieses Brennnesselprodukt sei nicht wissenschaftlich geprüft: »Wie wirkt sich die Nesseljauche auf die Umwelt aus? Es gibt keine Analysen, Zahlen und Quoten.«

Im Gesundheitsministerium hieß es, die Brennnessel sei ja eine toxische Pflanze, die allein bei der Berührung die Haut entzünde. Bis die Wissenschaft andere Beweise vorlege, sollten Brennnesselprodukte verboten bleiben, es sei schließlich die Aufgabe des Staates, die Bürger zu schützen.

Die französischen Gärtner und Bio-Landwirte rebellierten. Man sprach von einem »Brennnesselkrieg«. Die Bio-Bauern gewannen. Im April 2011 wurde das unsinnige Verbot aufgehoben.

◆

Die Brennnessel sollte als eine unserer wichtigsten Heilpflanzen in keinem Garten fehlen.

ÖKOLOGIE

Die Große Brennnessel ist ein stickstoffhungriger Apophyt, eine immer schon einheimische Pflanzenart, die schon in der Mammutsteppe nahe den Lagerplätzen der Großtiere wuchs und nun in dichten Horsten die angereicherten Böden rund um die Häuser und Tierställe der Menschen besiedelt.

Die stilettartigen Brennhaare, die die Pflanze wie ein Pelz bedecken, sind unterhalb der Spitze mit einer Soll-Bruchstelle versehen,

AUS DER NÄHE

GROSSE BRENNNESSEL

Urtica dioica

VERBREITUNG

Weltweit verbreitet in den gemäßigten Klimazonen

STANDORT

Auf stickstoffreichen Böden in der Umgebung oder der Nachfolge menschlicher Siedlungen

VEGETATIONSZEIT

Ausdauernd. Treibt im frühen Jahr aus dem Wurzelstock wieder aus, Ernte der jungen Blätter bis zum Frost, grüne Samen Juli/August, reife Samen September/Oktober

VERWENDBARE TEILE

Ganze Pflanze, junge Blätter, Samen

1. ERSTER AUSTRIEB

Schon kurz nach dem Abschmelzen der letzten Schneereste zeigen sich die allerersten rötlichen Austriebe der Brennnessel. Der Wurzelstock ist ausdauernd und übersteht auch tiefe Temperaturen im Winter.

2. JUNGE PFLANZE

Die Kleine Brennnessel *(Urtica urens)*, erkennbar an ihren rundlichen Blättern, hat die gleichen Heilwirkungen wie ihre große Schwester.

3. BLÄTTER

Auch die Unterseite der gezähnten Blätter ist mit Brennhaaren bestückt. Durch Trocknen, Kochen oder kräftiges Kneten werden die Brennhaare zerstört und die Blätter können gefahrlos berührt bzw. verzehrt werden.

4. STÄNGEL

Die faserreichen, zähen Stängel wurden seit ältesten Zeiten zur Herstellung von robusten Stoffen, von Seilen und Netzen genutzt.

5. BLÜTEN, MÄNNLICH

Die männlichen Blütenstände der Brennnessel stehen aufrecht und enthalten den Pollen. Wenn sich die Blüten öffnen, wird der Pollen hinausgeschleudert und durch den Wind auf die weiblichen Blüten übertragen.

6. BLÜTEN, WEIBLICH

Im Hochsommer, etwa ab Juli, beginnt die Blütezeit der Brennnessel. Die weiblichen Blütenrispen sind eher zart und hängend.

7. SAMEN

An den weiblichen Blütenständen bilden sich im Herbst die äußerst gesunden Samen.

4

1

5

2

6

3

7

In jedem Garten sollte ein Plätzchen sein, an dem die Brennnessel ungestört wachsen darf.

die bei Berührung bricht. So wird toxischer Zellsaft in die menschliche Haut oder in empfindliche Tierschnauzen und -zungen injiziert. Der beißende Saft in den Nadeln ist nicht nur, wie man häufig liest, Ameisensäure; er enthält auch Histamin, Acetylcholin, Serotonin und andere Stoffe, die eine gewisse Ähnlichkeit mit Hornissen- und Schlangengiften haben.

Es ist gerade dieses Stachelkleid, das zahlreichen Insektenarten, kleinen Schnecken und Spinnen Schutz vor den hungrigen Mäulern der Pflanzenfresser bietet. Bis zu 40 verschiedene Arten von Raupen, die zu bunten Schmetterlingen werden, finden hier eine eiweißreiche Futterquelle. Unter ihnen befinden sich: Admiral, Landkärtchen, Kleiner Fuchs, Tagpfauenauge, Silbergraue Nesselhöckereule, Nesselzünsler, C-Falter, Trauermantel, Weiße Tigermotte, Brauner Bär und andere. Im gewissen Sinn kann man die Falter als die »fliegenden Blüten« der Brennnessel bezeichnen, denn die eigentlichen Blüten sind grün und unspektakulär. Ohne die Brennnessel sähe unsere Landschaft viel eintöniger aus. Auch Spinnen, Wanzen und Heuschrecken, durch ihren Chitin-Panzer vor den Brennhaaren geschützt, leben auf dieser Pflanze. Bunte Vögel wie der Dompfaff (Gimpel) und der Zeisig holen sich im Herbst gern die nahrhaften Samen.

HEILEN MIT DER BRENNNESSEL

Die Brennnessel ist eine mächtige Heilerin. Wie Ethnobotaniker herausgefunden haben, wurde sie überall, wo sie wächst, schon seit der Altsteinzeit als Heilpflanze verwendet. Die wissenschaftlich geprüften wichtigsten Heilindikationen sind die folgenden:

Kraut und Blätter

◆ Der Aufguss aus dem im Frühsommer geernteten Kraut wirkt – kurmäßig getrunken – blutreinigend, entschlackend und fördert die Harnsäureausscheidung. Der Tee ist angezeigt als Durchspülungstherapie bei **Hautausschlägen, Gicht und rheumatischen Beschwerden.**

◆ Der wassertreibende Tee wirkt entzündungshemmend und steinlösend in den ableitenden Harnorganen.

◆ Dank des hohen Gehalts an biologisch verfügbarem Eisen und Chlorophyll wirkt Brennnesseltee blutbildend und hilft bei **Anämien** und in der Rekonvaleszenz.

◆ Saft oder Aufguss aus den Brennnesselblättern **regen Galle und Bauchspeicheldrüse an** und bieten eine günstige Begleittherapie bei erhöhtem Zuckerspiegel (Diabetes Typ 2).

◆ In England wird aus den Brennnesseln ein Bier gebraut, das *Nettle Beer*, das vor allem älteren, von der **Gicht** befallenen Menschen helfen soll (→ Rezept S. 74).

Samen

◆ Die kleinen Samennüsschen enthalten Phytohormone, Schleimstoffe, bis zu 30 Prozent fettiges Öl mit hohem Gehalt an Linolsäure, viel Vitamin E und andere Vitalstoffe. Die Samen wirken **vitalisierend** und potenzstärkend. In den alten Kräuterbüchern hieß es über die Samen: In Wein gesotten »erwecken sie die Lust zur Unkeuschheit«. Aus diesem Grund war es einst Mönchen und Nonnen unter Strafandrohung verboten, die Früchtchen zu essen.

◆ Das aus den Nüsschen gepresste Öl kann zum **Einreiben bei Haarausfall,** Rheuma, Hautausschlag und zur Verkleinerung von Myomen angewendet werden. Auch als nahrhaftes Speiseöl eignet es sich.

Wurzel

◆ Dank der vielen Wurzelausläufer bildet die Brennnessel dichte Horste. Vor nicht allzu langer Zeit entdeckten Forscher, dass eine Tinktur aus Brennnesselwurzeln bei gutartiger Vergrößerung der Vorsteherdrüse (**Prostata-Adenom**) hilft. Besonders die jüngeren, gelben Wurzeln sind dafür geeignet. Lecithine und ß-Sitosterin sind für die Wirkung verantwortlich.

◆ In der Volksmedizin der alten Europäer, Sibirer und Indianer streute man die getrockneten, gemahlenen Wurzeln und Blätter als **Blutstiller** auf Wunden.

Frische Triebe

◆ Das Auspeitschen betroffener Körperstellen mit Nesselruten hilft bei akuten **rheumatischen Beschwerden, Ischias und Hexenschuss.** Das Peitschen bewirkt eine tief eindringende Wärme, und das Brennnesselgift lässt die Beschwerden abklingen.

◆ Auch »Wahnsinnige«, Mondsüchtige und andere, deren Seele nicht gut im Körper verankert war, peitschte man einst mit frischen Brennnesselruten, um sie wieder in das Hier und Jetzt zu bringen.

> »Ohne die Brennnessel sähe unsere Landschaft viel eintöniger aus.«
>
> Wolf-Dieter Storl

DIE BRENNNESSEL IN DER KÜCHE

Johann Künzle, der heilkundige Schweizer Kräuterpfarrer, sagte einmal: »Hätte die Brennnessel keine Stacheln, wäre sie schon längst ausgerottet, so vielseitig sind ihre Tugenden.« Sie ist nicht nur eine mächtige Heilpflanze, sondern auch ein hervorragendes Wildgemüse. Roh kann man sie wegen der Brennhaare nicht essen, aber beim Kochen werden diese sofort zerstört. Als Suppe oder Spinat ist die Brennnessel nicht nur ein Armeleuteessen oder etwas für

Survival- und Naturfreaks, ihr gebührt ein Platz in der Haute Cuisine. Schon in heidnischen Zeiten war sie Teil der Frühlingskultspeise, der »Grünen Neune« – als eines von neun Kräutern, die nach dem langen Winter gegessen wurden, um die Drüsen anzuregen, die Anzeichen von Skorbut – eine Vitamin-C-Mangelerscheinung – zu mildern, um das Blut zu »reinigen«, die Frühjahrsmüdigkeit zu vertreiben und sich mit dem Geist des Lebens erneut zu verbinden.
Die Brennnessel ist voller Vitamine (A, C, E) und Mineralstoffe (verfügbare Kieselsäure, Magnesium, Kalzium usw.); sie enthält Gelbstoffe (Flavonoide), die antioxidativ wirken – das heißt, sie binden marodierende »freie Radikale«, welche zur Entartung der Zellen führen könnten. Zudem befindet sich im Nesselgrün mehr Eisen als im Spinat oder jedem anderen Gemüse, auch mehr Eiweiß als in Sojabohnen. Brennnesseln eignen sich

»Hätte die Brennnessel keine Stacheln, wäre sie schon längst ausgerottet, so vielseitig sind ihre Tugenden.«

Johann Künzle

auch für Smoothies – beim Mixen werden die Brennhaare ebenfalls zerstört. Als leckeren, knusprigen Snack frittieren die Japaner die Blätter in Tempura-Teig.

FREUNDIN DER BAUERN UND DER GÄRTNER

Als Bio-Gärtner wollte ich aus diesen Gründen nicht auf Brennnesseln verzichten:

◆ Wo die Brennnessel wächst, hinterlässt sie gute, humusreiche Erde. Diese Bodenverbesserung erzielt man auch mit der Anwendung von Brennnesseljauche. Die Jauche stimuliert die Bodenbakterien und belebt den Boden.

◆ Die Jauche regt das Immunsystem der Pflanzen an und wehrt Schädlinge ab. In unserem 2 Hektar großen Gemüsegarten wurden wir damit den Befall von Blattläusen in kürzester Zeit los. Wir brauchten kein Gift einzusetzen, sondern nur den Boden rund um die betroffenen Pflanzen mit verdünnter Brennnesseljauche gießen.

◆ Gemähte Brennnesseln fördern, als Beigabe im Kompost oder im Güllebehälter, eine günstige Rotte oder Vergärung.

◆ Das biodynamische Brennnessel-Präparat macht – wie es Rudolf Steiner ausdrückte – Kompost und Boden »vernünftig«.

Auch der Tiergesundheit kommt die Brennnessel zugute:

◆ Pferde fressen ins Heu gemischte getrocknete Brennnesseln für ihr Leben gern; sie bekommen dadurch glänzendes, gesundes Fell. Ins Futter gemischte Brennnesselsamen haben die gleiche Wirkung.

◆ Wenn man das getrocknete Kraut ins Futter der Legehennen mischt, macht es auch im Winter die Eidotter schön gelb und verhindert Durchfall bei den Hühnern.

◆ Gekochte Brennnessel ist ein ausgezeichnetes Schweinefutter.

FASER- UND FÄRBEPFLANZE

Die Brennnessel dient seit ältesten Zeiten als Faserpflanze. Aus den langen Bastfasern der Stängel stellten die Menschen schon in der Steinzeit Stricke, Seile, Matten und Säcke her. Die Jäger und Sammler machten daraus Fischnetze, Tragnetze, in denen sie ihre Habseligkeiten trugen, und Schlingen, mit denen sie ihre Beutetiere fingen. Wie alt die Verbindung zwischen dem Gewächs und der menschlichen Kultur ist, zeigt sich sogar in der Sprache: Der indoeuropäische Wortstamm **ned* bedeutet »zusammendrehen«, »knüpfen«; und **ne* bedeutet »nähen, weben, spinnen«. Die Nessel ist also die Pflanze, die sich zum Nähen und Spinnen eignet. Daraus ergaben sich Wörter wie Netz (englisch *net)*

Die allerersten Frühjahrstriebe der Brennnessel sind oft dunkelrot gefärbt.

oder nesteln, was ursprünglich festbinden oder zuschnüren bedeutet.
Auch strapazierbare Textilien und Segeltuch machte man aus der Faserpflanze. Nesselstoff war das »Leinen der armen Leute«. Sogar noch gegen Ende des Zweiten Weltkrieges, als andere Textilstoffe knapp wurden, fertigte man Uniformen aus Nesselstoff.
Des Öfteren hatten Unternehmer versucht, die Brennnessel zu einer Kulturpflanze zu machen und sie feldmäßig anzubauen.
Das gelang aber nie. Sie wächst nicht auf Kommando, sie lässt sich nicht zähmen, diese Pflanze bleibt wild.
Im Mittelalter färbte man Stoffe mit Brennnesseln: Je nach Beize bekommt man ein helles Olivgrün, Graugrün oder Hellgrün.

ABERGLAUBE UND BRAUCHTUM

Das mit der Brennnessel verbundene Brauchtum ist so alt wie die Beziehung der Pflanze zu den Menschen selber.

Bierkraut

Bei den nordischen Völkern war die Brennnessel – vielerorts auch Donnernessel genannt – dem mächtigen Donar/Thor geweiht. Wie alle Gewittergötter der Mythologie war er nicht nur zuständig für das Brauen heftiger Gewitter, sondern er war auch Schutzherr aller rauschbringenden, schäumenden Gebräue. Es heißt, er war ein mächtiger Zecher und er hatte den größten Bierkessel aller Götter. Nicht nur braute man einst Nesselbiere, sondern bei den nordeuropäischen Bauern war es allgemein Brauch, bei Gewitter einen Strauß Nesseln an den Rand des Bierbottichs zu legen, »damit das Bier nicht umschlägt«, also nicht sauer wird.
Unter der Landbevölkerung waren erfrischende Nesselbiere besonders während der Pausen bei der schweißtreibenden Erntearbeit in den heißen Sommermonaten beliebt.

Haarmittel

Es ist wahrscheinlich wahr, dass das Spülen der Haare mit Brennnesselsud diese tatsächlich stärkt. Auch das hatte aber in den Augen der alten Heiden mit dem Gewittergott zu tun. Donar galt als stark behaart, er war der Götterbär, der Asen-Bär (englisch *Osborn)*, und die »haarige« Pflanze, die wie ein Blitz brennt, war ihm geweiht.

Schutz vor Zauber

Edelfräulein nähten ihren Rittern gerne zauberabwehrende Hemden aus Nesselstoff, denn es heißt nicht umsonst:

> Ein Kleid aus Nesseln bleibt stets Meister
> über alle bösen Geister.

Am Gründonnerstag – Donnerstag ist der Tag des Gewittergottes – gesammelte Nesseln wurden in dicken Büscheln auf dem Dachboden aufgehängt und sollten so das Haus vor Blitzeinschlag schützen.
Mit der Brennnessel ließ sich auch böser Zauber, etwa das »Nestelknüpfen«, lösen. Nestelknüpfen war ein alter Bindezauber, wobei eine Frau Nesteln (Schnüre) verknotete und dazu geheime Flüche murmelte, um einen Mann impotent zu machen. Solch ein Zauber wurde zum Beispiel von einem

rachsüchtigen, zu Unrecht verlassenen Mädchen während der Vermählung ihres ehemaligen Liebhabers mit einer anderen Frau heimlich ausgeübt.

Schutz vor negativer Strahlung

Noch heute gibt es Menschen, die glauben, dass die rund ums Haus wachsenden Brennnesseln elektromagnetische und radioaktive Strahlen abhalten können. Mein Lehrer, der Bauernphilosoph Arthur Hermes, war sich sicher, dass sie zumindest negative Gedanken neidischer Nachbarn fernhalten können.

Schutz vor Entrückung

Als Teil der verjüngenden Frühjahrskultspeise weihte man die Brennnessel in vorchristlichen Zeiten der Frühlingsgöttin Ostara. Aber auch eine andere Gottheit, nämlich der lichtvolle Heimdal, hatte Anteil an dem heiligen Gewächs. Heimdal hütet die Regenbogenbrücke, die die Erde mit dem Götterhimmel verbindet. Der gleißende Ase (Gott) ist ständig wach und bei vollen Sinnen, sodass es keinem üblen Dämon gelingt, in den Himmel zu schleichen. Einst zog er in Seehundgestalt durch die Wasser, aus den Weiten des Ur-Meeres kommend, bis er am Strand im Hier und Jetzt landete. Im berühmten angelsächsischen Neunkräutersegen, in dem die neun wichtigsten Kräuter aufgelistet werden, heißt es:

> Dies ist das Kraut, das Wergulu
> (Brennnessel) heißt.
> Der Robbe brachte es über
> des Meeres Rücken,
> als Hilfe gegen die Bosheit
> des anderen Giftes.
> Es steht gegen Schmerz,
> es schlägt gegen Gift.
> Es hat Macht gegen 3
> und gegen 30,
> gegen die Hand des Unholdes,
> gegen kluges Ränkeschmieden,
> gegen das Zauberwort (Spell)
> übler Kreaturen.

Mit anderen Worten: Dieses brennende Kraut macht wach, bringt einen in die Gegenwart und löst Zauber. Der Name Wergulu hängt übrigens mit dem Wort »Werg« zusammen: Es bezeichnet die kurzen, groben Fasern, die beim Hecheln, also beim Reinigen, von Nesseln oder Flachs abfallen. Dieses uralte Motiv kommt auch zum Ausdruck im Volksmärchen von den sechs Schwänen – auch in Hans Christian Andersens »Die wilden Schwäne« –, in dem von sechs jungen Königssöhnen erzählt wird, die von einer Hexe in Schwäne verzaubert werden. In der Mythologie stellen Schwäne schwebende Wesen dar, die nicht ganz mit dem Erdendasein verbunden sind. Erst nachdem die Schwester ihnen Hemden aus Brennnesseln näht, kommen die Brüder wieder zu sich. Auch hier löst das feurige Kraut den bösen Zauber auf.

Die Raupe des Tagpfauenauges ernährt sich fast nur von der Großen Brennnessel.

KRÄUTERBIERE

Bevor man das Bier mit Hopfen herstellte, kamen beim Brauen Wildkräuter zum Einsatz.

In den Regionen des nördlichen Europas, wo Wein nicht besonders gut gedeiht, trank das einfache Volk im Alltag Bier. Dieses frühere Bier wurde mit verschiedenen Kräutern gewürzt und geklärt.
Ehe die Klöster und die lokalen Fürsten mit ihren gehopften Bieren das Braugeschäft übernahmen, waren es die Hausfrauen, die das alltägliche Bier sowie Heilbiere brauten. Das macht Sinn, denn die Hausherrin war zuständig für die Gesundheit der Menschen und Tiere auf dem Hof. Sie war kräuterkundig und wusste, mit welchen Kräutern man das Bier würzen, klären und beschränkt haltbar machen konnte und wann man sie einsetzte. Viele dieser Kräuter waren das, was wir heute »Unkräuter« nennen würden.

◆ Gundermann, ein aromatisches, kriechendes Wildkraut auf dem Rasen, unter Hecken und in Gartenbeeten, war die beliebteste Würze für das alltägliche Bier.

◆ Beifuß im Bier wirkt menstruationsfördernd und wurde bei verschiedenen Frauenleiden verwendet.

◆ Brennnesselbier ist stoffwechselanregend, reinigend und ausleitend (→ Rezept S. 74).

◆ Dost oder Wilder Majoran wurde dem Bier zugefügt als anregendes, verdauungsförderndes Mittel.

◆ Kornrade im Bier wirkt diuretisch.

◆ Labkraut (Wiesen- und Kletten-Labkraut) macht das Bier stark wassertreibend.

◆ Löwenzahnbier regt den Leberstoffwechsel an und ist ebenfalls harntreibend.

◆ Mädesüß als Bierzusatz wirkt leicht schmerzlindernd und blutverdünnend.

◆ Rainfarn ist zwar eine angenehm duftende Würze, aber gefährlich. Er ist wegen seines Thujon-Gehalts wurmtreibend, wirkt aber auch abtreibend und kann Vergiftungen hervorrufen.

◆ Schafgarbe soll das Bier appetitanregend machen und die Abwehrkräfte stärken.

Kräuterbiere hielten sich in Norddeutschland, Skandinavien und besonders in England noch bis ins 17. Jahrhundert, ehe sie durch die Hopfenbiere verdrängt wurden.

IN DER PRAXIS

NETTLE BEER

Rezepte für Nesselbiere gibt es zuhauf. Hier ein englisches Rezept für ein bekömmliches, gut schmeckendes Brennnesselbier:
500 g braunen Rohrzucker, 30 g Weinsteinsäure und die dünn abgeschälten Schalen von 2 Bio-Zitronen in ein großes Steingutgefäß geben.
1 kg junge Brennnesseln in 5 l Wasser 15 Minuten kochen; dann abseihen und in das Gefäß auf die anderen Zutaten gießen; umrühren und 30 g Brauhefe in die noch lauwarme Brühe einrühren. Das Bier bei Zimmertemperatur 3 Tage lang gären lassen. Abseihen und in Flaschen füllen. Kühl und dunkel lagern (aber nicht im Kühlschrank). Nach 8–9 Tagen ist das Bier trinkbar.

WIE WERDE ICH SIE LOS?

Wo Brennnesseln nicht wachsen sollen, kann man sie relativ einfach entfernen, indem man sie samt ihrem gelblichen Wurzelstock ausgräbt. Kraut und Wurzeln kann man zerkleinert auf den Kompost geben.

BRENNNESSELJAUCHE

Für den Biogärtner sehr wertvoll ist die Brennnesseljauche. Dafür ein Fass aus Holz oder Plastik, nicht aus Metall, mit Brennnesseln füllen. Mit Regenwasser auffüllen und an einem sonnigen Ort etwa 3 Wochen stehen lassen, dabei täglich umrühren. Das Fass mit einem Gitter oder einem Jutesack luftdurchlässig abdecken, damit keine Tiere hineinfallen. Die Jauche fängt nach kurzer Zeit an zu stinken, durch eine Handvoll Steinmehl lassen sich die schlechten Gerüche binden. Die Jauche darf nur verdünnt im Verhältnis 1:10 ausgebracht werden. Am besten gießt man sie um die Pflanzen herum. Besonders Starkzehrer wie Tomaten und Gurken sind für diese regelmäßigen Düngergaben dankbar. Mit einem Sprühgerät direkt aufgebracht vertreibt die Brennnesseljauche Blattläuse und Spinnmilben.

WAS KANN MAN ESSEN?

Besonders die jungen Blätter und Triebspitzen eignen sich hervorragend als Spinat, in Suppen, Eintöpfen und als Beigabe zu Mischgemüse. Wenn man immer nur die Triebspitzen mit den obersten vier Blättern abzwickt, wächst immer wieder zartes junges Grün nach.
Die Samen können getrocknet und in einem Schraubglas aufbewahrt werden. Sie schmecken nussig, besonders, wenn man sie leicht anröstet, und können im Müsli, im Brot oder über eine Suppe gestreut verwendet werden. Sie sollen Haut und Nägel stärken und für kräftiges, glänzendes Haar sorgen.

BRENNNESSELSUPPE (4 PORTIONEN)

1 Zwiebel und 2 Knoblauchzehen schälen und fein schneiden. In 2 EL Olivenöl andünsten, 2 TL Mehl einrühren. Nach und nach unter ständigem Rühren 750 ml Gemüsebrühe zugießen. 2-3 Handvoll gewaschene und klein geschnittene junge Brennnesselblätter zugeben und einmal aufkochen lassen. Die Suppe mit dem Mixstab pürieren und mit einem Eigelb und/oder 100 g Sahne verfeinern. Mit Salz und Pfeffer abschmecken und servieren. Als knusprige Suppeneinlage passen in Butter geröstete Brotcroutons dazu.

DISTELN

Als »Disteln« bezeichnet der Volksmund verschiedene nah verwandte Gattungen von spitzstacheligen Kräutern. Einige, wie etwa die Mariendistel und die Benediktendistel, sind wertvolle Heilpflanzen. Andere wiederum sind gefürchtete Ackerunkräuter.

Nach dem Sündenfall verflucht der erzürnte Gott den Acker, auf dem Adam und seine Nachkommen sich mit »Disteln und Dornen« abmühen müssen. Und der fromme Hiob vergleicht die Tugendlosigkeit mit »Disteln, die im Weizenfeld wachsen und Dornen in der Gerste« (Hiob 31,40). Disteln sind also ein Symbol der Mühsal, des Schmerzes, insgesamt des sorgenvollen irdischen Lebens.

ZEHN ARTEN

In Mitteleuropa gibt es ungefähr zehn verschiedene Kratzdistelarten *(Cirsium spec.)*. Die Ackerkratzdistel oder Stechdistel *(Cirsium arvense)* ist wohl die häufigste und eines der unbeliebtesten Unkräuter. Die bis anderthalb Meter hohe, an Wegrändern, auf Brachen und Äckern wachsende, mehrjährige Distel trägt nicht nur von Kopf bis Fuß ein Stachelkleid, sie ist auch recht widerstandfähig. Wenn man den Boden bearbeitet, treiben alle ihre abgebrochenen Wurzelstückchen wieder neu aus. Auch die tiefwachsenden Pfahlwurzeln, besonders die der größeren Gewöhnlichen Kratzdistel *(C. vulgare)*, treiben unbekümmert wieder neue Stängel, wenn sie abgehackt werden. Dazu kommt noch eine zunehmende Herbizidresistenz – das heißt, die Pflanzen widerstehen immer mehr chemischen Unkrautvernichtungsmitteln; sie entwickeln sich zu »Superunkräutern«. Jedes der vielen Blütenköpfchen dieser Korbblütler besteht aus bis zu 100 Einzelblüten. Jede einzelne Pflanze kann bis zu 5000 flugfähige Samen hervorbringen, die dann bei günstigem Wind bis zu zehn Kilometer fliegen können.

ÖKOLOGIE

Auch wenn dem Landwirt die Ackerkratzdistel verhasst ist – ich mag sie besonders gern, allein schon wegen des himmlischen Honigdufts der rötlich lilafarbenen Blüten. Ein edler Duft ist das, ein Duft, den die Hindus sattva nennen, das bedeutet: »rein, gute Gedanken und göttliche Inspirationen anregend«. Immer wieder labe ich mich an dem Duft und merke, dass er mir alle melancholischen Gedanken verjagt.

◆ Einige der stacheligen Distelgewächse sind wertvolle Heilpflanzen.

AUS DER NÄHE

DISTELN

Cirsium spec.

VERBREITUNG

Die Ackerkratzdistel kommt in ganz Mitteleuropa vor, die etwa 200 bekannten Distelarten wachsen in Nordamerika, Eurasien und Afrika.

STANDORT

Die Kratzdisteln lieben nährstoffreiche Böden mit reichlich Sonne, es gibt Arten, die trockene, lehmige Böden bevorzugen und solche, die an feuchten Standorten gedeihen.

VEGETATIONSZEIT

Einjährig bis ausdauernd, je nach Art. Blüte: Mai/Juni-September

VERWENDBARE TEILE

Ganze Pflanze, Wurzeln, junge Stängel und Blätter, Blüten und Knospen, Samen

1. ACKERKRATZDISTEL/BLÄTTER

Die Ackerkratzdistel *(Cirsium arvense)* ist dicht mit bestachelten Blättern besetzt. Nur am obersten Teil des Stängels besitzen die Blätter wenige oder keine Stacheln.

2. ACKERKRATZDISTEL/BLÜTE

Die noch geschlossenen Blütenknospen der Ackerkratzdistel kurz vor der Blüte ab etwa Juli. Bis in den Oktober hinein erscheinen immer neue, hell violette Blüten.

3. ACKERKRATZDISTEL/STÄNGEL

Der Stängel der Ackerkratzdistel ist, wie die Blätter, dicht mit Stacheln besetzt. Sein Querschnitt ist rund, während die ähnlich aussehende Gewöhnliche Kratzdistel einen geflügelten Stängel besitzt.

4. GEW. KRATZDISTEL/BLATTROSETTE

Die Gewöhnliche Kratzdistel *(Cirsium vulgare)* ist zweijährig und bildet im zweiten Jahr eine schöne, regelmäßige Blattrosette aus.

5. GEW. KRATZDISTEL/BLÜTE

Das Blütenkörbchen der Gewöhnlichen Kratzdistel verjüngt sich nach oben stark und bildet dann, ab etwa Juni, eine breite Basis für die leuchtend rotvioletten Blütenblätter. Nach dem Verblühen bilden sich die Samen mit einem fedrigen graubraunen Haarkelch, dem Pappus, der für die Ausbreitung durch den Wind sorgt.

6. MARIENDISTEL/BLÜTE

Die majestätischen Blütenkörbchen der Mariendistel *(Silybum marianum)* sind deutlich größer als die der Kratzdisteln, sie können bis zu 5 cm groß sein, und stehen einzeln auf hohen, aufrechten Stängeln.

4

1

5

2

3

6

Auch die Kleintierwelt liebt diese Distel. Ihr Stachelgewand bietet Käfern und kleinen Insekten Schutz vor Vogelschnäbeln; auch vor dem unabsichtlich Mitgefressenwerden durch hungrige Weidetiere schützen die Stacheln. Die Blüte ist ein Tummelplatz für Bienen, Schmetterlinge und Hummeln. Auf der Gewöhnlichen Kratzdistel wie auch auf der Ackerkratzdistel leben die Larven von Distelrüsslern und anderen Käfern; Blattläuse und Wanzen saugen den Saft, die Raupen des bunten Distelfalters *(Vanessa cardui)* und die Distelschildkäfer machen sich genüsslich über die Blätter her. Distelbohrfliegen bohren die Stängel an und legen ihre Eier hinein, ihre Larven fressen die Samen in den befallenen Fruchtkörbchen. Auch der farbenfrohe Distelfink macht sich im Herbst über die nahrhaften Samen her.

Wir sehen also, die Kratzdistel ist wichtig für die Artenvielfalt eines gesunden Ökosystems. Die Disteln – insbesondere die Gewöhnliche Kratzdistel – können ihre Wurzeln zwei bis drei Meter in die Tiefe treiben. Das kommt wiederum anderen Pflanzen zugute, denn die Distel lockert so den Untergrund und bringt ausgeschwemmte Nährstoffe von unten wieder an die Oberfläche.

Wo immer möglich sollte man Disteln wachsen lassen – ihre Blüten sind beliebt bei Bienen und Hummeln.

DISTELN ALS GEMÜSE- UND HEILPFLANZEN

Die Kratzdisteln wären ein ausgezeichnetes Wildgemüse, wären da nicht die lästigen Stacheln. Eine Kratzdistelart, und zwar die Sumpfkratzdistel *(C. oleraceum),* die auf feuchten Wiesen und an Bachläufen wächst, hat keine Stacheln, und ihre jungen Blätter und Stängel ergeben ein schmackhaftes Gemüse. Es ist zwar leicht bitter – ein Geschmack, den heutige, an süße Speisen gewöhnte Zeitgenossen nicht unbedingt mögen –, aber bitter ist gesund, es hält Leib und Seele zusammen.

Survival- und Wildernährungsexperten erzählten mir, dass man auch die jungen Blätter und die jungen, saftigen Stiele der stachligen Kratzdistelarten gut essen kann. Man muss lediglich die Stacheln an den Stielen sorgfältig abkratzen, dann kann man die Stiele wie Spargel essen. Aus den Blättern lassen sich Brühen kochen. Man kann sie auch trocknen, mahlen und luftdicht für

Als Maria das Jesuskind stillte, fielen Milchtropfen herunter – auf die Blätter der Mariendistel.

Die Ackerkratzdistel in voller Blüte – eine Zierde des Gartens.

späteren Gebrauch einpacken. Die jüngeren Wurzeln der so viel gescholtenen Pflanze sind ebenfalls gut essbar.
Die Brühen oder auch ein Tee aus den Disteln sind nicht nur nahrhaft, sondern auch sehr gesund. Sie stellen ein Tonikum für die Leber- und Gallenfunktion dar. In der Volksmedizin wird das Kraut in Milch gekocht und bei Husten verabreicht.
Ähnlich wie die der Mariendistel haben auch die Samen der Kratzdistel eine positive Wirkung auf die Leber. Im Herbst liebe ich es, auf meinen Streifzügen entlang von Wiesen und Weiden die braunen Samen – oder, botanisch korrekt, die »Nussfrüchtchen« (Achänen) – aus den noch nicht aufgeplatzten federigen Haarkelchen zu holen und zu essen. Früher haben wir dabei auch gleich die feinen weichen, seidenen Härchen mitgesammelt, um sie in kleine Kissen zu stopfen, die für die Kinder in der Wiege gedacht waren.

STACHLIG UND ANTIDÄMONISCH

Die Kratzdisteln begleiten die indigenen Europäer seit Urzeiten – seit der Eiszeit, als sie im sonnigen, offenen Land wuchsen. Als es dann wärmer wurde, wurden sie im Zuge der Wiederbewaldung zurückgedrängt, sie wurden sozusagen heimatlos. Erst als die ersten Bauern kamen, fanden sie auf den gerodeten Flächen, Wiesen und Feldern einen Standort, der ihnen behagte. Mit anderen Worten: Wir kennen diese Disteln in der uns umgebenden Natur schon sehr lange, und es hat sich eine Menge Brauchtum und Aberglaube um sie herum entwickelt. Wenn eine Distel etwa auf einem Grab wächst, soll das ein Zeichen dafür sein, dass der Verstorbene verdammt ist. Wo Disteln an einer Stelle massenhaft vorkommen, sei jemand ermordet worden. Wo der Bauer beim Säen geflucht oder gefurzt hat, an der Stelle, heißt es, würden diese stacheligen Unkräuter sprießen. Eine böse Pflanze also! Andererseits gilt die Distel als antidämonisch – nach dem Prinzip: »Bekämpfe Gleiches mit Gleichem.« Deswegen ließ man einige im Getreidefeld stehen, um Hexen abzuwehren. Auch im Stall hängte man eine Distelstaude auf, damit kein böser Geist eindringen und das Vieh verhexen konnte. Kinder, die an »Schreck« litten, einer Krankheit, die nach altem Glauben von üblen Geistern und dem »bösen Blick« verursacht wurde, badete man in einer Abkochung aus Disteln.

IN DER PRAXIS

WIE WERDE ICH SIE LOS?

Will man die Disteln aus dem Garten vertreiben, ist es essentiell, sie vor der Samenreife zu entfernen. Sobald sich nämlich im Herbst die vielen tausend Samennüsschen mit dem Wind auf den Weg durch den Garten gemacht haben, lässt es sich kaum vermeiden, dass man im kommenden Jahr viele kleine Distelrosetten auf den Beeten findet. Am besten lockert man mit einer Grabgabel vorsichtig die langen Wurzeln und versucht dann, angetan mit dicken Handschuhen, die Pflanze samt Wurzeln aus der Erde zu ziehen. Die Pflanze dann am besten entweder aufessen, im Hausmüll entsorgen oder verbrennen. Den Kompost überleben die Wurzeln, die dann wieder ausschlagen.

WAS KANN MAN ESSEN?

Junge Blätter und Stiele der Disteln kann man als Gemüse verzehren, wenn man vorher die Stacheln sorgfältig entfernt. Brühe und Tee aus den Disteln stärken Leber und Galle, ebenso die Samen. Die jungen Blütenknospen schmecken eingelegt wie Kapern.

EINGELEGTE DISTELKNOSPEN

Die kleinen Blütenknospen kann man wie Kapern sauer einlegen, solange sie noch keine festen Stacheln ausgebildet haben. Dafür die Knospen waschen. Eine Mischung aus 200 ml Wasser, 300 ml Essig, 3 TL Salz, etwas Zucker und 1 TL Pfefferkörnern aufkochen. Die Distelknospen dazugeben und je nach Dicke der Knospen 3–5 Minuten kochen. Die Knospen in ein sterilisiertes Glas mit Schraubdeckel einschichten und mit dem heißen Sud übergießen, sodass die Knospen vollständig bedeckt sind. Wenn nötig, noch reinen Essig nachgießen. Sofort den Deckel aufschrauben und die Distelknospen kühl und dunkel lagern. Sie schmecken wie Kapern im Salat, auf Brot oder als säuerliche Beilage zu Fleisch oder Grillgemüse.

PERSISCHER EHRENPREIS

Der Persische Ehrenpreis ist die häufigste unter den rund achtzig Ehrenpreisarten, die in Europa vorkommen. Auch in meinem Gemüsegarten wächst er, wo er schnell die freiliegenden Stellen überwuchert und die entblößte Haut der Erde schützt.

Da der Persische Ehrenpreis *(Veronica persica)* so allgegenwärtig ist und man ihn in fast jedem Gemüsebeet, auf jeder freiliegenden Ackerscholle oder auf Brachland antrifft, kommt kaum jemand auf den Gedanken, es könne sich bei dem hübschen kleinen Rachenblütler um einen invasiven Neophyten handeln, der vor gar nicht so langer Zeit bei uns noch unbekannt war. Dennoch ist er ein Neubürger, er stammt, wie sein Name verrät, aus der Region zwischen dem Schwarzen Meer und dem Kaukasus. Vermutlich begann seine Karriere in Mitteleuropa, als er 1805 aus dem Botanischen Garten in Karlsruhe in umliegende Gärten entwich.

ÖKOLOGIE

Das zarte Pflänzchen ist zäher als es aussieht. Kälte und Trockenheit kann es gut überstehen, auch seine Samen sind kälteresistent. Seine hübschen, blauen Blüten – die Katzenäugelein oder *Chatzeaugeli*, wie man in der Schweiz sagt – mit ihrem gelblich weißen Schlund lächeln den Gärtner fast das ganze Jahr freundlich an, das heißt, solange der Boden nicht von Schnee und Eis bedeckt ist. Die Blüten werden von Schwebfliegen bestäubt, worüber sich die Gärtner freuen sollten, denn die Larven dieser flinken Flieger fressen vor allem Blattläuse. Wenn es zu kalt ist und die Insekten fehlen, dann kann der Persische Ehrenpreis sich selbst bestäuben. Als Frühblüher ist er für hungrige Insekten von großer Bedeutung.

◆ Ehrenpreis galt früher als »Allerweltheil« gegen viele Krankheiten.

Ameisen als Helfer

Jede einzelne Pflanze bringt ungefähr 100 Samen hervor, die bis zu 50 Jahre lang keimfähig bleiben. An den hellbraunen Samen klebt ein für die Gartenameisen verlockendes kleines, süßes Anhängsel, das Elaiosom. Die emsigen Insekten schleppen die Samen in ihren Bau, fressen das Elaiosom und tragen die danach uninteressant gewordenen Samen wieder hinaus, um sie irgendwo zu entsorgen. Auf diese raffinierte Weise verbreitet sich die Pflanze. Aber auch mittels vegetativer Ausläufer erweitert der Persische Ehrenpreis sein Areal. Übrigens gibt es auch andere ein- oder zweijährige Begleitkräuter, die die

AUS DER NÄHE

PERSISCHER EHRENPREIS

Veronica persica

VERBREITUNG

Der Persische und der Faden-Ehrenpreis stammen aus dem Kaukasusraum und haben sich in ganz Mitteleuropa verbreitet.

STANDORT

In der Nähe menschlicher Siedlungen auf nährstoffreichen, warmen, lehmigen Böden, die gehackt und gemäht werden: Wiesen, Rasen, Gärten, Äcker, Weinberge.

VEGETATIONSZEIT

Einjährig bis ausdauernd, je nach Art. Blüte: Persischer Ehrenpreis: Februar/März-Oktober, Faden-Ehrenpreis nur Februar/März

VERWENDBARE TEILE

Blätter, Blüten

1. JUNGE PFLANZE

Wer Persischen Ehrenpreis im Gartenbeet nicht rechtzeitig jätet, wird innerhalb kürzester Zeit viele kleine Ehrenpreispflänzchen vorfinden. Ehrenpreis liebt offene Böden.

2. BLÜTE

Die filigranen Blüten des Persischen Ehrenpreises sitzen einzeln auf langen Stielen in den Blattachseln. Jede Blüte besitzt vier Blütenblätter, die weiß bis hell- und kräftig blau sein können. Bei geeigneten Temperaturen blüht der Ehrenpreis schon im Februar, manchmal sogar an warmen Wintertagen.

3. BLÄTTER

Rundlich und gezähnt bzw. gekerbt sind die hellgrünen Blättchen der Triebe, mit denen der Ehrenpreis den Boden bedeckt.

4. TRIEBE

Bis zu 50 cm lang können die Triebe werden, die – insbesondere zwischen anderen Pflanzen – an ihren Enden auch aufgerichtet sein können. Die Stängel des Persischen Ehrenpreises sind kräftig und behaart, was ihn vom Faden-Ehrenpreis deutlich unterscheidet.

5. WALD-EHRENPREIS

Der Wald-Ehrenpreis *(Veronica officinalis)* bevorzugt nährstoffarme, eher trockene Standorte und blüht erst im Hochsommer.

6. FADEN-EHRENPREIS

Der Faden-Ehrenpreis *(Veronica filiformis)* blüht schon sehr früh im Jahr, etwa von März bis Mai, gern auf Wiesen und im Rasen, wo er wunderschöne lilablaue Teppiche bildet. Blätter und Blüten verschwinden danach scheinbar – bis zum nächsten Frühling.

1

2

3

4

5

6

Der Persische Ehrenpreis breitet sich als typische Pionierpflanze auf einer Brache aus.

Der Name Ehrenpreis wurde dem Kräutlein verliehen, weil es lange Zeit als verehrtes Allheilmittel galt.

Ameisen auf diese Weise zu ihrer Verbreitung eingespannt haben: etwa den Wachtelweizen, die Ackerochsenzunge, die Taubnessel oder den Günsel.

HEILEN MIT DEM EHRENPREIS

Die Gattung, zu der dieser kleine Rachenblütler gehört, ist für ihre Heilkraft berühmt. Vor allem der bei uns einheimische Wald-Ehrenpreis *(V. officinalis)* galt als mächtiger Heiler. In einem alten Kräuterbuch heißt es: »Ihm sei Ehr und Preis als *vera unica medicina,* das einzig wahre Heilmittel.« Das Kunstwort »Ehrenpreis« blieb der Pflanze bis heute erhalten. Mundartliche Namen sind *Allerweltheil, Grundheil, Trost aller Welt, Zuhauseist-er-nicht* (gemeint sind Fieber und ansteckende Krankheiten, die daherkommen, aber den Betroffenen nicht auffinden) oder im Hamburger Plattdeutsch: *Stau up en ga weg,* was sich auf die Worte Jesu bezieht, wo dieser zum Gichtkranken spricht: »Steh auf und wandle«. Im Englischen heißt das Kräutlein *speedwell* (schnell gesund) und im Französischen *herbe aux ladres* (Heilkraut der Aussätzigen). In der Volksheilkunde, etwa bei Maria Treben, wird der Wald-Ehrenpreis bei »schlechtem Blut« und Ekzemen, bei Milz- und Leberleiden als Tee getrunken; den spätmittelalterlichen Kräuterbüchern entnehmen wir, dass er innerlich und äußerlich zur Entgiftung, bei Husten und Katarrh sowie bei Ausschlägen und Geschwüren angewendet wurde.

Die Frage ist nun, ob auch der zugewanderte Persische Ehrenpreis eine Heilpflanze sein könnte? Dem ist tatsächlich so. Viele Eigenschaften, die man dem Echten Ehrenpreis zuspricht, wurde auf andere Ehrenpreisarten übertragen. Auch auf den Persischen. Als Tee wirkt der freundliche kleine Neophyt verdauungsfördernd, stoffwechselanregend und entschlackend. Äußerlich angewendet lindert er den Juckreiz bei Neurodermitis oder beim Ausheilen von Verbrennungen.

Als Wildgemüse eignet sich der Ehrenpreis nicht. Die schönen Blüten sind jedoch eine hübsche Dekoration für einen frischen Salat.

GEWITTERBLUME UND MÄNNERTREU

Vieles von dem, was man dem einheimischen Ehrenpreis nachsagte, wurde auf den persischen Neuankömmling übertragen. Das gilt auch für Aberglauben und überliefertes Brauchtum.

Wie bei anderen himmelblau blühenden Ehrenpreisarten – etwa dem hübschen Gamander-Ehrenpreis – galt auch dieser nun als Gewitterblume. Wenn man ihn abreißt oder ein Büschel pflückt, sagt man, dann läuft man Gefahr, ein Unwetter mit Blitz und Donner oder wenigstens einen heftigen Regen herbeizuziehen.

Auch der Name Männertreu wurde auf den Persischen Ehrenpreis übertragen. »Männertreu« bezieht sich auf die Tatsache, dass die Blütenblätter der Veronika schnell abfallen. Wenn Mädchen herausfinden wollten, welcher ihrer Verehrer der Richtige ist und auch treu sein würde, pflückten sie blühende Stängel vom Wald-Ehrenpreis oder vom Gamander-Ehrenpreis. Sie steckten diese einzeln in kleine Vasen, gaben jedem Blümchen den Namen eines jeweiligen Verehrers – Hans, Fritz oder Ludwig – und schauten, bei welchem die Blütenblätter am längsten haften blieben. Das würde dann der Richtige sein, hieß es, das wäre der treueste Mann.

Der Name der Gattung *Veronica* soll auf die heilige Veronika zurückgehen, jene barmherzige junge Frau, die dem Heiland das Schweißtuch reichte, als er blutend und schweißüberströmt, das schwere Kreuz tragend, durch die Gassen Jerusalems getrieben wurde. So stark sei die Ausstrahlung des Gottessohns gewesen, dass sich sein Antlitz im Tuch einbrannte wie auf einer fotografischen Platte und zur heiligen Reliquie wurde. (Die Geschichte ist keine biblische, sondern

Leuchtend blaue Blüten – selten in der Natur – gelten als Gewitter anziehend, wenn sie abgepflückt werden.

stammt aus den Apokryphen des 4. Jahrhunderts). Leider gibt es auf der Welt mehrere solche Schweißtücher, wobei das in Turin das bekannteste und »authentischste« ist. Wissenschaftliche Untersuchungen ergaben jedoch, dass die Tücher nicht so alt sein können; Webtechnik und Farbstoffe sind mittelalterlich. Das ist aber egal. Die Botschaft ist eine andere. Im Mittelalter schaute man selbstverständlich nicht nach den molekularen Wirkstoffen, die in einer Heilpflanze enthalten sind, sondern man achtete darauf, welche Heiligen mit ihr verbunden waren. So erkannte man das Wirken der heiligen Veronika in dem entgiftenden, schweißtreibenden Ehrenpreis.

Der Name Veronika selbst gibt Rätsel auf. War es wirklich der Name eines Mädchens? Einige Sprachforscher sind der Meinung, das Wort gehe auf *vera eikōn* (wahres Abbild) zurück, andere auf *vera unica* (das einzig Wahre), wiederum andere sehen es als eine Verballhornung von *Betonica*, dem Heilziest, ein in der Antike sehr geschätztes pflanzliches Allheilmittel.

DER FADEN-EHRENPREIS

Ehe wir uns in Wortklauberei verstricken, wollen wir noch ein weiteres »Unkraut« aus der Familie der Veronicas anschauen, eines, das dem Persischen Ehrenpreis ähnlich sieht. Es ist der grazile, in hellblauen Matten blühende Faden-Ehrenpreis *(Veronica filiformis)*. Er wächst auch bei mir im Rasen. Wer würde meinen, dass wir es auch bei ihm mit einem invasiven Neophyten zu tun haben, sogar einem echten Jungspund im Vergleich zu seinem persischen Verwandten. Er kommt aus dem Kaukasus. Erst vor etwa 100 Jahren erreichte er Mitteleuropa. In den 1930er Jahren pflanzte man das exotische Blümchen noch gerne als Grabschmuck. Seiher gilt er als »Gartenflüchtling« – oder sollen wir sagen, als »Grabflüchtling«? Einige Unkrauthasser haben sich sogar erdreistet, ihn als »Wiesenschädling« zu bezeichnen, da er Mähwiesen, Parkrasen, Weiden und – Gott bewahre! – die manikürten englischen Rasen und Golfplätze besiedelt.

Sein helles Blau, zusammen mit dem leuchtenden Gelb einiger Butterblumen und Löwenzahn, dem Purpur der Braunelle und dem Weiß-Rosa der Gänseblümchen, macht aus einem langweiligen Rasen ein buntes Naturgemälde, das die Seele singen lässt und zugleich Schmetterlingen und Kleinvögeln Freude bereitet. Wer was dagegen hat, soll doch gleich Astroturf, den pflegefreien Kunststoffrasen, ausrollen!

Wenn der Ehrenpreis zwischen hohen Gräsern wächst, erhebt er sich ebenfalls in die Vertikale.

IN DER PRAXIS

WIE WERDE ICH IHN LOS?

Wenn der Ehrenpreis in den Gemüsebeeten stört, kann man ihn einfach durch Herausziehen samt den feinen Wurzeln entfernen. Er ist kein Wurzelunkraut, sondern vermehrt sich durch die Samen. Am besten jätet man ihn also, bevor er blüht und absamt. Weil der Ehrenpreis aber sehr blühfreudig ist, kann es sein, dass man öfter einmal ein blühendes Pflänzchen übersieht. So werden sich immer wieder kleine Ehrenpreis-Sämlinge im Garten zeigen, die aber problemlos ausgezupft werden können.

Der sehr früh blühende Faden-Ehrenpreis überzieht im frühen Frühling die Wiesen mit blau-weißen Matten und scheint kurz darauf wie von Zauberhand verschwunden zu sein. Das ist er aber nicht – die kleinen, hellgrünen Blätter sind im Frühling grün, während später im Jahr die Pflanze fast vollständig einzieht.

WAS KANN MAN ESSEN?

Blätter und blühende Triebspitzen des Persischen Ehrenpreises können als Salat- oder Gemüsebeigabe verzehrt werden. Auch als Tee oder Teemischung wird Ehrenpreis seit jeher verwendet. Die zarten Blüten dienen roh zur Dekoration von Speisen.

EHRENPREISTEE

2 EL frische, klein geschnittene Blätter und Triebspitzen des Persischen Ehrenpreises mit 250 ml kochendem Wasser aufgießen, zugedeckt 5 Minuten ziehen lassen und abseihen. Der intensiv schmeckende Tee fördert Verdauung und Stoffwechsel. Äußerlich kann er als Waschung bei unreiner und empfindlicher Haut und Neurodermitis verwendet werden. Wem der Tee solo zu herb schmeckt, der mischt ihn mit milden Kräutern wie Zitronenmelisse oder Ringelblume.

FRANZOSENKRAUT

Das Kleinblütige Knopfkraut war ursprünglich eine Begleitpflanze in den Kartoffelfeldern der Anden, das Behaarte Franzosenkraut ein Beikraut der Maisfelder Mittel- und Südamerikas. Die keimfreudigen Samen sind so leicht, dass ein Windstoß sie verbreitet.

Franzosenkräuter wie das Kleinblütige *(Galinsoga parviflora)* und das Behaarte Knopfkraut *(G. ciliata)* wurden erstmals 1714 von einem Franziskaner beschrieben. Mariano Martinez de Galinsoga, Leiter des *Real Jardín de Madrid,* zu dessen Ehren die Gattung benannt wurde, säte 1794 Knopfkraut in seinem Botanischen Garten aus. Kurz darauf wurde die Pflanze auch in die königlichen Kew Gardens in London aufgenommen – dort wurde die Flora des weltumspannenden Imperiums wie Trophäen zur Schau gestellt. Es dauerte jedoch nicht lange, da sprang das Knopfkraut über den Zaun und verbreitete sich in Windeile auf den britischen Inseln. *Kew weed* (Unkraut aus Kew) nannte das Volk die neue Pflanze, auch *Joey Hooker weed* (benannt nach dem ehemaligen Direktor des Gartens), *potato weed* (Kartoffelunkraut), *gallant soldier* (galanter Soldat, eine Verballhornung von *Galinsoga)* oder auch einfach *soldiers of the Queen* (Soldaten der Königin). Um 1800 kam das Saatgut auch in die botanischen Gärten von Paris und Berlin. Von dort aus verbreitete es sich in ganz Europa.

ÖKOLOGIE

Der hübsche kleine Korbblütler mit seinem gelben Blütenkörbchen, umrandet von weißen Zungenblüten, ist ein frostempfindlicher, wärmeliebender Lichtkeimer und Stickstoffanzeiger. Er erreicht eine Wachstumshöhe von nur 20 bis 60 Zentimetern. Als klassische Pionierpflanze besiedelt er gestörte, entblößte Böden, wie es bei Äckern und Gartenbeeten der Fall ist. Die Blüten können sich selbst bestäuben, falls keine Bienen und anderen Insekten vorhanden sind. Jedes Pflänzchen vermag ungefähr 30 000 bis 100 000 Samen hervorzubringen. Im Internet liest man gelegentlich, dass es 400 000 Diasporen (Samen) sein können – das scheint mir aber eher übertrieben; man sollte eben nicht alles blind glauben, was in den elektronischen Medien steht. Die keimfreudigen Samen des Korbblütlers sind so leicht, dass ein Windstoß sie verbreitet; auch können sie im Wasser schwimmen oder an Fußsohlen anhaften. Der Lebenszyklus zwischen Keimen, Blühen und Versamen beträgt lediglich 40 Tage.

Einst glaubte man, die französischen Truppen Napoleons hätten das Kraut eingeschleppt.

AUS DER NÄHE

FRANZOSENKRAUT

Galinsoga spec.

VERBREITUNG

Die Franzosenkräuter sind in Südamerika beheimatet, haben sich aber inzwischen über die ganze Welt verbreitet.

STANDORT

Franzosenkraut besiedelt offene Acker- und Gartenböden mit nährstoffreicher Erde.

VEGETATIONSZEIT

Ausdauernd. Blüte: Juli-Oktober

VERWENDBARE TEILE

Ganzes Kraut, Blätter, Blüten

1. JUNGE PFLANZE

Die kleinen Knopfkraut-Pflänzchen, die im Frühling im Gartenbeet erscheinen, sind nur für erfahrene Gärtner zu identifizieren, solange ihnen die charakteristischen gelbweißen Blüten noch fehlen.

2. TRIEB MIT BLÜTEN

An den Spitzen der Pflanze und ihrer Verzweigungen sitzen die kleinen Blüten einzeln auf unterschiedlich langen Stielen.

3. BLÜTE

Jede Blüte besitzt in der Regel fünf – manchmal auch mehr oder weniger – weiße, flach nach außen gerichtete Zungenblütenblätter und eine größere Anzahl von gelben Röhrenblüten in der Mitte.

4. BLÄTTER

Die Laubblätter des Franzosenkrauts stehen in etwa waagrecht, zeigen nach außen und mit zunehmendem Alter an den Spitzen nach unten. Die Blätter sind spitz, an den Rändern gezähnt und – wie die Stängel – leicht behaart.

1

2

3

4

Das ist wiederum typisch für eine Pionierpflanze – 40 Tage. Die Samen bleiben in der Erde ungefähr zehn Jahre keimfähig.

DAS SCHLIMMSTE SAMENUNKRAUT

Das Knopfkraut lernte ich als Gärtnergeselle kennen, in einer therapeutischen Camphill-Gemeinschaft an der Rhone, südlich von Genf. Zu dem Dorf, das geistig Behinderte aufnahm und biodynamisch wirtschaftete, gehörte ein zwei Hektar großer Gemüsegarten, der die rund 150 Einwohner das ganze Jahr über mit frischem Gemüse, Salat und Kartoffeln versorgte. Eine friedliche, harmonische Atmosphäre herrschte dort; die Pflanzen wurden liebevoll gepflegt und umsorgt. Doch eines Tages schreckte ein gellender Schrei die Gärtnergehilfen auf. Jemand schrie, wie von der Tarantel gestochen: »Ahhh ... grr, ein Franzosenkraut!!«

Es war der Gärtnermeister. Wir fragten uns, was in den sonst so sanftmütigen Mann gefahren sein könnte? Es klang, als hätte er den Leibhaftigen persönlich gesehen. Kurz darauf erfuhren wir, was den Schreck ausgelöst hatte. Er zeigte auf ein kleines, weißgelb blühendes Kräutlein: »Das Franzosenkraut! Das schlimmste Samenunkraut überhaupt!«, erklärte er. »Nicht einfach hacken! Nicht in den Kompost werfen, sondern verbrennen!« Am selben Tag kaufte er sich einen Flammenwerfer und ging wie ein feuerspeiender Drache auf das Pflänzchen los. Der Meister war halt von der alten Schule. Hundert Jahre zuvor hatte das Knopfkraut den Landwirten einen gehörigen Schrecken eingejagt. Der scheinbar unschuldige Korbblütler war Ende des 18. Jahrhunderts in verschiedenen botanischen Gärten in Europa ausgesät worden. Aber dann! Um 1805 brach er aus dem botanischen Garten in Berlin aus. Das war gerade zu der Zeit, als Napoleon den Kontinent mit Krieg überzog. Wie die französischen Heere ein Land nach dem anderen besetzten, so besetzte und überwucherte der Neophyt im Nu die Kartoffel- und Rübenäcker, Getreidefelder, Hopfen- und Gemüsegärten und drohte dabei die Feldfrüchte zu ersticken. Die verderbliche Saat war – da war man sich sicher – im Pferdefutter der französischen Kavallerie eingeschleppt worden. Es galt, dem »Franzosenkraut« ein Waterloo zu bescheren. In Hannover und Braunschweig wurden sogar polizeiliche Verordnungen gegen das lästige Unkraut erlassen. Aber auch die drastischsten Maßnahmen – Verbrennen, Vergraben, Jäten oder Verfüttern – konnten den Siegeszug des kleinen pflanzli-

Das Franzosenkraut ist zwar ein gefürchtetes Samenunkraut, die Wurzeln lassen sich aber leicht aus der Erde entfernen.

chen Bonaparte nicht aufhalten. 1850 erreichte die »Gartenpest« Wien, 1859 entdeckte man das »deutsche Unkraut« in Krakau, Polen, und kurz darauf erschien das »polnische Unkraut« *(polska xopta)* auf den Feldern Russlands, wo es bis heute geblieben ist. Inzwischen hat das Knopfkraut als Neophyt in Afrika, China, Indien und Neuseeland erreicht und ist damit zu einem Kosmopoliten geworden. Das vermehrungsfreudige, zunehmend herbizid-resistente Kräutlein, das vor allem in den Maisfeldern ein Nährstoff- und Wasserkonkurrent ist, hält zwar die Agrarchemie-Hersteller auf Trab, ansonsten jedoch – regt sich kaum ein Gärtner mehr über diese Gartenbegleitpflanze auf.

EIN GOURMET-GEMÜSE

Wie auch bei anderen Neophyten sollte man, anstatt abwehrend zu reagieren, erst einmal schauen, wie die Pflanzen in ihrer ursprünglichen Heimat von den Menschen verwendet werden. Es stellt sich heraus, dass das frische Kraut eine beliebte Wildgemüsepflanze ist. In Kolumbien ist ein Gericht namens *Ajiaco* aus Knopfkraut, mit Hühnerbrühe und Kartoffeln, manchmal auch mit Mais und Sahne, ein Nationalgericht. Auch in Peru wird es traditionell mit Karnickel- und Hühnerfleisch und verschiedenen Kartoffelarten verspeist – Kartoffeln kommen ja ursprünglich auch aus Peru. Gewürzt wird der Eintopf mit Knoblauch, Cayennepfeffer, verschiedenen Kräutern *(yerbas buenas)*, darunter frische Blätter einer Studentenblumenart *(Tagetes minuta*, spanisch *huacatay)* und Koriander. Ein scharfes Gericht! Angeblich soll Ajiaco aus der Sprache der Taino-Indianer kommen und »scharfer Chilipfeffer« bedeuten. In Kuba, der Insel, auf der die Taino einst lebten, kommt das Knopfkraut noch immer in den Eintopf oder zum Mischgemüse. Auch die Afrikaner sind auf den Geschmack gekommen. In Tansania etwa ist es ein beliebtes Gemüse.

Ich habe mir das Franzosenkraut absichtlich in den Garten geholt, weil wir es vielfach in der Küche verwenden.

Die Kolumbianer scheuen sich auch nicht, das frische Kraut mit in den Salat zu tun oder püriert im Tomatensaft zu trinken. Selbstverständlich eignet sich das Franzosenkraut auch als Zutat im Smoothie. Bei näherer Betrachtung entpuppt es sich als regelrechte Vitamin- und Mineralstoffbombe. Es soll fünfmal mehr Magnesium als Kopfsalat enthalten, elfmal mehr Kalzium, zwölfmal mehr Eisen und viermal mehr Vitamin A.

Als bunte Mischkultur, so mag ich meinen Garten: Mangoldernte zwischen blühendem Topinambur.

Man kann das Kraut auch sammeln, zu Pesto verarbeiten, oder auch trocknen und das Pulver in Gläsern aufbewahren, um es im Winter als Würze und für Suppen zu verwenden. Die Samen eignen sich auch als Winterkeimlinge für den Salat.

◆ Das Knopfkraut schmeckt nicht nur gut, es wirkt auch heilend und blutstillend bei frischen Wunden.

HEILEN MIT DEM FRANZOSENKRAUT

Für die Lateinamerikaner ist *Guasca* nicht nur eine essbare Pflanze, sondern auch ein Heilkraut. Es soll wundheilend und entzündungshemmend wirken. Das zerstampfte Kraut ist, auf frische Schnittwunden aufgelegt, ein wirksamer Blutstiller. Ein Tee aus den Blättern soll der Leber guttun. Als eine der Pflanzen, die am meisten verfügbares Eisen enthalten, kann der frisch gepresste Saft eine Hilfe bei Anämie sein. Die Homöopathen stellen aus der Pflanze Streukügelchen oder Tropfen gegen Grippe her. Auch den Tieren im Stall hilft das Präparat bei grippalen Infekten. In der afrikanischen Volksmedizin behandelt man Nesselsucht und Entzündungen der Haut, indem man die betroffenen Stellen mit dem frischen, zerstampften Kraut einreibt. Die traditionellen Heiler der Zulu, die pflanzenkundigen Inyanga, verwenden das Kleinblütige Knopfkraut, das in Südafrika ein fröhliches Neophyten-Dasein führt, zur Behandlung von hohem Blutdruck. Medizinwissenschaftler der Universität Kwa-Zulu-Natal in Durban wurden neugierig und nahmen das Pflänzchen ins Labor mit. Bei der klinischen Untersuchung fanden sie ACE-Hemmer (Angiotensin Converting Enzyme-Inhibitor) in der Pflanze, die tatsächlich eine blutdrucksenkende Wirkung haben.

IN DER PRAXIS

WIE WERDE ICH ES LOS?

Das Knopfkraut oder Franzosenkraut ist ein gefürchtetes Samenunkraut. Wer es also aus dem Garten vertreiben will, der jäte es vor der Blüte und der Samenreife. Die kompakten Pflänzchen lassen sich aber leicht aus der Erde ziehen. Für den Gärtner, der noch dazu gern Wildgemüse isst, wird das Knopfkraut deshalb nur selten zum Problem. Allerdings sollte man blühende und bereits versamende Pflanzen dann nicht auf den Kompost werfen, sondern – wenn man sie nicht aufisst – im Hausmüll entsorgen.

WAS KANN MAN ESSEN?

Das ganze Kraut oder – wenn die Stängel schon größer und zäh geworden sind – nur die Blätter schmecken gut als Gemüse zubereitet oder in Eintöpfen und Suppen. Blätter und Blüten kann man, klein geschnitten, auch roh als Salat zubereiten.

FRANZOSENKRAUTGEWÜRZ

Blätter und Blüten des Franzosenkrauts kann man im Schatten ausgebreitet trocknen lassen (oder bei 50-80 °C im Backofen bei leicht geöffneter Tür), dann zwischen den Fingern fein zerreiben und in einem Schraubglas für den Winter aufbewahren. So hat man in der dunklen Jahreszeit immer ein aromatisches Gewürz zur Hand.

FRAUENFLACHS

In meinem Gemüsegarten wächst ein hübscher Rachenblütler als Begleitkraut, der von Juni bis Oktober blüht und einem kleinen Löwenmäulchen ähnelt. Der obere Teil der Blüte ist buttergelb, die dicke Unterlippe dagegen hat die Farbe von Eidotter.

Es handelt sich um den Frauenflachs, auch Leinkraut genannt *(Linaria vulgaris)*. Ich kenne das Kräutlein schon aus meiner Jugendzeit in Ohio; *butter and eggs* (Butter und Eier) nannten wir es, oder auch *toadflax* (Krötenflachs). Die hübsche Pflanze galt als Unkraut; heute wird sie in den USA als »invasiver Alien« eingestuft und heftig bekämpft. Das Leinkraut oder der Frauenflachs – die Jungpflanze ähnelt dem Echten Flachs oder Lein – vermehrt sich nicht nur über seine Samen, sondern die weißen Wurzeln wachsen in allen Richtungen und treiben neue Pflänzchen hervor. Es ist ein »Wurzelwanderer«, der sich vegetativ gut vermehrt, besonders nach dem Hacken oder Kultivieren. Wie die meisten »Unkräuter« ist der Frauenflachs eine Pionierpflanze, und zwar ein Apophyt, eine einheimische Art, die einst warme Böschungen und Ödflächen besiedelte, sich nun aber am Rand von Äckern, in Gartenbeeten und entlang von Eisenbahndämmen wohlfühlt.

Die Blüte des Leinkrauts sieht aus wie ein zusammengepresster Mund.[12] Deswegen heißt es in verschiedenen Regionen Gelbes Löwenmaul, Kleines Löwenmaul, Froschmaul, Krötenmaul oder, weil die gespaltene Oberlippe wie eine Hasenscharte aussieht, Hasenmaul. Die Lippen der Blüte sind so fest zusammengepresst, dass nur Hummeln und größere Bienen die Kraft haben, einzudringen und sich den Nektar zu holen. Aber kleinere Erdhummeln und Bienen überlisten die Blüten, indem sie den mit Nektar gefüllten Sporn einfach anbeißen und den Honig klauen, ohne für die Gabe mit Bestäubungsdiensten zu danken. Das Leinkraut ist die alleinige Futterpflanze für die Raupen des nach ihm benannten Leinkrautblüten-Spanners und der Möndcheneule.

◆ Der Frauenflachs galt als Zauberpflanze zur Abwehr des »Bösen Blicks«.

HEILEN MIT DEM FRAUENFLACHS

Heute spielt das Leinkraut kaum mehr eine Rolle in der Pflanzenheilkunde. Aber in der alten bäuerlichen Kultur war das anders. Das sehen wir schon an den regionalen Namen dieses Ackerunkrauts:

◆ *Katharinenflachs* oder *Katharinenkraut* ist eine der häufigeren Bezeichnungen.

AUS DER NÄHE

FRAUENFLACHS

Linaria vulgaris

VERBREITUNG

Das Leinkraut ist eine einheimische Pflanze und in ganz Mitteleuropa verbreitet.

STANDORT

Leinkraut bevorzugt warme, lockere Böden, wächst aber auch auf Sand und Schutt.

VEGETATIONSZEIT

Einjährig bis ausdauernd, je nach Art. Blüte: Juni-Oktober

VERWENDBARE TEILE

Nicht essbar

1. JUNGE PFLANZE

Die kleinen grünen Pflänzchen, die sich im Frühjahr aus dem ausdauernden Wurzelgeflecht über die Erde schieben, können auf den ersten Blick leicht mit anderen Jungpflanzen verwechselt werden.

2. BLÄTTER

Leinkrautblätter sind lang, schmal, lanzettlich geformt und haben keinen Stiel. Sie setzen direkt am Stängel an.

3. BLÜTE

Die eindrucksvollen »Lippenblüten« des Leinkrauts bestehen aus einem oberen und einem unteren Teil, einer Blütenkrone und einer Unterlippe. Die beiden Teile verbindet ein Gelenk, das die Unter- fest an die Oberlippe presst. An den in der Blüte verborgenen Nektar gelangen deshalb nur kräftige Insekten wie Hummeln und solche mit einem langen Saugrüssel, etwa Schmetterlinge. Die Blüten sind lichtgelb mit einem typischen orangefarbenen Fleck auf der Unterlippe.

4. GANZE PFLANZE

Eine Leinkrautpflanze erreicht im Allgemeinen 20-30 cm Höhe, selten mehr. Am oberen Ende einer Pflanze stehen mehrere Blüten in einer lockeren Traube zusammen.

5. SAMEN

Die kugeligen Kapselfrüchte enthalten viele Samen. Diese sind flach und meistens geflügelt, sodass sie sich leicht im Wind schwebend verbreiten können.

1

4

2

5

3

Das blühende Leinkraut ähnelt mit seinen »Lippenblüten« dem Löwenmäulchen.

◆ Früher hielt man das Leinkraut für sehr heil- und zauberkräftig, auch weil es extrem bitter schmeckt.

Die Pflanze war der heiligen Katharina geweiht, deren Namen »die Reine« (griechisch *katharós* = rein) bedeutet. Das Kraut der heiligen Katharina »reinigt inwendig und auswendig«, heißt es in einem alten Kräuterbuch. Der beißend bittere Tee wirkt abführend, schweißtreibend und harntreibend. Er wurde angewendet bei **Harnverhalten, Ödemen,** »Milz-Stau« und »Blockierungen der Leber«. Äußerlich verwendeten die heilkundigen Frauen den Aufguss in Bädern und Waschungen oder auch als Umschläge bei **Geschwüren, Fisteln, Hautleiden und Geschwülsten.**

◆ *Jungfernflachs* heißt es, weil die jungen Frauen ihr Gesicht mit einem Kräuteraufguss wuschen, um die Haut zu klären, Flecken und **Sommersprossen** zu vertreiben. Frauenflachs heißt die Blume, weil sie die Frauen schön macht oder auch, weil es eine Schutzpflanze für Frauen ist.

◆ Der Name *Tackenkraut* oder *Taggenkraut* bezieht sich auf die **Hämorrhoiden-Salbe,** die aus dem Kraut hergestellt wurde. Tacke ist ein alter Name für Hämorrhoidalknoten.

◆ Für Kräutervater Hieronymus Bock war es im 16. Jahrhundert das *Scheißkraut,* da es abführend wirkt; ansonsten, weil es auch den Harn treibt, kannte man es als *Harnkraut* oder *Brunzkraut,* für die Schweden ist es das *Pissört.* Schon Hieronymus Bock beschreibt das Leinkraut übrigens als schwer zu vertreibendes Unkraut: »Wa es einmal hin gewonet, ist es nit bald zu vertilgen, dann es fladert hin und wider mit seinen weißen dünnen Wurzeln.«[13]

◆ Die Bezeichnung *Abnehmkraut* ist nicht im modernen Sinne, als Abnehmen überflüssiger Kilos, zu verstehen. Es bezieht sich auf das Abnehmen bei **Tuberkulose** (»Schwindsucht«) und die Abmagerung insbesondere kleiner Kinder. Auch der Name *Altvaterkraut* bezieht sich auf das Hinwelken kranker Kinder, wenn diese dabei ein fast greisenhaftes Gesicht bekommen. Um den schwindsüchtigen Kindern zu helfen, wurde das Kraut zu einer Brühe gekocht, in der man die Kinder dann badete. Deswegen hieß der Frauenflachs auch *Badeflachs*.

- *Rufkraut, Beschreikraut* oder *Berufkraut* bezieht sich auf den Glauben, man könne mit einer Abkochung aus Leinkraut **Verzauberungen wegwaschen** und einen bösen Zauberfluch lösen (→ S. 108/109).
- Mit der Bezeichnung *Gelber Dorant* haben wir einen weiteren Hinweis auf eine magische Anwendung der Pflanze. Dorant **hält neidische Geister, boshafte Zwerge und Waldschrate (»Teufel«) fern,** die es vor allem auf die durch Hexen und Dämonen besonders gefährdeten Wöchnerinnen und Neugeborenen abgesehen haben.

Signatur des Leinkrauts

Das Leinkraut enthält eine Reihe von Inhaltsstoffen – Flavonglykoside, Linarin, Pektolinarin und Neolinarin – die im heutigen Verständnis die medizinische Wirkung erklären. Mellie Uyldert, eine weise Kräuterfrau aus Holland, geht noch einen Schritt weiter und befasst sich nicht nur mit den chemischen Bestandteilen.[14]

Wie bei jedem Menschen die äußere Erscheinung auf Inneres hindeutet, so ist es auch bei Pflanzen. Die fest aufeinandergepressten Lippen der Frauenflachsblüte erinnern sie an die Lippen eines Ehepartners, der sich ungerecht behandelt fühlt. Die Unfähigkeit, negative Emotionen zu verarbeiten und auszuleben, ruft allmählich somatische Störungen hervor, sie wird zu Gift im Körper. Verbitterung und Selbstmitleid gehen auf

INS KRÄUTERBÜSCHEL ZU MARIÄ HIMMELFAHRT

Der Frauenflachs kam unbedingt mit in das Kräuterbüschel (Wurzwisch, Sangen, Neunkräuterbuschen, Kräuterbuschen), jenen Strauß oder Korb mit den neun oder siebenundsiebzig Heilpflanzen, die am 15. August, dem Tag der Himmelfahrt Mariä, geweiht wurden. In jener Zeit, als das Heilen in der Hand der Frauen war, es auf dem Land keine Apotheken gab und ein Arztbesuch unerschwinglich war, da sollte der Kräuterbuschen alle Heilpflanzen enthalten, die im Haus und im Stall übers Jahr gebraucht wurden. Der Gedanke dahinter war, dass die Gottesmutter in den Himmel auffährt und die Erde verlässt, aber ihre Liebe und Heilkraft in Form der Kräuter hinterlässt. Diese Kräuterweihe gab es übrigens schon in vorchristlicher Zeit, ehe sie dann auch in den christlichen Kalender aufgenommen wurde.

Leber und Niere oder zeigen sich auf der Haut als Pickel, Ekzeme, Schuppenflechte und andere Hautunreinheiten, denn die Haut ist die Projektionsfläche der Seele. Da deutet die Signatur des gelbblühenden Leinkrauts an, dass es helfen kann, diese Gifte auszuleiten und die seelischen Verknotungen, die sich in Hämorrhoiden äußern, zu lösen. Das Katharinenkraut lässt den Menschen wieder rein und glücklich werden.

ABERGLAUBEN – DAS GEHEIMNIS DES DORANTS

»Dorant, den alten Weibern wohl bekannt«, heißt ein überlieferter Spruch. Das mysteriöse Kraut ist eine Zauberpflanze, von der man glaubte, sie biete Schutz vor Behexung und den Machenschaften unfreundlicher Übersinnlicher. Man legte es den Wickelkindern in die Wiege gegen Kinder stehlende Zwerge, hängte es über die Stalltür, um das Vieh zu schützen, legte es aufs Butterfass, damit sich der Rahm gut buttern ließ, und benutzte es als Räucherkraut in Haus und Stall, um Gespenster zu verscheuchen.
Es handelt sich beim Dorant nicht um eine spezifische botanische Art. Regional wurden verschiedene Kräuter verwendet. Es gab den roten Dorant; oft war das der Dost oder auch das Löwenmaul *(Antirrhinum)* oder das Ackerlöwenmaul, ein heute seltenes, wärmeliebendes Begleitkraut in den Weinbergen. Es gab den blauen Dorant, den Lungenenzian, und den weißen Dorant, der entweder die Sumpfschafgarbe oder der Andorn gewesen sein kann. Und ganz wichtig war der gelbe Dorant, der Frauenflachs.
Besonders junge Frauen und Wöchnerinnen waren auf den Schutz dieser Pflanze angewiesen. Hebammen trugen sie während einer Geburt bei sich. Im »Gart der Gesundheit« von 1485, dem ältesten deutschen Kräuterbuch, heißt es: »Die ammen haben diß kraut by ynnen so die frauwen yn kindesnöten ligent. Die geburt ist ynnen dester leichter.«
Einmal lauerte ein Teufel einer Wöchnerin auf, die in den Keller ging, um sich ein Bier zu zapfen. Zum Glück hatte sie etwas Dorant in ihr Kleid eingenäht. Da schrie der Bösewicht, ehe er sich in einer Schwefelwolke auflöste: »Hättest du nicht Dorant und Dosten, tätest dein Bierlein nicht kosten!«
Eine andere Sage erzählt von einer Frau, die über ein Feld lief und einer böse gesinnten Erscheinung begegnete, es war der Leibhaftige. Als wollte er ihr einen guten Rat geben, raunte der Teufel ihr zu: »Heb auf dein Gewand, dass du nicht fallest in Dosten und Dorant.« Die Frau aber war klug, durchschaute seine Absichten und blieb mit der Pflanze in enger Berührung, sodass der Teufel ihr nichts anhaben konnte.
Für unseren naturwissenschaftlich geschulten Verstand klingt das alles wie der ärgste Aberglaube: einfach nicht nachvollziehbar. Aber könnte es nicht sein, dass die Menschen früher andere Seiten des Seins wahrnahmen? Dass sie nicht alle kindische Narren waren?

Der Weiße Dorant heißt eigentlich Gewöhnlicher Andorn *(Marrubium vulgare)* und wird seit alters als Heilpflanze angebaut.

IN DER PRAXIS

SALBE AUS LEINKRAUT

Ein altes Heilmittel für Hämorrhoiden, Prellungen, Geschwüren und Geschwülsten ist die Frauenflachssalbe. Das frische, blühende Kraut wird klein geschnitten und dann in Schweineschmalz geköchelt, bis es knusprig ist. Die noch heiße Flüssigkeit seiht man ab und bewahrt sie gut verschlossen in einem Glas mit Schraubdeckel auf.

LEINKRAUTTEE

In früheren Zeiten hat man den extrem bitter schmeckenden Teeaufguss gegen allerlei Krankheiten angewendet – allerdings vermischten sich womöglich vorhandene tatsächliche Wirkung und die Hoffnung auf die zauberischen Effekte des Krautes. Heute sollte man Zubereitungen aus Leinkraut nicht mehr zu sich nehmen – für alle möglichen Heilanwendungen stehen bessere Heilkräuter zur Verfügung.

WIE WERDE ICH ES LOS?

Das Leinkraut wurzelt sehr tief und verbreitet sich an zusagenden Standorten über Ausläufer und Wurzelsprosse. Es produziert aber auch sehr viele Samen, die vom Wind und von Tieren verteilt werden. Durch sorgfältiges Ausgraben der Pflanzen samt Wurzeln vor der Samenbildung lässt sich das Kraut entfernen. Die Pflanzen aber nicht auf dem Kompost entsorgen!

BERUFKRÄUTER

Das Scharfe Berufkraut *(Erigeron acer)* galt früher als wirksames Mittel gegen alle bösen Einflüsse.

SCHUTZ VOR BEHEXUNG

Unter dem Berufen – auch Beschreien, Vermeinen, Vergällen, Behexen oder Verhexen genannt – verstand man einst einen krank machenden Wort- und Blickzauber, den »bösen Blick«. Manchmal geschah das durch abschätzige Worte hinter vorgehaltener Hand, meistens jedoch wurde es durch unangebrachtes, überschwängliches Lob oder anstandsloses Bewundern ausgelöst. Dahinter stand meistens Neid. Interessant ist, dass *envy,* das englische Wort für Neid, aus dem lateinischen *invidere,* »scheel anschauen«, hervorgeht. Bis heute ist die Angst vor dem »bösen Blick« vor allem in Süd- und Südosteuropa verbreitet.

Gefährdet waren nach verbreiteter Meinung besonders unschuldige Kleinkinder, deren Ich noch nicht gefestigt ist, und schwangere Frauen, die – heutzutage würden wir sagen, wegen ihrer Hormonumstellung – nicht vollkommen gegenwärtig sind, sondern der Seele ihres Kindleins entgegenträumen; auch Tiere, etwa Hunde, Katzen oder Jungvieh im Stall, können betroffen sein.

Das Berufen geschieht zum Beispiel, indem eine neidische, unzufriedene, alte Nachbarin oder eine stockfremde Person unaufgefordert und falschfreundlich ein kleines Kind beäugelt, anfasst und ihm womöglich noch ein Keks schenkt. Von außen gesehen scheint die Begegnung harmlos, aber eigentlich ist das eine Verletzung der persönlichen Grenzen, der seelischen Integrität des so Angegangenen. Irgendwie spürt das Kind, dass die Worte und die Berührung falsch waren. Berufene Kinder, glaubte man, schlafen unruhig, haben keinen Hunger, weinen und gähnen viel und fangen an zu kränkeln. Bei Erwachsenen äußert sich die Berufung durch Symptome wie Hexenschuss, Seitenstechen, Krämpfe, Verlust an Energie, Impotenz, Lähmungen oder Gicht. (Das Wort Gicht, aus dem althochdeutschen jiht, bedeutete just das: »Behexung«, »Besprechung«!) Bei Stall- oder Haustieren kommt dieser Negativzauber als Zittern, Schwitzen, Abmagern oder Hinfälligkeit zum Ausdruck.

Mütter von einst, insbesondere die erfahrenen, alten Großmütter, konnten erkennen, ob ein Fall derartiger Berufung vorlag. Dann sammelten sie Berufkräuter, kochten einen Sud daraus und wuschen die Berufung ab oder badeten das berufene Kind und gossen dann das Wasser samt Verzauberung weg. Meistens wurde die Berufung unter dem Hofholunder entsorgt, denn dieser, heißt es, zieht alles Unheil an und leitet das Böse in die Erde hinab.

Im östlichen deutschen Sprachraum und in den slawischen Ländern stellten die Frauen das Wasser, in dem der vermeintlich Berufene gebadet worden war, unter das Bett. Es hieß, dass das Badewasser eine gallertartige Konsistenz bekomme, wenn das Kind beschrien war, dass es im anderen Fall aber klar bleibe. Aus den österreichischen Alpen wird berichtet, dass man nach einem unangenehmen Besuch von unsympathischen Menschen die Kinder mit Berufkraut abwusch. Mit Berufkräutern konnte auch – oft zusammen mit Beifuß und Wacholderzweigen – geräuchert werden.

Mehrere Kräuter, darunter einige echte Unkräuter, dienten als Berufkraut. Dazu gehören folgende:

◆ Gewohnliches Greiskraut oder Kreuzkraut *(Senecio vulgaris)* (→ S. 147)

◆ Scharfes Berufkraut *(Erigeron acer)*, auch Dürrkraut, Donnerwurz, Dorant oder Blaues Flohkraut genannt. Als Schutz gegen böse Einflüsse wurde das Kraut den Kindern in die Wiege gelegt, an die Stalltüre gesteckt oder den Kühen ins Futter oder ins Trinkwasser gelegt.

◆ Kanadisches Berufkraut *(Conyza canadensis)* – auch »Weiße Dürrwurz« oder »Widerruf« genannt. Dieses bis zu 1 m hohe Kraut kam im 17. Jahrhundert aus der Neuen Welt zu uns und wurde nach seiner Ankunft ebenfalls als Berufkraut verwendet. Bauern benutzten es zum Beräuchern von angeblich verhextem Vieh.

◆ Sparriger Alant *(Inula conyza)*

◆ Frauenflachs oder Leinkraut *(Linaria vulgaris)*

◆ Sumpfschafgarbe *(Achillea ptarmica)*

◆ Wundklee *(Anthyllis vulneraria)*

◆ Heide-Ziest *(Stachys recta)*. Diese rauhaarige, weißblühende Ziest-Art wird im Berner Oberland »Abnehmkraut« genannt, da es die Verhexung abnimmt; in Schlesien war es das »Badekraut«, da Berufene darin gebadet wurden; vielerorts in Bayern und Österreich heißt es »Vermeinkraut«.

◆ Kohldistel *(Cirsium oleraceum)*. Diese als Wildgemüse gut essbare, stachellose, gelblichweiß blühende Distelart, die gerne auf nassen Böden wächst, war vor allem bei den Westslawen als Berufkraut (»Verwaschkraut«) bekannt. In der Lausitz, wo es »Schreckkraut« (Strówawezelo) heißt, wurde es zu einer magischen Zeit gesammelt, die Verhexten damit gewaschen und das Wasser unter dem Holunder ausgeschüttet.

FUCHSSCHWANZ

In Mitteleuropa gibt es etwa 15 verschiedene Arten von Fuchsschwanz oder Amarant. Die meisten sind unscheinbare, grün blühende, einjährige Begleitkräuter in Äckern, in Gartenbeeten und an Wegrändern; einige wachsen zu imposanten Riesen heran.

Etwa 15 verschiedene Arten – das heißt, es gibt eine Menge Unterarten und Bastarde, sodass der Amateurbotaniker seine Mühe hat, sie zu unterscheiden. Da hilft es kaum, im Internet nachzuschauen, denn auch da herrscht ein ziemliches Durcheinander, was den Fuchsschwanz betrifft.
Wie Mais, Hirse oder Zuckerrohr beherrscht der Fuchsschwanz *(Amaranthus* spec.). die C4-Photosynthese. Das ist eine hocheffiziente Art der Lichtassimilation, eine Turbo-Photosynthese, die, was das Wachstum betrifft, richtig Gas gibt und es den Pflanzen erlaubt, an relativ trockenen Standorten zu wachsen. Bei allen Amarant-Arten sind die jungen grünen Blätter und Stängel essbar. Man sollte sie aber nicht auf kunstgedüngten Feldern sammeln, denn dort nehmen sie viel Nitrat auf, das lange als gesundheitlich problematisch angesehen wurde.

AMARANT AUS DER ALTEN WELT

Die wichtigste heimische Fuchsschwanzart ist der Meyer (Majer, Meier) mit seinen Unterarten: Aufsteigender Fuchsschwanz, Grüner Fuchsschwanz, Gemüseamarant, Rotstur *(A. blitum,* syn. *A. lividus; A. viridis).* Der Meyer ist eine Fuchsschwanzart, der im Gegensatz zu den meisten anderen Amarant-Arten nicht aus Amerika kommt, sondern in der Alten Welt zu Hause ist. Das unscheinbare, niederliegende oder aufsteigende Kräutlein gilt für die meisten Gärtner heutzutage als ein Unkraut, dem man gerne mit der Hacke auf die Pelle rückt. Wie so viele andere Pionierpflanzen wächst es schnell und erzeugt Unmengen kleiner keimfreudiger Samen. Die Farbe der Blätter kann je nach Unterart bläulich grün (Bläulicher Amarant) bis rötlich (Roter Meyer, Rotbuggele) variieren.

◆
Vom Fuchsschwanz ist alles essbar: die Blätter als Gemüse, die Samen im Müsli.

Nahrung der frühen Siedler

Nicht immer sah man diese Pflanze als Unkraut an. Da die Samen in alteuropäischen Pfahlbausiedlungen gefunden wurden, kann man annehmen, dass der Meyer damals schon auf dem Speisezettel stand: Das Grün wurde als Spinat gegessen, und die Samen kamen mit in die Grütze. Auf jeden Fall

AUS DER NÄHE

FUCHSSCHWANZ

Amaranthus spec.

VERBREITUNG

Amarantarten sind weltweit verbreitet, über die meisten Arten verfügt Nordamerika.

STANDORT

Warmer, durchlässiger, nährstoffreicher Boden

VEGETATIONSZEIT

Einjährig

VERWENDBARE TEILE

Samen, Blätter

1. JUNGE PFLANZE

Die Jungpflanzen des einjährigen Amarant wachsen kräftig, sobald es warm genug ist. Sie brauchen einen sonnigen, eher trockenen als feuchten Standort im Garten.

2. BLÄTTER

Die Blätter der vielen unterschiedlichen Amarantarten haben unterschiedliche Formen und Farben in allen Schattierungen von Grün und Rot.

3. VARIANTEN

Der Rote Fuchsschwanz hat seinen Namen von den roten Laubblättern. Aber auch hier kommen Abweichler vor, die überwiegend grüne Blätter entwickeln.

4. BLÜTEN

Die Amarantpflanze entwickelt etwa von Juni bis in den Herbst hinein vielblütige, lange Rispen, die meist purpurrot, oder auch gelb oder beige gefärbt sind. Je nach Sorte erreichen die hängenden Blütenrispen sogar eine Länge von über 50 cm.

5. SAMEN

Aus den Blütenrispen entwickeln sich die rispigen Samenstände, die die in der Naturkost inzwischen wieder so beliebten Amarantkörnchen enthalten. Wer im Garten einzelne Samenrispen nicht erntet, darf sich im Winter über den Besuch von eifrig pickenden Vögeln freuen.

1

4

2

5

3

Den Roten Fuchsschwanz baue ich gern als Gemüsepflanze an, später kann man die Samen fürs Müsli ernten.

◆ Der heimische Fuchsschwanz, auch Meyer genannt, ist schon seit der Antike als Gemüsepflanze bekannt.

bauten Griechen und Römer den Grünen Fuchsschwanz *(Blitum)* als Gemüse an. Hohes Ansehen scheint er aber nicht gehabt zu haben: Der römische Gelehrte Plinius schreibt: »*Blitum* scheint fade, geschmacklos oder ohne irgendeine Schärfe zu sein, weshalb ... die Ehemänner ihn als Schimpfwort für die Frauen gebrauchen.«[15] Auch was seine Heilkraft angeht hielt man in der Antike nicht viel von der Pflanze. Der große Dioskurides, der das erste Kräuterbuch in der westlichen Welt schrieb, lässt uns wissen: Der Amarant »ist gut für den Bauch, hat aber keine arzneiliche Kraft«.

Schon von Karl dem Großen geschätzt

Nichtsdestotrotz nahm Karl der Große die Pflanze – *Blidas* genannt – mit in die Liste der Nutzpflanzen auf, als er seine Landgüterverordnung um 800 n. Chr. erließ. Dabei ging es um die Nutzpflanzen, die in seinem Herrschaftsbereich angebaut werden sollten. Hildegard von Bingen erwähnt den Fuchsschwanz – *Stur* nennt sie ihn – nur kurz: »Der Stur ist mehr kalt als warm. Er nützt dem, der ihn isst, nicht viel, schadet ihm aber auch nicht viel.« Bis ins 16. Jahrhundert, als dann der echte und schmackhaftere Spinat *(Spinacia oleracea)* aus Spanien kam und die Gärten eroberte, gehörte der Meyer zu den meist verwendeten Suppenkräutern.

In Asien als Gemüse

In Indien und in China wird dieses wachsfreudige Blattgemüse noch immer vom Frühling bis in den Herbst in großen Büscheln auf den Märkten feilgeboten.
So unnütz wie es die antiken Gelehrten oder Hildegard einschätzten ist es demnach nicht.

Der Gemüseamarant enthält viel Eiweiß, viel Provitamin A, Vitamin C, Kalzium und Eisen und wirkt als Antioxidans. In der indischen ayurvedischen Medizin gilt der mit Honig eingenommene frische Presssaft als Heilmittel bei chronischen Lungenproblemen.[16] Schwangere sollen ihn mit etwas Kardamom trinken, da er angeblich die Entwicklung des Fötus unterstützt und auch den Milchfluss steigert. Amarant-Gemüse (indisch *Chaulai)* gilt, wenn es regelmäßig verzehrt wird, als Anti-Aging-Food, das heißt, es verhindert frühzeitiges Altern. Die zerriebene trockene Wurzel soll, mit etwas Zitronensaft vermischt, auch bei Weißfluss helfen.

AMARANT AUS AMERIKA

Der Meyer mit all seinen vielen Unterarten und Spielformen ist ein Kind der Alten Welt. Aus der Neuen Welt, aus Amerika, kommen etliche andere, meist größere und kräftigere Fuchsschwanzarten als Neophyten dazu: darunter Zurückgekrümmter Fuchsschwanz, Ackerfuchsschwanz *(A. retroflexus)*, Bastard-Amarant *(A. cruéntus, A. hybridus, A. paniculatus)*, Westamerikanischer Fuchsschwanz *(A. blitoides)*.

Superunkraut

Außer dem als Zierpflanze angebauten Gartenfuchsschwanz *(A. caudatus)*, dessen zottig wirkende, herabhängende, tiefrote Blütenstände tatsächlich wie die Rute eines Fuchses aussehen, gelten die Amarant-Arten alle als gefürchtete Unkräuter, Samenunkräuter, um genau zu sein. Der Ackerfuchsschwanz kann bis zu 100 000 Samen pro Pflanze erzeugen. Als wenn das noch nicht schlimm genug wäre, weisen die Fuchsschwanzarten eine zunehmende Herbizidresistenz auf. Sie entwickeln sich zu sogenannten »Superunkräutern« *(superweeds)*. Als Superunkraut macht der Amarant seinem Namen alle Ehre, denn das griechische Wort *amarantos* bedeutet »nicht vergehend«,

»Nichts anderes in der Welt zieht die abgeplagte Seele so ins Gleichmäßige hin als das stille Aufmerken auf das Keimen, Blühen und Vergehen des Vegetabilischen, und wär's auch nur am Unkraut unter der Hecke.«

Wilhelm Raabe

»unsterblich«. Die alten Hellenen kannten den bis zu zwei Meter hoch wachsenden Fuchsschwanz noch nicht. Der Name *amarantos* bezog sich auf eine mythologische, immer blühende Blume, welche die Götter versteckt hielten, denn wer sie findet, wird der Sage nach unsterblich.

Hauptnahrung der Ureinwohner

Da die kleinen, schwarzbraunen Samen sehr nahrhaft sind, wurde der Amarant von den Indianern Mexikos seit mindestens 4000 Jahren als »Getreide« kultiviert. Die reifen Blütenstände werden getrocknet und ausgedroschen. Die Samen werden dann geröstet, gedämpft oder gemahlen und mit Maismehl zu Brotfladen, Kuchen oder Brei verarbeitet. Sie können auch, wie Popcorn, gepufft werden. Es gibt keinen Grund, es den Indianern nicht nachzumachen. Amarant ist die perfekte Ergänzung zum Mais, dem Hauptnahrungsmittel der amerikanischen Ureinwohner, denn die Körner enthalten neben Eiweiß, Mineralstoffen, Alpha-Linolensäure (Omega-3-Fettsäure) und Linolsäure viel Lysin. Lysin ist eine essentielle, also lebenswichtige Aminosäure, die dem Mais wie auch anderen Getreiden fehlt. Diese Aminosäure, die sonst hauptsächlich in tierischen Lebensmitteln vorkommt, spielt eine wichtige Rolle im Körper beim Wachstum, bei der Gewebereparatur und der Funktion des Immunsystems. Da es bei den Azteken – außer den mit Maisbrei gemästeten Chihuahua-Hunden, Truthähnen, Insekten, Fischen und Bohnen – keine nennenswerten Quellen für Lysin gab, kann man verstehen, dass Fuchsschwanzsamen wichtig waren.

Der Kaiser der Azteken, der in der Hauptstadt Tenochtitlán residierte, verlangte jedes Jahr 20 000 Scheffel (1 Scheffel hat ein Volumen von 36 Liter) Amarantsamen *(Huauhtli)* und ebenso viel Mais als Tribut von seinen Untertanen. Der größte Teil dieses Amarants ging an die Priesterschaft, die das Getreide unter anderem in einem öffentlichen Ritual verwendeten. Die ranghöchsten Priester kneteten die gemahlenen Samen mit Honig und Blut und formten daraus Gebilde ihres Hauptgottes Huitzilopochtli, dem »Kolibri des Südens« und Sohn der Erdgöttin. Die Gebilde wurden in einer Prozession zu den Pyramiden getragen. Dort wurden sie zerbrochen und dem versammelten Volk als das »Fleisch und Blut« der Gottheit, als heilige Kommunion gegeben.

Der Eroberer Hernán Cortés und die spanischen Priester, vom Geist der Inquisition

Vom Fuchsschwanz kann man immer wieder Blätter ernten, man schneidet nicht die ganze Pflanze ab.

Der besonders schön rot blühende Amarant ist Zier-, Gemüse- und Körnerpflanze gleichzeitig.

besessen, sahen darin eine teuflische Verspottung und ein Nachäffen des Heiligen Abendmahls. Der Anbau der teuflischen Pflanze wurde den Ureinwohnern verboten und mit der Todesstrafe geahndet. Die Folge war eine gesundheitliche Katastrophe, da der Amarant, wie oben erwähnt, eine notwendige Ergänzung zum Mais darstellte, dem täglichen Brot der Indianer.

Heilige Pflanze

Der Amarant, der als komplementäre Kulturpflanze um 500 n. Chr. zusammen mit dem Mais von Südamerika aus nach Norden kam, wurde auch bei den Pueblo-Indianern zur heiligen Pflanze. Er wird bis heute von den Frauen in kleinen Gärten gezogen. Die Spitzen der Blüten werden gemahlen und zum Rotfärben der Maiswaffeln *(Héwe)* benutzt, die die Götter – die Kachina-Maskenträger – mit sich tragen und bei ihren Tänzen den Zuschauern zuwerfen.

Irgendwann schaffte es der Getreide-Fuchsschwanz in die Alte Welt. In Indien und Nepal wird er von der im Hochland lebenden Bevölkerung, wo er *Ramdana,* »Gottes Geschenk«, genannt wird, als Hauptnahrungsmittel angebaut. Im Bundesstaat Karnataka ist das nahrhafte Pseudogetreide so etwas wie eine Nationalspeise. Die jungen Pflanzen werden auch als Spinat *(Tampala)* gern gegessen. Auch in bestimmten Regionen Chinas wird der Amarant so verwendet. In Äthiopien bäckt man aus der Saat, zusammen mit Teffmehl aus Zwerghirse, ein unseren Pfannkuchen ähnliches Fladenbrot.

Ehe ernährungsbewusste Reformkostbefürworter ihn entdeckten, wurde der Amarant bei uns geringgeachtet. Ein Unkraut eben. *Pigweed* – »Schweinekraut« – nennen ihn die Engländer, *Süwbengel* (Saubengel) heißt er im Aargau, *Fackenschmölzat* in Kärnten, wobei Fack die Bedeutung »Schwein« hat. Die Benennung nach dem Schwein rührt daher, dass der Fuchsschwanz als Unkraut an schmutzigen, unreinen Plätzen wächst.

Es ist an der Zeit, diese Pflanze aus ihrer stiefmütterlichen Rolle zu befreien. Man soll sie als Ruderalpflanze ruhig wachsen lassen oder sogar anbauen, ihr frisches Grün als Spinat und im Herbst ihre Samen ernten.

Der Gemüsegärtner sollte wissen, dass der Amarant mit seinen tiefwachsenden, feinen Wurzeln ein gutes Begleitkraut für Kartoffeln ist, das den Boden verbessert. Im Winter lassen sich aus den Samen vitamin- und lysinreiche Keimlinge für den Salat ziehen.

Ideale Gemeinschaft: Zucchiniblätter beschatten den Boden, Fuchsschwanz und Mais streben in die Höhe.

IN DER PRAXIS

WIE WERDE ICH IHN LOS?

Amarant sät sich immer wieder selbst aus, er ist ein gefürchtetes Samenunkraut. Wer also ein Problem mit Amarant als Unkraut hat, jätet ihn vor der Samenreife. Dann können die Pflänzchen auch problemlos im Kompost entsorgt werden. Niemals aber sollten Amarantpflanzen mit Samenständen auf den Kompost geraten – zwar ist die Pflanze nicht frosthart, die Samen aber sind es und können noch Jahre später keimen.

WAS KANN MAN ESSEN?

Bei ernährungsbewussten Zeitgenossen erfreuen sich die kleinen Samenkörnchen seit einigen Jahren einer rasant steigenden Beliebtheit. Amarant ist glutenfrei, eiweißreich und sehr sättigend.
Gepufft wie Popcorn sind die Samenkörnchen beliebt als Beigabe zu Müsli. Die jungen Blätter aller Amarant-Arten lassen sich als delikates Gemüse wie Spinat zubereiten. Sie sollten am besten vor der Blüte geerntet werden, dann sind sie zarter und bekömmlicher.

GRUNDREZEPT AMARANT

Die Samen gart man wie Reis in Wasser oder Gemüsebrühe im Verhältnis 1:2. Vor dem Kochen die Körnchen in ein feines Sieb geben und unter fließendem heißem Wasser gründlich waschen. Für zwei Beilagenportionen 300 ml Wasser oder Gemüsebrühe erhitzen, 150 g Amarant einrühren, aufkochen lassen und die Temperatur auf die kleinste Stufe zurückschalten. Mit Deckel etwa 20 Minuten quellen lassen.

GÄNSEDISTELN

In manchen Gärten wächst ein saftig aussehendes Unkraut mit dicken, hohlen, verästelten Stängeln und glänzenden, stachelig gezähnten Blättern. Wenn man ein Blatt abreißt, tropft weißer Milchsaft heraus. Die leuchtend gelben Blüten ähneln denen des Löwenzahns.

Die Blüten geben die Pflanze als Korbblütler zu erkennen. Bei dem stacheligen Unkraut handelt es sich um die Gänsedistel *(Sonchus* spec.), von der es in Europa drei Arten gibt, die im Garten auftauchen können:

- Die **Dornige oder Raue Gänsedistel** *(Sonchus asper)* ist eine einjährige Art, die Wärme mag, als Lehmanzeiger gilt und bis zu 5000 Samen pro Pflanze hervorbringt. Sie verdient den Namen Distel, da ihre Blätter wirklich ganz schön stachelig sind, obwohl sie keine echte Distel ist.
- Die **Kohlgänsedistel** *(S. oleraceus)* ist ebenfalls einjährig, und auch ihre vielen Blütenköpfe bringen ungefähr 5000 Samen pro Pflanze hervor. Wenn eine Pflanze den Beinamen »Kohl« trägt, wie auch der Rainkohl, die Kohldistel oder der Gemüsekohl, dann deutet das darauf hin, dass sie gut essbar ist. Der lateinische Name der Art, *oleraceus*, bedeutet ebenfalls »Kohl« oder Gemüse. Die Blätter dieser Gänsedistel sind viel weicher und die Stacheln stechen nicht.
- Die **Ackergänsedistel** *(S. arvensis)* ist im Gegensatz zu ihren Cousinen ausdauernd. Obwohl sie bis zu 6000 Samen pro Pflanze erzeugen kann, pflanzt sie sich gerne über die Wurzeln fort. Sie ist eine sogenannte Wurzelkriech-Pionierpflanze. Im Mittelalter war sie in der Dreifelderwirtschaft, bei der jeweils ein Drittel der Ackerfläche für einen Zeitraum brach lag, ein großes Problem. Denn jedes Wurzelstückchen wuchs munter weiter, wenn es von Hacke oder Pflug zerrissen worden war.

Sie wurde aber fleißig gejätet und den Schweinen als Futter gebracht, deswegen heißt die Gänsedistel vielerorts Saudistel.

Gänsedisteln gehören zur Gruppe der milchigen Korbblütler, wie zum Beispiel auch Löwenzahn, Wegwarte, Wiesenbocksbart, Rainkohl, Schwarzwurzel, Mauerlattich und Giftlattich; unser gewöhnlicher Garten-Kopfsalat und der Römerlattich oder Romana-Salat gehören ebenfalls dazu.

Die Gänsedisteln sind altherkömmliche Apophyten, also einheimische Pflanzen, die dann die Felder und Äcker der Bauern besiedelten, ebenso wie Schnitthaufen und sonnige Weinberge.

Gänsedistelgemüse schmeckt Menschen, Gänsen und Schweinen.

AUS DER NÄHE

GÄNSEDISTEL

Sonchus spec.

VERBREITUNG

Gänsedisteln wachsen weltweit im gemäßigten Klima.

STANDORT

Nährstoffreiche Lehmböden in Gärten und auf Äckern

VEGETATIONSZEIT

Verschiedene Gänsedistelarten sind einjährig, andere zweijährig oder ausdauernd.

VERWENDBARE TEILE

Blätter, Stängel

1. JUNGE ACKERGÄNSEDISTEL

Junge Gänsedistelpflänzchen bestehen zunächst nur aus einer Blattrosette.

2. BLÜTE

Die leuchtend gelben Blüten der Gänsedistel sehen, vollständig geöffnet, kleinen Löwenzahnblüten ähnlich.

3. BLÄTTER

Die Laubblätter der Gänsedisteln sind leuchtend grün, tief gekerbt und am Rand bestachelt. Blätter und Stängel enthalten einen weißen Milchsaft, der beim Verletzen der Pflanze frei wird.

4. VERBLÜHTE ACKERGÄNSEDISTEL

Die Pflanze wächst aufrecht und wird mitunter bis zu 1,5 m hoch. Sie verzweigt sich erst an ihrem oberen Stängelende, wenn sie Blüten ansetzt. Nach dem Verblühen schließen sich die Blütenkörbchen wieder und geben erst nach der Samenbildung ihre wertvolle Fracht frei.

5. KOHLGÄNSEDISTEL

Die Kohlgänsedistel erreicht nicht ganz die Höhe ihrer »Acker-Verwandten«, sie wird nur bis zu 1 m hoch. Ihre Laubblätter sind bläulich grün, die Blattränder zwar gezähnt und scheinbar stachelig, die Blätter sind aber weich und werden deshalb seit Menschengedenken für den Verzehr geerntet.

6. SAMEN KOHLGÄNSEDISTEL

Gleichzeitig mit jungen Blüten bildet die Kohlgänsedistel von Juni bis Oktober Samen aus. Sie sitzen an einem haarigen Pappus, der sie federleicht im Wind schweben lässt und für die Verbreitung sorgt.

1

2

3

4

5

6

NAMEN: VON MILCHKRAUT BIS HASENHAUS

Der Volksmund unterscheidet kaum zwischen den verschiedenen Gänsedistelarten. Da alle Milchsaft enthalten, heißen sie regional Melkdistel, Milchdistel, Milchkraut, Saumelke oder – französisch – *laiteron* oder *lait d'âne* (»Eselsmilch«). Die »Milch« ist nicht giftig, sie besteht aus latexähnlichen Substanzen und Bitterstoffen.

Immer wieder wird die Gänsedistel mit Hasen in Verbindung gebracht. Schon im Mittelalter und wahrscheinlich schon bei den germanischen Völkern nannte man sie Hasenkohl, Hasenhaus oder Hasenstrauch (englisch *hare's colewort = Hasenkohlwurz,* flämisch *hazekoolen,* dänisch *harekäl).* Zwar frisst Meister Lampe das Kraut gerne, aber es hat einen tieferen Grund, dass man den milchigen Korbblütler mit Hasen und Kaninchen in Verbindung brachte. Schon die Römer nannten ihn »Hasenpalast« *(palatium leporis).* »Dieses Kraut heißt Hasenhaus, denn wenn der Hase darunter ist, fürchtet er sich nicht und dünkt sich ganz sicher. Dieses Kraut hat Macht über die Melancholie. Nun gibt es keinen größeren Melancholiker unter den Tieren als den Hasen« – heißt es unter dem Holzschnitt im »Gart der Gesundheit« von 1485. Ein englisches Kräuterbuch aus derselben Zeit *(Agnus Castus Herbal)* lässt uns wissen: »Wenn der Hase außer sich vor Wut ist, dann frisst er das Kraut und wird wieder ruhig.« Und der große Kräuterarzt Leonhart Fuchs schreibt 1543, dass das Kraut »Hasenstrauch« heißt, »darumb das sich die Hasen pflegen darunter zu kühlen«.

Nicht nur mit Hasen und Gänsen, sondern auch mit Schweinen wird das Kraut in Verbindung gebracht. Saudistel ist ein viel gebrauchter, althergebrachter Name – englisch *sowthistle* oder *hogweed,* dänisch *svinetidsel.* Man glaubte, die Pflanze würde von Schweinen gerne gefressen, weil ihr Genuss die Milch der säugenden Sauen vermehren und die Ferkel gesund werden lassen würde.

ÖKOLOGIE

Bei der Gänsedistel haben wir ein weiteres Mittel vor uns, mit der die Erde ihre Blessuren heilt. Die Saudistel wurzelt tief und hilft, Erosion zu verhindern. Sie blüht von Juni bis Oktober. Sensibel und auf die Morgensonne orientiert, öffnet sie ihre Blüten früh am Morgen und schließt sie gegen Mittag wieder. Bei Regenwetter bleiben sie geschlossen, denn dann lassen die Bienen und vor allem die Schwebfliegen auf sich warten.

Die Samen verbreiten sich, ähnlich wie die des verwandten Löwenzahns oder des Wiesenbocksbarts, mithilfe haariger Flugschir-

Die Blätter der Rauen Gänsedistel sind nicht so stark bestachelt und deshalb für den Verzehr gut geeignet.

Die Raue Gänsedistel mit ihren stachelbewehrten Blättern wurde nur in Notzeiten verzehrt.

me, die der Wind davonträgt – oft über viele Kilometer hinweg. Die Gänsedisteln sind überhaupt Lichtpflanzen, deren Samen nicht im Dunklen keimen. Man nennt sie deshalb Flachkeimer oder auch Lichtkeimer.

HEILEN MIT DER GÄNSEDISTEL

Als Heilpflanze und beruhigendes Mittel bei Melancholie ist die Gänsedistel in Vergessenheit geraten. Der berühmte Kräuterarzt der Renaissance, Nicholas Culpeper, stellt sie in seinem Werk *A Complete Herbal* (1653) unter die Herrschaft der Venus, da ihre Blätter kühlend wirken – Venus galt als kühler, feuchter Planet, im Gegensatz zum heißen, trockenen Mars – und Flüssigkeiten in Bewegung setzen, auch bei Harnverhalten. Auch war man überzeugt, dass der bittere weiße Saft bei stillenden Müttern den Milchfluss anregen könne. Das ist natürlich Analogiezauber (sympathetische Magie: weiße Pflanzen»milch« und weiße Muttermilch), der nicht unbedingt wirkungslos ist, da er gewissermaßen eine positive Erwartungshaltung erzeugt.

Da die Pflanze Saudistel *(sowthistle)* heißt, benutzte man in Wales das frisch zerstampfte Kraut als Auflage auf eine Wunde, die vom Biss eines Schweines herrührte. Auch das ist eine magische Anwendung. Ansonsten war es vielerorts ländlicher Brauch, mit dem Milchsaft oder den zerquetschten Blättern vor allem der Ackergänsedistel Hautentzündungen, Schwellungen, Insektenstiche oder Hämorrhoiden zu behandeln. Allgemein galt der bittere Saft wie auch der Gänsedistelsalat als ein Elixier für Leber und Galle. Er helfe bei Sodbrennen und würde auch Würmer

◆

Heil- und Zauberkräfte gleichermaßen schrieb man früher auch der Gänsedistel zu – wie so vielen anderen Wildkräutern.

Der leicht gezackte Blattrand lässt sich bei der Rauen Gänsedistel gut abschneiden.

vertreiben, hieß es. Ein starker Tee aus dem Kraut ist harntreibend und abführend.
Bei plötzlicher Taubheit oder Ohrenentzündung rät Culpeper zu folgender Mischung, die mit einem Wattebausch ins Ohr geträufelt werden soll: 4 Teelöffel Gänsedistel-Milchsaft, 2 Teelöffel Salatöl, gut verrührt mit etwas Salz. Das soll schnell helfen. Der kühlenden Venuspflanze schrieb man auch fiebersenkende Wirkung zu.

DIE GÄNSEDISTEL IN DER KÜCHE

Die Kohlgänsedistel war schon immer ein beliebtes Wildgemüse. Nicht umsonst heißt sie auch Gemüse-Gänsedistel. Auch in der Antike: Plinius schreibt, dass der griechische Held Theseus von einer armen alten Frau mit einem Gänsedistelgericht bewirtet wurde, ehe er den Kampf gegen den wilden marathonischen Stier aufnahm. Die Gänsedistel gab ihm Kraft, sodass er den mächtigen, weißen Stier bezwingen konnte, der die Welt in Angst und Schrecken versetzte, seit ihn der Meeresgott auf das Land losgelassen hatte. Auch Dioskurides und Theophrastos, berühmte Ärzte und Pharmakologen der griechischen und römischen Antike, erwähnen die Gänsedistel. Ihre Beliebtheit als Speisepflanze hat sich bis weit in die Neuzeit gehalten. Sie wurde früher nicht nur als wild wachsendes Kraut gesammelt, sondern sogar in Gemüsegärten angebaut.

Ernte vom Frühling bis in den Herbst

Die jungen Blätter und Triebe schmecken angenehm mild und eignen sich nicht nur für Suppen und Pfannengerichte, sondern auch für einen Salat, der im Geschmack unserem Blattsalat ähnelt. Das verwundert nicht, denn er ist ja ein naher Verwandter des Kopfsalats und der Lattiche. Später im Jahr verwendet man die älteren, härter und zäher werdenden Blätter nicht mehr roh, sondern nur noch gekocht: in Suppen, Gemüsefüllungen und Eintopfgerichten.
Auch die Wurzeln der Gänsedistelarten lassen sich als Kochgemüse verwenden.
Aber nicht nur die Kohlgänsedistel, sondern auch die stachelige Raue Gänsedistel kann man kulinarisch verwenden, wenn man mit einer Schere die Stacheln wegschneidet. Die Raue Gänsedistel ist etwas bitterer. Wer sich daran stört, kann die klein geschnittenen Blätter in Wasser einweichen und somit den Milchsaft auslaugen.

IN DER PRAXIS

WIE WERDE ICH SIE LOS?

Da die Gänsedisteln hauptsächlich über ihre durch den Wind verbreiteten Samen zur Plage werden können, sollte, wer eine Gänsedistelinvasion im Garten hat, die Pflänzchen rechtzeitig vor dem Aussamen jäten. Die Pflanzen wurzeln zwar tief, lassen sich aber dennoch relativ leicht aus der Erde ziehen. Wenn die Samen noch nicht reif sind, am besten sogar vor der Blüte, kann man die gejäteten Exemplare auch auf den Kompost geben. Bei zweijährigen Arten hält man nach den Rosetten Ausschau, die im ersten Jahr gebildet werden, und entfernt diese.

WAS KANN MAN ESSEN?

Alle Gänsedistelarten sind essbar. Man verwendet vor allem junge Blätter und Triebe als Salat oder in Gemüsegerichten. Die Blätter der Kohlgänsedistel sind stachellos und deshalb am einfachsten verwendbar, von den Blättern der Rauen Gänsedistel muss man mit einer Schere die stacheligen Ränder abschneiden.

Der dicke Stängel der Rauen Gänsedistel kann als Gemüse zubereitet werden. Man befreit ihn von den Blättern, schneidet ihn klein und spült unter dem Wasserhahn den leicht bitteren Milchsaft heraus.

SALAT MIT GÄNSEDISTELN

Für einen Salat die jungen Blätter und Triebe der Kohlgänsedistel waschen und klein schneiden. Von den Blättern der Rauen Gänsedistel die stacheligen Ränder entfernen. Der Farbe wegen einige klein geschnittene Tomaten oder abgezupfte Rotkleeblüten dazugeben. Aus Balsamicoessig, Salz, Pfeffer, Zitronensaft und Olivenöl eine Salatsauce anrühren und mit den Salatzutaten mischen.

MILCHSAFT GEGEN WARZEN

Seit alters wird der Milchsaft insbesondere der Rauen Gänsedistel gegen Warzen verwendet. Das ist auch heute einen Versuch wert: Einfach den unverdünnten Milchsaft, der aus dem Stängel austritt, auf eine Warze träufeln. Den Vorgang mehrmals wiederholen.

WEISSER GÄNSEFUSS

Von der industriellen Landwirtschaft gefürchtet, ist der Weiße Gänsefuß im Hausgarten ein nützlicher Zeitgenosse: Er gibt Vögeln und Raupen Nahrung, und er ist in der Lage, mit seinen Wurzeln ausgewaschene Nährstoffe wieder nach oben zu holen.

Es gibt zahlreiche Gänsefuß- und Meldengewächse.[17] Weltweit sind es 120 Gattungen mit ungefähr 1300 Arten, in Mitteleuropa einheimisch sind elf Gattungen mit gut 50 Arten. Die meisten Gänsefußarten sind einander sehr ähnlich, es gibt unzählige Unterarten und sie bastardieren sehr leicht. Für den Botaniker ist es schwierig, für den Laien praktisch unmöglich, die vielen unterschiedlichen Arten auseinanderzuhalten.
Die meisten Gänsefüße waren ursprünglich Steppen- und Karstland-Bewohner; viele sind Salzpflanzen (Halophyten), die in den salzig-alkalischen Steppen Zentralasiens, an Salzseen oder in Meeresnähe zu Hause waren und nun gerne trockene oder frische Ruderalflächen besiedeln.
Die bei uns häufigste Art, der Weiße Gänsefuß *(Chenopodium album)*, ist keine eingewanderte Pflanze, sondern ein Apophyt, eine einheimische Art, die auf den offenen Flächen der späteiszeitlichen Löss-Steppe gedieh. Dort wuchs die anpassungsfähige, einjährige Pflanze auf den stickstoffreichen Böden bei den Tränken und Lagerplätzen der Herdentiere. Heute findet der Weiße Gänsefuß zunehmend ein Zuhause in unseren chemiegedüngten Agrarwüsten. Inzwischen gilt er als ernstzunehmendes Unkraut, das auf Feldern mit Kartoffeln, Sojabohnen und vor allem Zuckerrüben konkurriert – er ist ja ein Verwandter von Zuckerrübe und Roter Bete. Sein schnell wachsendes Kraut beschattet diese Kulturpflanzen und nimmt ihnen die Nährstoffe. Sorge macht den Landwirten auch seine zunehmende Herbizid-Resistenz. Diese wäre auch zu erwarten, denn jede Einzelpflanze kann zwischen 75 000 und 100 000 Samen hervorbringen, und wenn nur ein einziger von ihnen eine Mutation für diese Resistenz besitzt, dann wird diese an künftige Generationen weitergegeben.

ÖKOLOGIE

Natürlich hat der Weiße Gänsefuß auch seine guten Seiten. Wie andere Wildkräuter trägt er zur Biodiversität bei. Spatzen und Kleinvögel fressen seine Samen; die Raupen mehrerer Falter – Bärenspinner, Dickkopffalter, Gemüseeule – laben sich an den Blättern.

◆ Die Blätter des Gänsefußes haben wirklich die Form von Geflügelfüßen.

AUS DER NÄHE

WEISSER GÄNSEFUSS

Chenopodium album

VERBREITUNG

Weltweit verbreitet, es gibt auch einheimische mitteleuropäische Arten

STANDORT

Eher trockener, stickstoffreicher Boden

VEGETATIONSZEIT

Der Weiße Gänsefuß ist einjährig.

VERWENDBARE TEILE

Blätter, Blüten, Samen

1. JUNGE PFLANZE

Schon die Jungpflanzen sind unverkennbar: Ihre wie bemehlt aussehenden Blätter verraten sie auch dem Laien. Am stärksten »bemehlt« sind die gerade sich entwickelnden jungen Blättchen im Zentrum der Pflanze.

2. BLÄTTER

Das einzelne Laubblatt des Weißen Gänsefußes kann längsoval bis länglich, rundlich oder sogar fast dreieckig sein. Kennzeichen ist aber immer die »mehlige« Oberfläche. Die Blattfarben variieren von hellgrün bis eher blau- oder sogar graugrün.

3. BLÜTENSTAND

Aus den Blattwinkeln, also den Ansätzen der Blätter am Stängel, und den Triebspitzen entspringen die Blütenstände.

4. BLÜTE

Die unscheinbaren weiß-grünlichen Blüten sitzen in kleinen Knäueln an Rispen, die auf den ersten Blick fast wie Getreideähren aussehen.

5. SAMEN

Die fast schwarzen Samen sind rund, im Querschnitt etwas abgeflacht wie winzig kleine Linsen. Sie stellen eine beliebte Nahrungsquelle für überwinternde Vögel dar.

1

2

3

4

5

»Ein amerikanischer Botanikprofessor und Unkrautexperte, Joseph Cocannouer, rät Gärtnern, hier und da einen Gänsefuß zwischen den Gemüsereihen stehen zu lassen, als ›Mutterunkraut‹ (mother weed) sozusagen. Daran halte ich mich, und wenn es zu viele ›Mutterunkräuter‹ werden, dann landen sie in der Pfanne oder im Kochtopf.«

Wolf-Dieter Storl

Die Wurzeln des Weißen Gänsefußes dringen einen Meter tief in die Erde ein, damit durchbrechen sie die Pflugsohle. Auf diese Weise holen sie ausgewaschene Nährstoffe wieder nach oben und schaffen Bahnen für Kulturpflanzen mit schwächeren Wurzeln. Der amerikanische Botanikprofessor und Unkrautexperte, Joseph Cocannouer, rät Gärtnern sogar, hier und da einen Gänsefuß zwischen den Gemüsereihen stehen zu lassen, als »Mutterunkraut« *(mother weed)* sozusagen.[18]
Daran halte ich mich, und wenn es zu viele »Mutterunkräuter« werden, dann landen sie in der Pfanne oder im Kochtopf.

DER GÄNSEFUSS IN DER KÜCHE

Beim Weißen Gänsefuß handelt es sich um eine Nahrungspflanze, die früher sogar in den Gartenbeeten angebaut wurde. Die Bewohner der neolithischen Pfahlbausiedlungen, die Zeitgenossen Ötzis, kannten das blassgrüne Kraut schon. Und als man im dänischen Moor die Leiche des sogenannten Tollund-Mannes fand, der um 300 v. Chr. dem Schamanengott Odin geopfert worden war, untersuchte man den Darminhalt des blutigen Götteropfers. Die Analyse ergab, dass er als Henkersmahlzeit eine Grütze mit verschiedenen Wildgemüsen, darunter den Weißen Gänsefuß, gegessen hatte. Die Mönche des Mittelalters bauten ihn als Gemüse an. Erst als im 16. Jahrhundert der Gartenspinat – das ist der grüne Mampf, den der pfeifenschmauchende Seemannsknirps Popeye büchsenweise herunterschlingt – auftauchte, geriet der Weiße Gänsefuß mehr oder weniger in Vergessenheit, bei uns lebt er nur als Unkraut fort. In Indien und China wird er bis zum heutigen Tag in den Gärten kultiviert und auf den Märkten verkauft.
Der Gänsefuß ist, wie auch die anderen Melden, sehr nahrhaft. Er enthält viel Vitamin A, Vitamin C, mehr Thiamin (Vitamin B_1) und Riboflavin (Vitamin B_2) als Kohl,

dazu Niacin (Vitamin B3), sowie Mineralstoffe wie Kalzium, Magnesium, Mangan, Phosphor, Kali, Zink und viel Eisen.

Allzu viel ist ungesund

Gesund und wohlschmeckend ist der Gänsefuß auf jeden Fall, aber dennoch sollte man dieses Spinatgemüse nicht jeden Tag essen, denn es enthält auch viel Oxalsäure, magenschleimhautreizende Saponine und zu viel Nitrat, falls es auf kunstgedüngten Feldern gesammelt wird. Im Körper wird Nitrat zu Nitrit reduziert, was die Sauerstoffanlagerung an den roten Blutfarbstoff behindert; besonders für Kleinkinder kann das problematisch sein. Die in der Melde enthaltene Oxalsäure ist übrigens dafür verantwortlich, dass sich – wie beim Genuss von Spinat – nach der Mahlzeit die Zähne »stumpf« anfühlen.
In den Hungerjahren kurz nach dem Krieg kam es durch übermäßigen Konsum von Gänsefuß immer wieder zur sogenannten »Meldenkrankheit«. Die Oxalsäure bildet kleine, spitze Kristalle, die die Niere schädigen und sogar zu Nierensteinen führen können. Zudem ist die Oxalsäure ein Kalkräuber, der Knochen und Zähnen Kalzium entzieht. Das habe ich leider am eigenen Leib zu spüren bekommen, als ich nach dem Studium in Europa nach Amerika zurückkehrte; ehe wir etwas verdienen konnten, legten wir einen Garten an, damit wir etwas zu essen hatten. Als erstes säte ich schnell wachsendes Blattgemüse aus – Gartenmelde,

Der Vielsamige Gänsefuß – auch er essbar, aber wegen des hohen Oxalsäuregehalts nur in Maßen.

Der Klebrige Gänsefuß ist wärmeliebend und wächst eher in südlichen Gefilden.

Spinat und Senf. Das aßen wir über Wochen hinweg jeden Tag. Bald fingen meine Nieren an zu schmerzen und die Zähne verloren ihre weiße Farbe und wurden glasig. Ich hatte die »Meldenkrankheit«.
Wenn man es nicht übertreibt, ist die Melde eine hervorragende Nahrungspflanze. Nicht nur die Sprossen, Blätter und Triebspitzen werden gegessen, sondern auch die kleinen Nussfrüchte, die Samen. Wie bei der verwandten Reismelde (Quinoa) lässt sich aus den Samen eine gute Grütze bereiten. In Notzeiten wurden auch bei uns die Gänsefußsamen mit in die sogenannten Hungerbrote gebacken. Als Grütze gekocht sind die Samen jedoch bekömmlicher, als wenn sie im Brot mitgebacken werden.
Schließlich kann man im Winter aus den Samen frische Keimlinge ziehen, die man in die Wintersalate mischt.

NAMEN: LÄUSE, SÄUE UND MIST

Im Namen – sagten schon die alten Inder – ist ein Teil des Wesens verborgen. Das trifft auch auf die Pflanzen zu. Wenn man die verschiedenen Mundart- und regionalen Bezeichnungen einer Pflanze kennt, dann weiß man viel mehr über sie. Auch beim Weißen Gänsefuß ist das so, der diesen Namen in ganz Europa trägt, auch in den slawischen Sprachen, wegen der Form seiner Blätter. Weitere Namen sind:

- *Melde, Weiße Melde, Mehlblätter:* Auch wenn Botaniker die Bezeichnung Melde für die eng verwandte Gattung *Atriplex* reserviert haben, bleibt der Weiße Gänsefuß im Volksmund eine Melde. Das Wort kommt vom »Mehl«, denn die Pflanze sieht aus, als sei sie mit Mehl bestäubt; sie fühlt sich auch mehlig an, wenn man die Blätter zwischen die Finger nimmt.
- *Läusemelde:* So wird die Pflanze gelegentlich genannt, weil die reifen, schwarzen Samen an Läuse erinnern.
- *Mistmelde:* Hier wird klar: Der Weiße Gänsefuß ist ein unwillkommenes Unkraut, das häufig an unsauberen Standorten wächst.
- *Säumelde:* Schweine fressen die Melde so gerne, dass man sogar das Kraut nach ihnen benannte.
- *Scheißmelde, Schußmelde:* Sie heißt entweder so, weil sie schnell in die Höhe schießt, oder, weil sie eine abführende Wirkung hat.
- Der im englischen Sprachraum am häufigsten vorkommende Name ist *lamb's quarters.* Das hat weniger mit einem jungen Schaf zu tun als mit *Lammas,* dem altenglischen Erntefest im August, denn dann wurde das Kraut gleich mitgeerntet.

Im Herbst sammle ich die Samen verschiedener Wildpflanzen, zum Keimen im Winter oder fürs Müsli.

ILLUSTRE VERWANDTE

Genauso wie bei den Menschen erfährt man mehr über eine Pflanzenart, wenn man ihre nahen Verwandten kennt. Der Weiße Gänsefuß hat eine Reihe interessanter Vettern und Basen, wovon einige richtige »Unkräuter« sind.

Melden auf dem Speisezettel

An erster Stelle befindet sich der Gute Heinrich *(Chenopodium bonus-henricus)*, der vielerorts in Hofnähe, an Viehweideplätzen und vor allem rund um die Sennhütten wächst. Auch er ist mehlig bestäubt und hat Blätter, die an Gänsefüße erinnern. Der Gute Heinrich ist gut zu essen, im Gegensatz zum Bösen Heinrich, dem eher giftigen Gartenbingelkraut *(Mercurialis)*. Wie auch andere Melden erträgt er hohe Salzkonzentrationen, wenn man ihn kocht, braucht man wenig nachzusalzen. Er wächst auch rund um unser Haus und ich muss sagen, ich esse ihn lieber als Gartenspinat. Die Sennen benutzten das frische Kraut als Umschlag bei Hautwunden und geschwollenen Stellen.

Einen weiteren Verwandten, den Klebrigen Gänsefuß *(Dysphania botrys)*, lernte ich im Stau auf der Autobahn kennen. Da, im Mittelstreifen, wuchs ein klebriges, blassgrünes, stark duftendes Kraut. Das kleine, wärmeliebende Kraut, das bei uns auch als Stadtunkraut und auf Schuttplätzen wächst, kommt als Neophyt aus dem Mittelmeerraum. In den südlichen Ländern legt man es als Mottenkraut in die Schränke und gewinnt ein Öl daraus, das über antibakterielle und fungizide Eigenschaften verfügt. Mit der Klimaerwärmung wird dieses Kraut sicherlich häufiger bei uns auftreten.

Die Gartenmelde *(Atriplex hortensis)*, ein altes Gartengemüse, auch Spanischer Spinat und Orache genannt, wurde früher als Blattgemüse angebaut. In Frankreich wird sie in einer traditionellen Suppe gegessen, gemischt mit Sauerampfer. Orache soll das Lieblingsgemüse Napoleons gewesen sein.

Ein weiterer Verwandter ist Quinoa *(Chenopodium quinoa)* – auch Reismelde, Inkakorn, Andenhirse genannt. Dieses glutenfreie, basisch wirkende »Pseudogetreide« ist in der heutigen Gesundheits- und Anti-Aging-Szene ein absoluter Renner. Die Heimat dieser Gänsefußart sind die Anden in Peru und Bolivien; inzwischen versuchen auch unsere Biogärtner es anzubauen.

Der Gute Heinrich wächst bei uns rund ums Haus und wandert bei uns öfter einmal in den Kochtopf.

IN DER PRAXIS

WIE WERDE ICH IHN LOS?

Der Weiße Gänsefuß ist ein Samenunkraut, das man vor der Samenreife relativ leicht von Hand aus der Erde ziehen kann. Wer ihn loswerden will, sollte also rechtzeitig jäten. Werden die Pflanzen allerdings zu groß, können die Wurzeln sehr tief reichen und das Entfernen mühsamer machen. Mit seinen vielen Samen verbreitet sich der Gänsefuß dann schnell im Garten. Wie bei allen Samenunkräutern ist das Wichtigste, dass keine reifen Samen in den Garten und in den Kompost gelangen. Junge Pflänzchen schaden dem Kompost jedoch nicht.

ALLZU VIEL IST UNGESUND

Die Gänsefuß-Gewächse gehören zwar zu unseren wohlschmeckendsten Wildpflanzen, durch ihren Gehalt an Oxalsäure (→ S. 131) können sie aber beim Verzehr großer Mengen die Nieren reizen. Essen Sie deshalb Gänsefuß-Gerichte nicht täglich. In Maßen genossen ist der Gänsefuß aber gesund – ebenso wie sein naher Verwandter, der Spinat.

WAS KANN MAN ESSEN?

Solange sie jung und zart sind, also etwa von April bis Juni, kann man die ganzen Pflanzen zu Gemüsegerichten verarbeiten – man nimmt sie zu allem, wofür man sonst Spinat oder Mangold verwendet. Im Sommer sollte man nur noch die Blätter in der Küche verarbeiten. Im Hochsommer kann man die vielen, dicken Blütenknospen in den Kräuterquark rühren oder über den Salat streuen. Vom frühen Herbst bis zum Frost werden die Samen geerntet. Man kann sie entweder trocknen und zu Mehl mahlen, frisch im Eintopf kochen oder sie im Winter keimen lassen und im Salat essen.

GIERSCH

Für viele Gartenbesitzer ist der vitale Doldenblütler ein Ärgernis. Der englische Arzt und Botaniker John Gerard entrüstet sich: »Es wächst von allein im Garten, ohne dass man es gepflanzt oder gesät hat, und ist so vital, dass es, einmal da, nicht wieder wegzukriegen ist.«[19]

Der Giersch *(Aegopodium podagraria)*, auch Geißfuß genannt, ist keine ein- oder zweijährige Pflanze wie etwa die Wilde Möhre, der Wiesenbärenklau, die Herkulesstaude, der Schierling, die Hundspetersilie, die Pastinake, der Taumelkälberkropf und andere aus der Familie der Doldengewächse – er ist ausdauernd, und sein Appetit auf Leben lässt sich nicht bremsen. Wo er sich einmal angesiedelt hat, bleibt er mit zähem Verharren. In alle Richtungen verbreitet er sich unterirdisch, mit seinen weißen, brüchigen und dennoch vitalen Ausläufern. Wenn man ihn hackt oder mit der Fräse bearbeitet, wächst jedes kleine Rhizom-Stückchen erneut zu einer Pflanze heran; unter günstigen Umständen kann ein Pflänzchen innerhalb eines Jahres einen Quadratmeter Boden erobern. Auf Unkrautvernichter reagiert er kaum. Frustrierte Gärtner können ihn höchstens zwei Jahre lang mit schwarzer Folie abdecken und auf diese Weise ersticken. Oder sie können Frieden mit ihm schließen und ihn als erstklassiges, leckeres Wildgemüse im Kochtopf entsorgen.

Wie jede Wildpflanze hat der Geißfuß einen ökologischen Nutzen: Er hält den Boden feucht und ist eine Futterpflanze für die Raupen verschiedener Nachtfalter, wie die Flohkrauteule und die Pfeileule. Bienen, Käfer- und Fliegenarten laben sich an den weißen Doldenblüten.

DER NAME VERRÄT DES PUDELS KERN

Man könnte meinen, Giersch hätte etwas mit »gierig« zu tun. Dem ist aber nicht so. Die Bezeichnung geht auf ein altes Wort zurück, das einst wahrscheinlich ganz allgemein doldenblühende Kräuter bezeichnete. Wegen der auffälligen Form der jungen Blätter wird er Geißfuß genannt; auch sein botanischer Gattungsname *Aegopodium* bedeutet »ziegenfüßig«.
Da der kleine Doldenblütler gerne unter dem Gebüsch, durch Zäune und Hecken kriecht, nennt man ihn im plattdeutschen Land, *Krup dor de Tuun* (Kriech durch den Zaun). Und weil er feuchte, eher schattige Standorte mag, nennt man ihn oft Baumtropf, oder, in St. Gallen, Schneckenkraut *(Schneggechrut)*.

Der Giersch: wucherndes Unkraut für die einen, für andere eine willkommene Gemüsepflanze.

AUS DER NÄHE

GIERSCH

Aegopodium podagraria

VERBREITUNG

Einheimisch in Europa und großen Teilen Asiens, eingeschleppt in Nordamerika

STANDORT

Frischer, stickstoffreicher Boden, auch Halbschatten oder Schatten. Gern in Gärten, zwischen Stauden, unter Hecken

VEGETATIONSZEIT

Giersch ist ausdauernd, die oberirdischen Teile erfrieren im Winter; im Frühjahr Neuaustrieb aus dem Wurzelgeflecht

VERWENDBARE TEILE

Junge Blätter samt Stielen, Blüten, Samen

1. JUNGES BLATT

Die kleinen, jungen Gierschblätter glänzen hellgrün und sehen manchmal zerknautscht aus wie ein Neugeborenes, bevor sie sich zu ganzer Größe entfalten. In diesem Stadium schmecken sie am zartesten.

2. ÄLTERES BLATT

Ausgewachsene Blätter verlieren ihren Glanz und werden matt. Dreiteilige, spitze, an den Blatträndern leicht gezähnte Blätter sitzen jeweils zu dritt verzweigt – der Fachmann spricht von gefiederten Blättern – an einem dreikantigen Stiel.

3. WURZELN

Wer den Giersch aus dem Garten entfernen will, muss die Wurzeln sorgfältig ausgraben: Mithilfe seines zähen, weißen Wurzelgeflechts erobert der Geißfuß mühelos den ganzen Garten, wenn man ihn lässt.

4. GANZES KRAUT

Im Juni und Juli erscheinen die Blütendolden an aufrecht stehenden Stängeln, die sich auch verzweigen und aus den Blattachseln weitere Stängel mit Blütendolden hervorbringen können.

5. BLÜTE

Der Giersch besitzt doppelte Doldenblüten, das heißt, die große Blütendolde besteht wiederum aus vielen einzelnen Blütendolden.

6. SAMENSTAND

Die Gierschsamen werden von Juli bis September gebildet und können frisch oder getrocknet in der Küche verwendet werden. Sie ähneln Kümmelsamen.

1

2

3

4

5

6

Oft wächst er unter dem Holunderbusch und da seine Blätter eine gewisse Ähnlichkeit mit Holunderblättern haben, ist er der Erdholder, das Holderkraut: englisch *ground elder* (Bodenholunder), französisch *faux sureau* (falscher Holunder) oder niederländisch *wilde vlier* (wilder Holunder).
Da das frische Kraut ein Leckerbissen für Kaninchen ist, heißt es in Bayern Hasenscharling. Auch Gänse mögen es, daher ist es das Gänsekraut oder Gänseschärtele.

HEILEN MIT DEM GIERSCH

Die häufigste Namensgebung bezieht sich jedoch auf die Heilkraft der Pflanze: Es ist das Zipperleinkraut, das Gichtkraut oder Podagrakraut. Zipperlein ist ein altes Wort für die Gicht. Es bezieht sich auf das »Zipperln«, das mit kurzen Schritten langsame Gehen, das Trippeln, wie es eben der Fall ist, wenn der Gichtteufel jemanden in die Zehe beißt. Podagra ist das lateinische Wort für die Fuß-Gicht.
Heutzutage versteht man die Gicht als eine durch ungenügende Harnsäureausscheidung hervorgerufene Gelenkentzündung. Früher jedoch beschränkte man diesen Begriff nicht auf eine einzige Stoffwechselkrankheit, sondern es gab viele »Gichter« und »Gichtinnen«. Das bezog sich auf alles, was so zwickt und zwackt: Zuckungen von Gliedmaßen, Gelenkschmerzen, Lähmungen und Krämpfe aller Art. Siebenundsiebzig oder gar neunundneunzig solcher Plagen gab es. Man imaginierte sie oft als kleine, böse Teufelchen, die auf die Menschen losgingen und sie mit ihrem Schlag »gichtbrüchig« machten.

> »Giersch ist ein absolut wartungsfreies und unentwegt nachwachsendes Dauergemüse.«
>
> Jürgen Dahl

Gegen die Gicht

Das Wort Gicht selber ist interessant. Ursprünglich bedeutete Gicht (althochdeutsch *giht, jiht)* »sagen«, »besprechen« – in anderen Worten: Es handelt sich um eine durch Besprechung angezauberte oder angehexte Krankheit. Mit heißen Bädern, Schwitzkuren, dem Auflegen von heißen Steinen, mit Heilsprüchen und Kräutern – allen voran der Giersch – gingen die heilkundigen Frauen

Die ganz jungen Gierschblätter sind am zartesten und schmecken auch roh.

Aus meinen Gemüsebeeten entferne ich den Giersch – die Blätter kommen dann in die Suppe.

der damaligen Zeit gegen die Gichter vor. Die christlichen Mönche weihten den Giersch dem heiligen Gerhard (Gerard), denn man glaubte, dieser hätte seine eigene Gichtbrüchigkeit mit dieser Pflanze geheilt. Sankt Gerhardskraut – niederländisch *Gerardkruid,* italienisch *erba gerarda,* englisch *herb Gerard* – ist der Name dieses Heilkrauts. Die Engländer kennen es auch als *bishop's wort* (Bischofswurz), denn Gerhard, ein Schutzpatron Ungarns, war ein international bekannter Bischof und Märtyrer.
Der englische Kräuterarzt und Astrologe Nicholas Culpeper stellte die Pflanze unter die Herrschaft des Saturn, denn mit ihr kurierte man die »saturnalen« Gebrechen, wie Knochenleiden, Verhärtungszustände, Arthritis und eben die Gicht. Saturn, oft als Knochenskelett dargestellt, galt als der älteste und langsamste unter den Wandelsternen – 30 Jahre dauert sein Durchgang durch die zwölf Tierkreisregionen.
Die anthroposophische Medizin bringt jedoch den Geißfuß eher mit dem Gegenspieler des Saturn, dem Merkur, in Beziehung. Merkur ist der junge Planetengott, der mit seinen geflügelten Sandalen immer in Bewegung, immer in Saft und Kraft ist. Als solcher vermag er die Ablagerung von Harnsäurekristallen und Purin-Verbindungen in den Gelenken aufzulösen und auszuleiten. Dieser saftige Doldenblütler – so die anthroposophischen Ärzte – setzt den Ätherleib, den »Flüssigkeitsleib«, in Bewegung und dämpft den Astralleib, der schmerzhaft bewusst macht, wo etwas im Körper nicht in Ordnung ist.

◆ Vor allem gegen die Gicht wendet man den Giersch seit alten Zeiten als Hausmittel an.

Bei Gichtknoten wurde von den Heilkundigen früherer Zeiten ein Tee aus den getrockneten Blättern verschrieben und zugleich das frische Kraut zerstampft als Breiumschlag auf die betroffene Stelle gelegt. Auch bei Insektenstichen, Ischias, Rheuma und Hämorrhoiden bediente sich die Volksmedizin seiner Heilwirkung und packte ihn in Wickel und Breiumschläge (Kataplasmen). Eine Abkochung aus gedörrten Gierschwurzeln im Badewasser soll gut sein bei Gicht, Rheuma und Krampfadern.

GIERSCH IN DER KÜCHE

Der Schriftsteller Jürgen Dahl, ein erstklassiger Naturkenner, schreibt, dass der Giersch zwar eine Pflanze ist, die man auch heutzutage noch mit gutem Gewissen ein »Unkraut« nennen darf, dennoch sei es »ein absolut wartungsfreies und unentwegt nachwachsendes Dauergemüse«. Es wächst ständig und treibt neue, frische, zarte Blatttriebe hervor, die im Geschmack leicht an Sellerie, Petersilie und Möhre erinnern. Gärtner haben es bis heute noch nicht vermocht, ein derart ergiebiges Gemüse zu züchten.
Als Sammelgut waren die jungen Triebe schon immer begehrt, besonders aber im Frühling als Bestandteil der Neunkräutersuppe oder der Gründonnerstagssuppe. Diese Suppe markierte eine wichtige Station im Jahreskreis. Sie entschlackte, regte die Drüsen an, gab einen gehörigen Vitaminschub und vertrieb die Frühjahrsmüdigkeit.
Der Geißfuß ist nicht nur sehr wohlschmeckend als Salat- und Suppenkraut, er ist auch gesund. Giersch ist besonders reichhaltig an Karotin, Vitamin C und Mineralstoffen. 100 g Giersch enthalten 16,6 mg Eisen, 1,99 mg Kupfer, 2,26 mg Mangan, 3,9 mg Bor und vieles mehr. In Russland hält man den Giersch für eine der nützlichsten Speisepflanzen. Die jungen Blätter kommen in den Wildkräutermischsalat; ansonsten wird er in Suppen, Aufläufen, Bratlingen und im Borschtsch verwendet; die saftigen, zarten Blattstiele werden wie Sauerkraut für den Winter eingesäuert; die Blätter werden getrocknet, pulverisiert und kommen in der dunklen, kalten Jahreszeit in Suppen und Soljankas (Eintöpfe) und in die Schtschi (Kohlsuppe). Die reifen Gierschsamen kann man wie Kümmel als Gewürz verwenden.

IN DER PRAXIS

WIE WERDE ICH IHN LOS?

Wer einmal den Giersch im Garten hat, wird ihn nur sehr schwer wieder los. Man kann ihn zwei Jahre lang mit schwarzer Folie abdecken, um ihn zu ersticken. Das ist aber keine Lösung, wenn er inmitten von Stauden wuchert, die man erhalten möchte. Mit seinen feinen, weißen Wurzeln durchdringt er die Wurzelstöcke der Stauden. Hier kann man ihn nur entfernen, wenn man die Stauden ausgräbt, sorgfältig jedes noch so kleine Wurzelstückchen des Giersch herauszieht und die Stauden wieder einsetzt. Das wiederholt man so oft, bis man die Plage eingedämmt hat. Wichtig ist, dass man ständig am Ball bleibt und die neu austreibenden Pflänzchen so weit wie möglich samt Wurzeln immer wieder ausreißt. Die Wurzeln darf man dann natürlich keinesfalls auf dem Kompost entsorgen.

WAS KANN MAN ESSEN?

Junge Gierschblätter und ganze Triebe schmecken hervorragend gekocht in Suppen und Saucen und roh im Salat, im grünen Smoothie oder fein gehackt in Kräuterbutter. Die Blüten dienen als essbare Dekoration von Speisen.

GIERSCHTEE

Die Anwendung als Tee gegen Gicht und Rheuma kann therapiebegleitend eingesetzt werden. Dafür nimmt man frische oder getrocknete Gierschblätter und überbrüht 3 TL frische oder 2 TL getrocknete Blätter mit 250 ml kochendem Wasser, lässt den Tee 10 Minuten ziehen, seiht ihn ab und trinkt kurmäßig über mindestens drei Wochen täglich drei Tassen über den Tag verteilt. Der Tee wirkt auch harntreibend.

GEWÖHNLICHES GREISKRAUT

Was hat das Greiskraut mit einem Greis zu tun? Eigentlich nichts, außer dass das dichte Büschel der Samenhaare weiß wird, wenn es ausreift – ähnlich wie der Haarschopf eines alten Menschen. Kreuzkraut ist eine Verballhornung von Greiskraut.

Heute spielt das Greiskraut *(Senecio vulgaris)* keine Rolle mehr in der Pflanzenheilkunde, da es giftige Pyrrolizidinalkaloide enthält, die die Leber schädigen können und gar als kanzerogen gelten. Das Gewöhnliche Greiskraut sollte also weder als Tee noch im Salat verwendet werden. Aber wer würde es schon essen, es schmeckt sowieso nicht gut!

HEILEN MIT DEM GREISKRAUT

Ehe man den Pyrrolizidinalkaloiden (PA) auf die Spur kam, war dieses in Europa einheimische Gartenunkraut eine wichtige Heilpflanze. Wie auch das im Wald wachsende Fuchsgreiskraut *(Senecio fuchsii)* wurde es als Abkochung verwendet, um innere Blutungen zu stillen, etwa bei Blutungen im Wochenbett oder nach einem Abort. Auch bei Schleimhautblutungen und Nasenbluten wurde es eingesetzt. Regionale Namen wie Grindkraut, Eiterzieh, Eiterkraut oder englisch *groundsel* (altenglisch *gundswelge* = »Eiterschlucker«: gund = Eiter, *swelgen* = schlucken) deuten darauf hin, dass es als Wundheilkraut geschätzt war. Das saftige, fette, frische Kraut wurde auch zerstampft und, mit Essig gemischt, in Form eines Umschlags auf Geschwüre, Eiterfisteln und Furunkel gepackt. Schwulstkraut ist ein weiterer Name, da es gegen Geschwülste aller Art verwendet wurde.

Diese Anwendungen waren dermaßen erfolgreich, dass man das Kraut zu den »heidnischen Wundkräutern« zählte. Damit wollte man sagen: Es ist so wirksam, dass schon die Heiden das wussten, dass die Pflanze also seit vorchristlicher Zeit in Gebrauch ist. Die Bauern bereiteten zudem eine Salbe mit Schweineschmalz aus dieser Pflanze, die gegen Gicht, Grind und Geschwülste eingesetzt wurde. Darauf beruhen Mundartbezeichnungen wie Grindwurz, Schwulstkraut oder auch Dickkopfkraut. Die Salbe sollte besonders gut sein bei Schwellungen am Kopf. Deswegen weihte man das Kräutlein im Mittelalter dem Heiligen Makarios, dem Patron gegen Kopfleiden.

Der britische Arzt und Kräuterkundige Nicholas Culpeper schrieb das gelb blühende Kraut der Venus zu. Venus kühlt.

Das Greiskraut war eine wichtige Zauberpflanze zur Hexenabwehr.

AUS DER NÄHE

GEWÖHNLICHES GREISKRAUT

Senecio vulgaris

VERBREITUNG
In Europa heimisch, eingeschleppt in Nordamerika

STANDORT
Pionierpflanze auf nährstoffreichen Brach- und Ruderalflächen, auf Äckern und in Gärten

VEGETATIONSZEIT
Einjährig, kann aber überwintern und im Frühling aussamen

VERWENDBARE TEILE
Nicht verwendbar

1. JUNGE PFLANZE
Solange das junge Greiskrautpflänzchen noch keine Blüten trägt, kann man es leicht mit Rucola, der Rauke, verwechseln.

2. BLÄTTER
Die Laubblätter des Gewöhnlichen Greiskrauts sitzen am zentralen Stängel und sind länglich schmal mit gelappten Rändern.

3. BLÜTENSTAND
Die Blütenkörbchen sitzen zu mehreren an den Enden der Zweige. Annähernd zylinderförmig, sind die Blütenkörbchen etwa doppelt so lang wie breit.

4. BLÜTE
Das Gewöhnliche Greiskraut unterscheidet sich von den zahlreichen anderen Greiskrautarten unter anderem dadurch, dass es meist nur gelbe Röhrenblüten aufweist, die nach außen gebogenen Zungenblüten anderer Greiskrautarten aber fehlen.

5. FRUCHTSTAND
Der auffallende weiße Puschel, der den Fruchtstand bildet und an das schlohweiße, fedrige Haupthaar eines Greises erinnern soll, hat der ganzen Pflanze ihren Namen gegeben. An jedem der weichen »Haare« hängt ein Samenkorn der Pflanze, eine Achäne, die durch den Wind oder durch Anhaften im Fell von Tieren verbreitet wird.

1

4

2

3

5

Das Jakobsgreiskraut bietet Nahrung für über 70 Insektenarten, darunter seltene Falter.

Er benutzte es als Brechmittel, um die hitzigen »cholerischen Humore« – die »gelbe Galle« – zu purgieren, also auszutreiben. Der damaligen medizinischen Lehre entsprechend ist der feurige Mars in der gelben Galle aktiv. Ein Überschuss an Galle führt demnach zu Fieber, Entzündungen und Organüberfunktion und auf seelischer Ebene zu Aggressionslust und cholerischem Temperament. Auch andere Ärzte wie der berühmte Adam Lonitzer (1528-1586) – auch genannt Lonicerus – verschrieben Greiskraut als Tee bei »überhitzter Leber«, Gelbsucht, blutigem Stuhl und Gebärmutterblutungen und äußerlich als Umschlag bei Gelenkschmerzen. Schon der griechische Arzt Dioskurides, Verfasser des ersten Kräuterbuches in der westlichen Welt, verschrieb das Kreuzkraut als purgierendes Brechmittel. In der Volksmedizin wurde es noch lange auf diese Art und Weise verwendet; im ländlichen Westfalen nannte man es das »Speikraut«.

BESCHREIKRAUT UND LIEBESZAUBER

Das Gewöhnliche Greiskraut spielte in der ländlichen Kultur eine große Rolle. Es galt als eines der Schabab-Kräuter (→ S. 156) Als Berufkraut oder Beschreikraut, mit denen man die Wirkung der Verzauberung von Kindern, Schwangeren und Haustieren abwenden wollte, wurde es ebenfalls genutzt (→ S. 108). Da sie der Venus geweiht ist, wurde die Blume gelegentlich auch zum Liebeszauber verwendet.

ÖKOLOGIE

Das Gewöhnliche Greiskraut wächst mit Vorliebe auf Äckern, in Gemüsegärten, auf Brachflächen und in Weinbergen. Es ist ein Nährstoff- und Stickstoffanzeiger. Bienen und Schwebfliegen bestäuben die gelben Röhrchenblüten, die in einem Körbchen zusammengefasst sind und zu einem flaumigen Haarschopf ausreifen.

Das Kreuzkraut ist ein sogenannter Archäophyt, eine Pflanze, die noch vor der Entdeckung Amerikas 1492 in ein neues Gebiet eingeführt und dort heimisch wurde – im Gegensatz zu Neophyten, die dasselbe nach Kolumbus vollbrachten.

Als Archäophyt war das Kreuzkraut schon lange bei uns als Feldunkraut heimisch; in Amerika ist diese Pionierpflanze ein neu eingewanderter, gefürchteter und stark bekämpfter Neophyt. Das Kräutlein sieht zart aus, ist jedoch ziemlich frosthart und kann praktisch das ganze Jahr über blühen. Alle fünf bis sechs Wochen bringt es eine neue Generation hervor, wobei jede einzelne Pflanze rund 4000 Samen erzeugen kann. Die Samen, kleine Schirmflieger, werden ähnlich wie bei der Löwenzahn-Pusteblume vom Wind davongetragen. Wenn man bedenkt, dass jeder dieser Samen sofort keimen kann, könnten theoretisch im Jahreslauf ungefähr eine Million neue Pflänzchen entstehen. Im Erdboden bleiben die Diasporen ungefähr zehn Jahre keimfähig.

Nicht verwechseln

Besonders im kommerziellen Gemüsebau kann dieses vitale Unkraut zu einem Riesenproblem werden. Vor der Blüte sehen die Blättchen denjenigen des heutzutage so beliebten Rucola ähnlich. Vor einigen Jahren rief es unter den gesundheitsbewussten, meist vegetarisch lebenden urbanen Trendsettern regelrecht Panik hervor, als im Angebot der Salattheke ein paar Blättchen des Greiskrauts entdeckt wurden. Das Bundesinstitut für Risikobewertung (BfR) hatte gerade Nulltoleranz für die lebertoxischen und

Die Blätter des Rucola (hier im Bild) ähneln dem jungen Jakobsgreiskraut.

Das Jakobsgreiskraut ist bei Rinder- und Pferdehaltern gefürchtet, weil die Pflanze giftige Stoffe enthält.

erbgutverändernden Pyrrolizidinalkaloide (PA) in der Nahrung und im Kräutertee gefordert. Und nun tauchte das Giftkraut im Gesundheitssalat auf! Die Panik ist jedoch übertrieben, ein Paar Blättchen kann der Mensch ohne Weiteres wegstecken, ehe es zu ernsthaften Schäden kommt.

◆ Greiskraut ist zwar giftig, wer aber aus Versehen ein paar Blättchen isst, muss sich keine Sorgen machen.

In den heute üblichen Kopfsalat-, Endivien-, Chicorée- und Radicchio-Monokulturen kommt man mit einem Herbizideinsatz gegen das Greiskraut kaum weiter, denn diese Kulturpflanzen gehören zur selben Pflanzenfamilie – den Korbblütlern. Da hilft nur das mechanische Jäten.

Lieblingsspeise vieler Tiere

Andere Lebewesen mögen das Greiskraut zum Fressen gern. Schafe, Ziegen und Kaninchen können es gut fressen, denn symbiotische Bakterien in ihrem Verdauungssystem zersetzen das giftige Alkaloid weitgehend. Aber allzu viel davon tut auch ihnen nicht gut. In den Großstädten verkauften einst arme Leute das frische Kraut zusammen mit Vogelmiere an Besitzer von Stubenvögeln. Spatzen picken die Samen gern auf. Eine bestimmte Gattung von Blattläusen saugt den Saft und scheidet dann zuckerhaltigen »Honigtau« (Kot) aus, den wiederum die Ameisen sammeln. Die Ameisen schützen ihrerseits ihre kleinen Melkkühe gegen andere Insekten, auch gegen Raupen, die das Greiskraut kahlfressen würden.

JAKOBSGREISKRAUT

An dieser Stelle wollen wir die große Schwester des Gewöhnlichen Greiskrauts nicht vergessen, das Jakobsgreiskraut oder Jakobskreuzkraut *(Senecio jacobaea)*. Die schönen, goldfarbenen Blüten dieser Ruderalpflanze, die auch gerne auf Weideflächen wächst, haben etwas von einer Zierpflanze. Tatsächlich war sie einst eine Sakralpflanze. Sie blüht gegen Ende Juli und war für die Kelten Teil des Naturkalenders; sie signalisierte die herannahende Getreideernte (Lugnasad). Nun mussten Sichel und Sense gewetzt und die Tenne gefegt werden. Man weihte sie dem Erntegott Lugus (Lugh). Nach Einzug des Christentums wurde dessen Amt auf den heiligen Jakobus übertragen, der unter anderem Patron des Brotgetreides war und am 25. Juli Namenstag feiert, am Anfang der Getreideernte. Der Erntewagen und die letzte Garbe wurden mit den bunten Ackerblumen, insbesondere mit dem gelben Jakobskreuzkraut, geschmückt. Gerne steckte man einen blühenden Zweig dieser besonderen Pflanze über die Stalltür, um die Tiere vor Zauberei zu schützen.

Viele »Unkräuter« sind gern gesehene Gäste bei mir im Garten – wie hier das Leinkraut.

Wie auch das Gartengreiskraut wurde das Jakobsgreiskraut medizinisch verwendet bei eitrigen, schlecht heilenden Wunden, Gebärmutterblutungen, hitzigen Geschwülsten, Gelbsucht und so weiter. Und das nicht nur bei den einfachen Bauern, sondern auch von den gelehrten Ärzten.
Nun aber ist es aus damit. Es ist zur »Böspflanze« geworden, seitdem es sich zeigte, dass Kühe, Pferde und Schweine allmählich zugrunde gehen, wenn sie das PA-haltige Unkraut fressen. Auf der Weide fressen sie es nicht, instinktiv lassen sie es stehen. Aber wenn es in die Silage oder ins Heu kommt, dann können die Tiere es nicht aussondern. Nach einer Weile beginnen sie abzumagern und geraten in einen apathischen, zombieähnlichen Zustand, da die Leber von dem Gift angegriffen wird.
Das böse Unkraut – 2010 wurde es zur »Giftpflanze des Jahres« gekürt – sei auf dem Vormarsch, heißt es. Immer mehr Weiden seien befallen von dem »gelben Gift«. Jakobskreuzkraut sei unnachgiebig zu bekämpfen. Mit Erschrecken stellt man fest, dass das Jakobsgreiskraut um die 100 000 Samen pro Pflanze erzeugt. Die Pflanze gehört ausgerottet – so lautet die hysterische Reaktion naturentfremdeter Zeitungsschreiber. Da hilft auch nicht, dass das Jakobskreuzkraut einen ökologischen Wert hat, dass es Nahrung und Nektar für über 70 Insektenarten spendet, darunter auch seltene Falter. Unter diesen befinden sich die gefräßigen Raupen der hübschen, schlanken Federmotte, die der Hellrandigen Erdeule und die des rot-schwarzen Jakobskraut-Bärs. Letzterer akkumuliert die giftigen Alkaloide und wird dadurch selber so toxisch, dass Vögel und andere potentielle Feinde ihn in Ruhe lassen.
Wieso kam es in den letzten Jahren zu der Vermehrung dieser Pflanze? Nun, das liegt weniger an ihrem dämonischen Charakter, sondern ist die Folge moderner Agrarmethoden. Der Druck schwerer Maschinen auf die Böden sowie Überweidung und die Trittschäden durch Tierhufe erzeugen Risse und kahle Stellen in der verhärteten Krume und schaffen dadurch bessere Keimbedingungen für die Samen dieser Pionierpflanze.
Wir wären gut beraten, die herausfordernden Beikräuter weniger moralisierend zu betrachten, sondern ihre Stellung im Naturgefüge nüchtern zu beurteilen.

Das Gewöhnliche Greiskraut ist wunderschön, darf aber nicht im Gemüsebeet wachsen.

IN DER PRAXIS

WIE WERDE ICH ES LOS?

Wer das Greiskraut entfernen will, hat gute Karten, wenn er das Kraut vor der Samenreife, am besten noch vor der Blüte, ausreißt und entsorgt. Dann kann man es auch auf den Kompost geben. Wenn man nicht sicher ist, sollte man die Pflanzen im Restmüll entsorgen oder verbrennen.

GIFTIG FÜR HAUS- UND NUTZTIERE

Rinder und Pferde fressen das frische Greiskraut und auch das Jakobskreuzkraut nicht, wenn sie es auf der Weide antreffen. Gerät es allerdings ins Heu oder in die Silage, fressen die Tiere es mit und erleiden häufig Leberschädigungen durch den dauernden Konsum. Kaninchen, Ziegen und Schafe haben in ihrem Verdauungssystem offenbar einen Stoff, der die giftigen Alkaloide im Greiskraut neutralisiert. Sie können die Pflanze fressen, ohne dass sie Schaden nehmen.

NICHT VERWECHSELN!

Wer selbst einen Gemüsegarten hat, sollte das Gewöhnliche Greiskraut genau kennen. Insbesondere die Sämlinge und die Jungpflanzen vor der Blüte sehen manchen als Salat angebauten Nutzpflanzen sehr ähnlich. Achten Sie vor allem bei Rucola, Roter Bete, Mangold und krauser Petersilie auf kleine Greiskraut-Pflänzchen im Beet.

SCHABAB

SAG ES MIT KRÄUTERN

Über das Wort Schabab wurde viel gerätselt. Man glaubte, es klinge hebräisch oder auch arabisch. Tatsächlich gibt es im Arabischen das Wort al-shabab, es bedeutet: »die Jugend«; im heutigen Somalia benennt das sogar die militante »Bewegung der Mudschahedin-Jugend«. Aber diese vermeintlichen linguistischen Bezüge sind weit gefehlt. Schabab ist ein altdeutsches Wort und hat mit abschaben zu tun, so wie man etwa eine Möhre oder Rübe abschabt; das Abgeschabte wird zum Abfall, wird entsorgt. »Rübchenschaben« nennt man auch die Geste, in der mit einem Zeigefinger über den anderen gestrichen wird, um Beschämung oder Verspottung auszudrücken.

Der Gedanke des »Abschabens« wurde im Mittelalter übertragen auf den Vorgang, wenn sich junge Frauen unerwünschter Verehrer entledigten. Eine Maid brauchte gar nicht lange mit dem abgewiesenen Freier zu diskutieren. Es genügte, ihm einen Korb mit Kräutern zu reichen. Die enthaltenen Pflanzen waren voller symbolischer Bedeutung und sagten alles Notwendige aus. Wer einen solchen Korb bekam, wusste, er hatte keine Chancen bei der Angebeteten. In einem Lied aus einem Kölner Liederbuch (1580) singt der verschmähte Freier: »Gut Gesell, du musst wandern; das Mägdelein liebt einen anderen, welche ich geliebt hab. Bei der bin ich schabab.«

Einer seiner Zeitgenossen, dem es nicht anders erging, lässt seine Zuhörer wissen: »Keinen anderen Dank krieg ich davon; leer Stroh hab' ich gedroschen. Ein Körbel Schabab ist mein Lohn; die Lieb ist ausgeloschen.«[20]

Auch Hermann Löns, der Dichter der Heide, komponierte noch – im 20. Jahrhundert – das Lied »Schab ab«, in dem es heißt: »Schabab, Schabab, einen anderen ich hab!«[21]

PFLANZEN FÜR DEN SCHABAB-KORB

Mit diesen blühenden Gartenbewohnern gab eine Frau ihrem Verehrer einen Korb.

Leuchtend gelb blüht das Gewöhnliche Greiskraut.

Gewöhnliches Greiskraut

Wenn ein Mädchen das Gewöhnliche Greiskraut *(Senecio vulgaris)* in den Korb tat, dann sagte es damit: »Ich will dich nicht, du bist zu alt für mich.« Das Greiskraut trägt seinen Namen ja nicht ohne Grund. Wenn es ausgeblüht ist, formt sich ein weicher, weißer Puschel, der an den Haarschopf eines alten Mannes erinnert. Auch der lateinische Name *Senecio* bezieht sich darauf: *senex* bedeutet »alt«; ein Senior ist ein älterer Herr. *Old man in the spring* (Alter Mann im Frühling) ist eine englische Mundartbezeichnung dieses Gartenunkrauts.

Die Blüten des Augentrost waren namengebend für die Pflanze.

Augentrost

»Ich will dich nicht. Ich will nicht traurig sein und mir die Äugelein ausweinen müssen wegen dir!« – das sagte das Mädchen, wenn sie dem Mann mit dem Augentrost *(Euphrasia rostkoviana)* einen Korb gab. Die Bauern mochten ihn sowieso nicht, diesen Halbschmarotzer, der in den Weiden die Graswurzeln anzapft und den Gräsern den Saft stiehlt. Heuschelm, Gibinix, Wiesenwolf oder Milchdieb heißt das an sich hübsche Sommerwurzgewächs in verschiedenen Mundarten. Wo es wächst, haben die Kühe weniger Futter und es kommt weniger Heu in die Scheune. Aber Augentrost hat auch seine guten Seiten: Der Tee als Augenbad ist ein Trost für entzündete, rote, überanstrengte Augen – daher der Bezug zum Weinen. Und als Tee hilft das Kraut bei Husten, Stirnhöhlenentzündung und Heuschnupfen. Die Wirkung beruht unter anderem auf dem Iridoidglykosid Aucubin.

Der Schwarzkümmel ist eine beliebte Zier- und Gewürzpflanze.

Schwarzkümmel

Jungfer im Grünen, Gretel im Busch oder Braut in den Haaren sind einige der vielen Namen, die man dem Schwarzkümmel *(Nigella damascena)* gegeben hat. Das hübsche, hellblau blühende, einjährige Hahnenfußgewächs tritt in Südeuropa, Nordafrika und Westasien als ein Garten- und Feldunkraut auf, in Mitteleuropa findet man es vor allem als Blume in den Bauerngärten. Eine Legende aus Österreich erzählt, die Gretel im Busch sei die Tochter eines reichen Großbauern gewesen, die sich in den armen Kohlersohn Hans verliebt hatte. Als ihnen ihre Liebe verboten wurde, verwandelte eine Fee das Mädchen in diese Blume, deren blaue Blüte Ausdruck ihrer Treue ist, und den jungen Mann in den Hansl-am-Weg, den Vogelknöterich. In den islamischen Ländern gilt die Pflanze, besonders die Samen, als Allheilmittel. Mohammed soll gesagt haben: »Schwarzkümmel heilt jede Krankheit, nur nicht den Tod«. Die Blüten werden hauptsächlich von Hummeln bestäubt. Wenn ein Mädchen dem verschmähten Liebhaber die Jungfer im Grünen in den Korb legt, dann will sie damit sagen: »Du bist nicht der Richtige; ich brauche eine starke Hummel und nicht eine schwache Ameise wie dich!«

Leuchtend blaue Blumen galten seit jeher als magisch.

Kornblume

Obwohl die himmelblau blühende Kornblume *(Centaurea cyanus)* ein Attribut der Muttergottes war, war sie bei den Bauern nicht unbedingt beliebt. In den Roggenfeldern galt sie als Plage. Sie trockne den Boden aus, hieß es, und ihre festen Stängel würden die Sensen stumpf machen. Zwar galt die blaue Farbe als Symbol von Treue und Beständigkeit, sie konnte aber auch das Gegenteil bedeuten, da die Blumen angeblich nicht lange ihre Farbe behalten, wenn man sie pflückt, sondern weiß werden. In einem alten Buch heißt es: »Wer sein Herz wandelt und selbst nicht weiß, wobei er bleiben will, und seinen Wankelmut verhohlen trägt, der soll Kornblumen tragen.« Wenn das Mädchen ihrem Freier blühende Kornblumen in den Korb legte, sagte sie mehr oder weniger das, was ein alter Gassenhauer besingt:

Du kannst nicht treu sein.
Nein, nein, das kannst du nicht,
Wenn auch dein Mund mir wahre Liebe
verspricht.
In deinem Herzen hast du für viele Platz,
Darum bist du auch nicht für mich der
richt'ge Schatz.

Die Kornrade wurde wegen ihrer giftigen Samen bekämpft.

Kornrade

Auch zur hübschen, rot blühenden Kornrade *(Agrostemma githago)* hatten die Bauern ein zwiespältiges Verhältnis. Das Getreideunkraut hat leider eine giftige Seite. Die mit dem Korn mitgedroschenen Kornradensamen mussten ausgesiebt und weggeworfen werden. Sie machten das Brot nicht nur bitter, sondern auch giftig. Die schwarzen Körner verursachen, wenn man sie isst, Schleimhautreizung, Benommenheit, Krämpfe, beschleunigten Puls und Atemnot.

Zart rosafarben: Triebspitze des Muskatellersalbeis.

Muskatellersalbei

Das Mädchen sagte, indem sie die Kornrade in den Korb tat: »Ich will in meinem Leben nicht ständig bitteres Brot essen müssen.«

Wollte die junge Frau in der französischen Schweiz den ungewollten Verehrer loswerden, dann gab sie ihm das mit dem Muskatellersalbei *(Salvia sclarea)* zu verstehen. Er wird auch Stinkender Salbei genannt, und das Mädchen sagte mit ihrer Kräuterwahl: »Ich kann dich nicht riechen.« Zwar bringt dieser stattliche Lippenblütler eine zauberhafte blaue, lila oder violette Blütenpracht hervor, aber der herb aromatische Duft der Pflanze erinnert ein wenig an Schweißfüße. Dafür ist Buttersäure verantwortlich. Der Muskatellersalbei ist jedoch vor allem eine Heilpflanze; Hildegard von Bingen verschrieb ihn bei Kopfschmerzen und Bauchweh. Falls die Absage dem enttäuschten Freier auf den Magen schlug oder er deswegen Kopfweh bekam, konnte er sich immer noch einen lindernden Tee brauen oder notfalls sein Leid mit einer Flasche süßen Muskatellerweins vergessen machen.

Einer der wirksamsten Blutstiller: die Schafgarbe.

Schafgarbe

Warum die Schafgarbe *(Achillea millefolium)*, ein »Unkraut«, das in Wiesen, auf Weiden und an Wegrändern wächst, im Schabab-Korb dabei war, ist schwer zu ermitteln. Vielleicht, weil für die Bauern das Kraut mit seinen zähen Stängeln im Heu unbeliebt war. Ansonsten war die Schafgarbe ja ein viel verwendetes wundheilendes, blutstillendes Kraut. Als *Jungfernkraut* oder *Margaretenkraut* – Margarete ist die Patronin der Bäue-

rinnen, der Schwangerschaft und Geburt – ist die Schafgarbe eines der wichtigsten Frauenheilkräuter.
Vielerorts in Europa legten sich die jungen Frauen eine blühende Schafgarbe, die sie mit einem magischen Spruch an einem magischen Ort gepflückt hatten, nachts unter das Kissen, um von ihrem zukünftigen Mann zu träumen. Ein bekannter Spruch dafür lautet:

> Die erste Schafgarbe finde ich hier.
> Im Namen Jesu pflück ich sie mir
> und wie Jesus Maria mit Liebe bedacht,
> soll mein Herzallerliebster mir erscheinen
> im Traum heute Nacht.

Vielleicht sagte das Mädchen mit dieser Blume im Korb, dass er nicht derjenige ist, von dem sie träumt.

Um die blau blühende Wegwarte ranken sich viele Legenden.

Wegwarte

In heidnischen Zeiten galt die Wegwarte *(Cichorium intybus)* als Erscheinung der jungen Vegetationsgöttin, der Geliebten des jungen Sonnengottes. Sonnenbraut, Sonnenwirbel sind alte Namen für das blau blühende Zichorienkraut, das seinen Blütenkopf immer nach Osten zur Morgensonne hin ausrichtet. Hindläufte – der Lauf der Hind – ist ein weiterer Name, denn sie folgt der Sonne wie die Hirschkuh dem Hirsch. »Hinde« ist ein altes Wort für die Hirschkuh. Im Mittelalter, als die Vision der alten Götter verblasste, sah man in der Wegwarte ein Mädchen, deren Geliebter mit den Kreuzzügen nach Jerusalem geritten war. Jeden Tag stand sie am Wegrand, weinte sich ihre blauen Äugelein aus und blickte sehnsüchtig nach Osten, in der Hoffnung, dass er wiederkommen würde. Ein Engel hatte Mitleid mit dem Mädchen und verwandelte es in eine Blume. Als Schabab-Pflanze ist die Botschaft eindeutig: »Ich möchte nicht immer alleine sein und wegen dir weinen müssen.«

Zwiebel- und Lauchblüten riechen streng und weisen so den Verehrer ab.

Zwiebel

Die Blüte der Zwiebel ebenso wie die ganz ähnlich aussehende Lauchblüte *(Allium* spec.) fand ihren Weg ebenfalls in den abweisenden Korb. In der Antike und bei den heidnischen Völkern galten Zwiebel, Porree und Bärlauch als Würze und Nahrung, die die Gesundheit, die Zeugungskraft und den Mut stärken. Aber im Mittelalter wurden sie als Armeleutespeise angesehen und als Symbol bäuerlicher Derbheit, von Primitivität, Triebhaftigkeit und Geistlosigkeit. Hildegard von Bingen schreibt: »Lauch (Porree) erzeugt die Unruhe der Geschlechtslust. Roh gegessen ist er für den Menschen so schlecht und so schädlich wie Giftkraut und Unkraut.« In der Blumensprache bedeutet die Zwiebelblüte: »Du bist mir zuwider!« und die Lauchblüte: »Du bist betrogen!« Mit dem hübsch blühenden, aber streng riechenden Zwiebelgewächs sagt das Mädchen ihrem Verehrer: »Du bist mir zu derb.«

GUNDERMANN

Der botanische Garten in Oldenburg war für uns zehnjährige Lausbuben ein Abenteuerspielplatz. Viel Spaß machte es, die Schildchen mit den Pflanzennamen herauszuziehen und anderswo hinzustecken. Das trieb die angestellten Gärtner in den Wahnsinn.

Wenn uns die Gärtner dabei erwischten, gab es eine Tracht Prügel. Wir waren aber zu flink, und meistens gelang es uns, über den hohen Zaun zu entkommen.
In den Beeten, unter den Hecken und auf den sandigen Wegen wucherte ein kriechendes Kräutlein, das kein Schild hatte. Ich mochte es sehr, vor allem wohl wegen seiner herb balsamisch duftenden, dunkelgrün glänzenden Blätter. Eher schüchtern ging ich auf eine Gruppe zu, die gerade in botanische Gespräche vertieft war, und fragte, wie die Pflanze heiße. »Das ist der Gundermann«, klärte einer mich auf und schob gleich noch den Namen im Oldenburger Platt hinterher, »der *Jan-kiek-däärn-Tun* (Hans-guck-durch-den Zaun)«. Da hatte ich nun den Namen und zugleich einen pflanzlichen Verbündeten gefunden, der mich bis heute begleitet.

BOTANIK UND ÖKOLOGIE

Der Gundermann (*Glechoma hederacea),* auch Gundelrebe genannt, mag die Menschen; es gibt kaum einen Garten, in dem er nicht wächst. Die Europäer, insbesondere die nördlich der Alpen, kennen ihn schon sehr lange. Deswegen umranken ihn eine Fülle von Sagen, Geschichten, abergläubischem Brauchtum und Heilanwendungen.
An den bläulich purpurnen, zygomorphen Blüten, den viereckigen Stängeln und den aromatischen ätherischen Ölen in den Blättern ist leicht zu erkennen, dass es sich um einen Lippenblütler *(Lamiaceae,* veraltet *Labiatae)* handelt.
Aber im Gegensatz zu anderen Lippenblütlern wie Minze, Hohlzahn oder Ziest scheint der Gundermann Höhenangst zu haben. Er wächst nicht kerzengerade, starr symmetrisch der Sonne entgegen, sondern kriecht über den Boden, immer neue Ausläufer bildend, wobei er an jedem Knoten neue Würzelchen bildet. Mit diesen Wurzeln prüft er, ob ihm der Standort gefällt. Wenn das der Fall ist, verwurzelt er sich fester, das Blattwerk wird fülliger, und er fängt an, in die Höhe zu wachsen und zu blühen; wenn ihm dagegen der Ort nicht passt, treibt er seine Ausläufer weiter. Bis über einen Meter kann eine Gundelrebe so tastend wandern.

◆ Die Gundermannblätter eignen sich als aromatische Speisenwürze.

AUS DER NÄHE

GUNDERMANN

Glechoma hederacea

VERBREITUNG

In fast ganz Europa und in Asien verbreitet, in der Neuen Welt eingeschleppt

STANDORT

Lehmige, feuchte, nährstoffreiche Wiesen, Gärten und Heckensäume

VEGETATIONSZEIT

Ausdauernd und wintergrün, Blüte: April-Juni/Juli

VERWENDBARE TEILE

Ganzes Kraut, Blätter, Blüten

1. JUNGE PFLANZE

An den Rändern von Wiesen, Gehölzen und Gartenbeeten überdauert der Gundermann den Winter. Im zeitigen Frühling, etwa ab März, wachsen aus den flachen Ausläufern aufrechte Sprosse, die dann Blüten ansetzen.

2. BLÄTTER

Die Laubblätter des Gundermanns sind zunächst eher herzförmig, ausgewachsen nierenförmig, mit regelmäßig gekerbten Blatträndern.

3. GANZE PFLANZE

Etwa von April bis Juni erscheinen in den Blattachseln der aufrechten Sprosse die lilafarbenen Lippenblütchen mit dunkelroten Pünktchen auf der Unterlippe.

4. BLÜTE

Je nach Standort kann die Blütenfarbe auch ins Violette oder zart Rosafarbene gehen. Die Blüten werden als begehrte Frühjahrsblüher gern von zahlreichen Insekten besucht, allen voran von Hummeln, verschiedenen Schwebfliegen-Arten und Schmetterlingen wie dem Zitronenfalter.

5. TRIEB

Mit seinen langen, auf der Erde aufliegenden Trieben tastet sich der Gundermann voran und bildet an den Trieben neue Wurzeln, wenn ihm der Untergrund zusagt.

6. WURZEL

Die Gundermann-Triebe bilden zwar an den Knoten viele neue Wurzeln aus, diese reichen aber nicht besonders tief in die Erde und lassen sich leicht herausziehen.

1

2

3

4

5

6

Im Frühling werden die kleinen Lippenblüten des Gundermann gern von Insekten besucht.

Das ist jedoch nicht die einzige Art und Weise, wie er sich verbreitet. Der Gundermann hat auch die Ameisen eingespannt. Wie beim Stinkenden Storchschnabel, beim Persischen Ehrenpreis, bei Schöllkraut, Ackerwachtelweizen, Günsel, Taubnessel und anderen Kräutern werden die Samen von den Ameisen verschleppt. *Myrmekochorie* (griechisch *myrmex* = Ameise, *chorein* = fortbewegen) nennen die Biologen das. Die Blüten werden vor allem von Hummeln, Schwebfliegen und auch Schmetterlingen bestäubt. Die zähen Blätter dieses Minzgewächses bleiben dank ihrer wärmenden ätherischen Öle auch im Winter grün. Der Gundermann ist eine der ersten Pflanzen, die die Frühlingswärme zum Austrieb nutzen.

HEILEN MIT DEM GUNDERMANN

Schon unsere steinzeitlichen Vorfahren kannten das Kraut als eine starke Heilpflanze. Das Wort Gund im Gundermann führen die

Sprachkundler auf ein altgermanisches (gotisches) Wort zurück, das Eiter bedeutet. Gundermann wurde schon früh als Wundheilpflanze bei eitrigen Geschwüren und schlecht heilenden Wunden verwendet. Noch immer stellen Allgäuer Kräuterfrauen aus den im Mai und Juni gesammelten Blättern ein »Wundkrautöl« her, indem sie diese in einem verschlossenen Glas drei oder vier Tage in die Sonne stellen; eine kostbare helle Flüssigkeit sammelt sich dann am Boden an. Ich hab' s auch versucht, mir ist es leider nicht gelungen.

Als Heilmittel bei Lungenentzündung erhitzten die alemannischen Kräuterfrauen schon in heidnischen Zeiten Gundelrebenkraut in Ziegenmilch. Im Gegensatz zum Wasser nimmt das Milchfett die flüchtigen ätherischen Öle auf; diese werden – ähnlich wie beim Knoblauch – über die Lunge ausgeschieden, wobei sie ihre antiseptische, schleimlösende Wirkung entfalten.

Für die kräuterkundige Hildegard von Bingen war die Gundelrebe »mehr warm als kalt«, und »sie gibt dem Menschen die grüne Kraft« – diese sei »eine Kraft aus der Ewigkeit, und diese ist heilsam«.

Für Nicholas Culpeper, den englischen Kräuterarzt aus dem 17. Jahrhundert, ist die Pflanze ein Kraut der Venus, deswegen hilft sie bei venerischen Krankheiten. Zudem öffnet die Pflanze mittels der Kraft des Merkurs die Milz – ein Organ des Lymphsystems –, vertreibt Melancholie und lindert Spleenigkeit (englisch *spleen* = Milz). Merkur gilt in der Astralherbologie als Gegenspieler des bleiernen Saturn, der, wenn er negativ aspektiert ist, Schwermut und Misslaune verursacht.

Auch aus heutiger Sicht hat der Gundermann einen guten Ruf als Heilkraut. Dank der Gerbstoffe wirkt er adstringierend, also zusammenziehend und wundheilend, wegen

JESUS UND DIE ZAHNSCHMERZEN

Eine mittelalterliche Geschichte erzählt vom Heiland und von Petrus, die mal wieder durch die Landschaft zogen. Ein Bauer, der das zufällig sah, hörte, wie Petrus die ganze Zeit fürchterlich fluchte und wie Jesus fragte: »Petrus, warum fluchst du?«

»Kruzifix, Sakrament! Warum sollte ich nicht fluchen? Meine Zähne tun mir höllisch weh!«, antwortete dieser.

Darauf entgegnete Jesus: »Nimm drei Gundelreben und lass sie in deinem Maul umschweben!«

Nun, folgerte der Bauer, wenn der Herr so etwas sagt, dann muss der Gundermann wirklich ein mächtiges Heilkraut sein.

Mellie Uyldert (1908-2009), die bekannte holländische Kräuterfrau, bestätigt das: Sie behauptet, Gundermann löse Zahnstein und helfe bei Zahnschmerzen.

Bevor der Hopfen ins Bier kam, verwendete man Gundermann als Bierkraut.

◆ Der reiche Aberglaube um den Gundermann spricht dafür, dass die Pflanze schon seit ältester Zeit verwendet wird.

der enthaltenen Saponine schleimlösend und harntreibend, aufgrund der Bitterstoffe regt er die Verdauungssäfte an und dank der ätherischen Öle ist er entzündungshemmend. Aber nicht nur das. Es gehörte zum Zunftwissen der Büchsenmacher, Bleigießer und Maler, dass der Tee auch gegen Bleivergiftung wirkt. George Catlin (1796-1872), der begabte Kunstmaler, der, noch ehe die weißen Siedler kamen, zu den Indianerstämmen ging und sie in ihrer Ursprünglichkeit auf die Leinwand brachte, schreibt in seinem Tagebuch, dass er regelmäßig seinen *gill tea* trinke, um einer Bleivergiftung vorzubeugen. *Gill tea* bezieht sich auf den Namen *gill-over-the-ground,* eine englische Mundartbezeichnung für den Gundermann. Ob der Tee auch andere Schwermetalle ausschwemmt, wäre eine gute Frage.

Heute ist Gundermanntee angezeigt bei:

- **Rachenkatarrh** (als Gurgelmittel)
- **Bronchitis**
- **Schnupfen** (bei chronischem Schnupfen den Presssaft durch die Nase ziehen)
- **Schleimhautentzündung**
- **Stoffwechselstörung**
- Reizung des Harntrakts, **Blasenentzündung** und Nierengrieß (die Indianer benutzten Gundermann als Nierenmittel aufgrund der nierenförmigen Signatur der Blätter)
- Salzsäuremangel des Magensafts
- viraler **Infektion, Virusgrippe,** Infektion mit Coxsackievirus (der auch für Sommergrippe und Meningitis verantwortlich ist)
- **skrofulösen Ekzemen** (wirkt reinigend, innerlich wie äußerlich angewendet)
- Als Badezusatz kräftigt Gundermann Muskeln, Gewebe und Nerven und lindert **Rheuma und Gliederschmerzen.**

BIERKRAUT

In alten Zeiten, als die Hausfrau noch das tägliche Bier braute – das flüssige Brot, das oft gesünder war als das vorhandene Wasser – und noch ehe die Mönche den Hopfen einführten, wurde vor allem der Gundermann als »Abklärungsmittel« der erhitzten Maische beigegeben. Deswegen ist einer der altenglischen Namen für den Gundermann *ale-hoof.* Ale ist die ursprüngliche Bezeichnung für das Gerstengebräu (altgermanisch *aluth,* baltisch *Alus,* Altslawisch *olu,* Skandinavisch *øl).* Das Wort »Bier« kommt aus der Mönchssprache und leitet sich vom lateinischen *bibere* (= trinken) ab. Das ungehopfte, meist obergärige Bier kannte viele Kräuterzusätze (→ S. 73), wovon der herbe Gundermann der beliebteste war.
Aus diesem Grund weihten die Germanen den Gundermann nicht nur der Freya, die für Heilpflanzen zuständig war, sondern auch dem Donar (Thor), dem trinkfesten Donnergott, dem Braumeister, der in seinem Kessel die Wolken braut. »Donnerrebe« ist noch

Die langen Ausläufer des Gundermann bilden an den Knoten neue Wurzeln.

immer einer der Namen für dieses Kraut. Donars Wagen wird von Böcken gezogen; noch immer sprechen wir von Gewitterböcken und Bockbier. Die Engländer, die gerne an Altüberliefertem festhalten, bevorzugten bis ins 17. Jahrhundert Gundermannbier. König Heinrich VIII. erließ sogar ein Reinheitsgebot, das Hopfen im Ale verbot: Es sei ein »böses Kraut, das den Geschmack des Bieres verdirbt und der Gesundheit der Menschen abträglich ist«.

MILCHZAUBER UND HEXENERKENNEN

Für die Bauern war die Gundelrebe ein wichtiges Heilmittel gegen Euterentzündung. In bildhafter Assoziation ist Eiter ja irgendwie »böse Milch«. Der im 12. Jahrhundert tätige Universalgelehrte Albertus Magnus berichtet: »Wenn das Euter behext ist, werden drei Kränze gewunden und jede Zitze dreimal von hinten durch die Füße gemolken; dann gibt man die drei Kränze mit Salz der Kuh zu fressen, während man spricht:

> Kuh, ich geb' dir Gundelreben,
> die Milch sollst du
> mir wiedergeben.

Ein weiterer Milchzauber – einer von vielen – verlangt, dass sich der Bauer oder die Bäuerin vor Sonnenaufgang aufmachen und mit dem Spruch: »Gundelreben Ger, ich brech' dich zu unserer lieben Frauen Ehr und zur Ehr unseres Heilands Jesu Christ« das Kraut pflückt. Dann wirft man es hoch in die Luft und spricht:

> Ich werf dich auf die Wolken,
> dass mir unser lieber Herr Jesus Christ
> wiedergeb' mein Käs und Molken.
> Im Namen des Vaters, Sohnes und
> Heiligen Geistes.

Es soll auch helfen, das Milchgeschirr mit Gundermanntee auszuspülen. Beim Weideaustrieb im Frühling war es Brauch, die erste Milch durch ein Gundermannkränzlein zu melken; das würde magisch das Euter schützen. Was dem Euter guttut, hilft auch den Bienen. Als »Bienenkraut« dient der Gundermann zum Ausreiben von Bienenstöcken. Wenn man zu Walpurgis einen Kranz aus Gundermann trägt, heißt es, wird man alle Hexen erkennen können. Eine thüringische Sage erzählt von einer Dienstmagd, die sich an einem Sonntag zu Walpurgis auf den Weg zur Kirche einen Kranz aus Gundermann flocht und ins Haar steckte. Zu ihrem Entsetzen sah sie, dass fast alle Frauen, die beim Gottesdienst so brav in den Bänken saßen, Hexen waren. Sie konnte sehen, wie sie dem Altar den Rücken gekehrt hatten und ihre Seelenleiber auf Besen, Backschaufeln und in Trögen durch die Luft schwirrten. Die Hexen, die gemerkt hatten, dass sie gesehen wurden, prügelten das arme Mädchen anschließend fast zu Tode.

Auch zu Mittsommer, beim Tanz und beim Sprung über das Johannisfeuer, sollte man vorsichtshalber einen Gundermannkranz tragen. Da das Kräutlein sich an jedem Knoten mit der Erde verwurzeln kann und selber nicht in die Höhe wächst, kann man damit verhindern, dass die Seele in der Sommerekstase zu hoch fliegt und nicht wieder herunterkommt. Wenn ich in eine Fernsehanstalt eingeladen werde, stecke ich mir auch immer etwas Gundermann ins Haar. Diese Anstalten, voller Elektronik und Kunstlicht, haben etwas UFO-artiges an sich. Der Gundermann hilft mir, dass ich seelisch mit der lebendigen Erde verbunden bleibe.

Auf jeden Fall stimme ich dem Komponisten Rupert Huber zu, in dessen »Gesang an den Gundermann« es heißt:

> Gundermann, hör mich an.
> Du tust mir viel Gutes an,
> du nimmst mir viel Schlechtes ab,
> dass ich meinen Frieden hab.

IN DER PRAXIS

WIE WERDE ICH IHN LOS?

Wer Gundermann partout aus seinem Garten entfernen will, jätet die Pflänzchen samt Wurzel und vor allem samt Ausläufern. Jeder beim Jäten vergessene, auf der Erde aufliegende Trieb bildet sogleich wieder neue Ausläufer. Wer aber konsequent jätet, ist den Gundermann bald los.

WAS KANN MAN ESSEN?

Gundermann eignet sich als Teil einer Wildkräutermischung für Salate, Kräuterquark, grüne Saucen und Suppen. Man sollte ihn aber in Maßen verwenden, da er sehr intensiv schmeckt. Die Blättchen lassen sich auch als Gewürz in Suppen, Eintöpfen und Rührei verwenden, für den Winter trocknet man einen Vorrat. Im Frühsommer dienen die hübschen lila Lippenblüten als essbare Dekoration der Speisen.

GUNDERMANNTEE

Zur Teezubereitung sollte man am besten frische Blätter verwenden. Man kann den Gundermann aber auch trocknen und sich einen Wintervorrat anlegen. Für den Tee etwa 1 EL frische oder 1 TL getrocknete Blätter mit 250 ml kochendem Wasser übergießen. 5 Minuten zugedeckt ziehen lassen, abseihen und trinken.

KRIECHENDER HAHNENFUSS

Der Kriechende Hahnenfuß gilt als lästiges Unkraut. Mit seinen nach allen Seiten über den Boden kriechenden Ausläufern, die immer wieder anwurzeln und neue Pflänzchen hervorsprießen lassen, erobert er schnell große Flächen auf Äckern und Wiesen.

In Westfalen nannte man den Kriechenden Hahnenfuß *(Ranunculus repens),* weil er so schwer auszurotten ist, *Siebenjahrs-Mägde.* Damit war gemeint: Das Jäten nimmt sieben Jahre Mägdearbeit in Anspruch.

In Schaffhausen ließ man das Kraut sagen: »Rüt mi, fahr mi, hack mi! Wen d'mi nid schüttlischt, han i en Fueß.« (= Rode mich, überfahr mich, hack mich! Wenn du mich nicht schüttelst, kriege ich einen neuen Fuß.) – das heißt, man muss die Erde von den ausgegrabenen Wurzeln schütteln, sonst wächst die Pflanze sofort wieder an.

Auch meinen Selbstversorger-Gemüsegarten versucht das vitale Kraut zu kolonisieren, aber ich ärgere mich nicht, sondern steche ihn fleißig aus und füttere mit seiner Biomasse den Kompost. Außerdem – das muss man zugeben – hat der Hahnenfuß schöne, strahlende Blüten, die etwas Farbe an die Ränder der Beete bringen und den Nützlingen, den Bienen und Schwebfliegen Nektar spenden. Verschiedene Käfer holen sich den Blütenstaub. Leider sind die Blüten sehr kurzlebig und verlieren schnell ihre Blütenblätter.

BUTTERBLUME UND GOLDKNÖPFLE

Wegen seiner goldgelb glänzenden Blütenblätter bezeichnet der Volksmund die Pflanze gerne als Butterblume. Auch die meisten seiner vielen Verwandten – es gibt sechzig verschiedene Hahnenfußarten in Europa – tragen den übergeordneten Namen Butterblume. *Butter cup* (Butterbecher) heißt sie in England, *Boterbloemkes* in Holland und *Smörblomma (smör* = Butter) in Schweden. Wegen seiner vogelfußähnlichen Blätter wird das Kräutlein als Hahnen- oder Krähenfuß bezeichnet. Goldknöpfle und Gelbe Quecke sind weitere Namen. Gelegentlich findet man dunkle Flecken an der Oberfläche der Blätter; diese stammen von dem vom Kreuz herabgetropften Blut des Heilands, hieß es bei den Bauern in Oberösterreich, weswegen sie die Pflanze *Christi Blutstropfen* nannten.

◆ Mit seinen Ausläufern erobert der Kriechende Hahnenfuß schnell den Garten.

ÖKOLOGIE

Der botanische Name der Gattung, *Ranunculus,* stammt vom lateinischem *rana* (= Frosch) – ein Hinweis auf den bevorzugten Standort der Pflanze.

AUS DER NÄHE

KRIECHENDER HAHNENFUSS

Ranunculus repens

VERBREITUNG

Heimisch in Europa, Asien, Nordafrika; inzwischen weltweit verbreitet

STANDORT

Feuchte oder zumindest teilweise feuchte oder nasse Standorte, Lehmböden, auch verdichtete Böden

VEGETATIONSZEIT

Mehrjährig, wintergrün, Blüte: Mai-August

VERWENDBARE TEILE

Die Pflanze ist weder als Heilkraut noch für die Küche verwendbar.

1. JUNGE PFLANZE

Der mehrjährige Kriechende Hahnenfuß treibt im Frühjahr rasch seine Ausläufer voran. Zunächst erscheinen nur die fein gefiederten grünen Blätter.

2. BLÄTTER

Die Laubblätter können an ihren Enden mehr oder weniger spitz oder gar rundlich sein. Sie sind in drei Teile gefiedert, an den Blatträndern gezähnt bis gesägt und sitzen an langen Stielen.

3. BLÜTE

Die Blüten erscheinen von Mai bis August einzeln in den Blattachseln und sind ebenfalls lang gestielt. Sie besitzen fünf leuchtend gelbe, ein wenig glänzende Blütenblätter.

4. SAMEN

Aus den Blüten entstehen die kugeligen Fruchtstände, die sich aus zahlreichen Nüsschen zusammensetzen.

5. WURZEL

Die zähen Wurzeln des Kriechenden Hahnenfußes reichen bis in 50 cm Tiefe und durchdringen auch verdichtetes, staunasses Erdreich.

6. KNOTEN MIT WURZELBILDUNG

An den Knoten der Blattbasis können sich in regelmäßigen Abständen Wurzeln bilden, die dem Kriechenden Hahnenfuß zu seiner raschen Verbreitung über große Ackerflächen verhelfen.

1

2

3

4

5

6

Die Hahnenfüße brauchen es feucht, so wie die Frösche; sie sind Zeigerpflanzen für verdichtete Böden mit Nässestau. Auf feuchten Wiesen und fetten Lehmböden fühlen sie sich am wohlsten.
Das mehrjährige Kräutlein blüht den Sommer über, von Mai bis September. Die gelben Blütenblätter sondern an ihrer Basis Nektar ab. Insekten bestäuben den Kriechenden Hahnenfuß, aber es gibt auch so etwas wie eine »Regenwasserbestäubung«: Herabprasselnde Regentropfen schwemmen den Blütenstaub auf die Fruchtknoten. Jede Einzelpflanze bringt ungefähr 300 kleine, nussähnliche Samen hervor; die wichtigste Art der Vermehrung sind jedoch, wie bei der Quecke oder der Ackerwinde, die kriechenden Ausläufer.
Auf der Alp im Westallgäu, wo wir wohnen, ist das Blühen des Hahnenfußes Teil des Naturkalenders. Im Vorfrühling werden die Weiden zuerst gelb von Scharbockskraut und Löwenzahn, dann werden sie weiß mit

Von Mai bis August öffnen sich die Knospen des Kriechenden Hahnenfußes.

»Auf der Alp im Westallgäu, wo wir wohnen, ist das Blühen des Hahnenfußes Teil des Naturkalenders.«

Wolf-Dieter Storl

Pusteblumen, blühendem Wiesenkerbel und Kümmel und schließlich werden sie noch einmal gelb mit der Hahnenfußblüte. Das ist dann auch der Zeitpunkt, an dem für die Rinder die Sommerweide beginnt und von den Hängen das Kuhglockengeläut ertönt. Die Kühe wie auch die Pferde fressen den Hahnenfuß nur ungern oder überhaupt nicht, denn er enthält Protoanemonin, eine toxische Substanz, die zwar Würmer töten soll, aber vor allem schleimhautreizend wirkt und zu Durchfall, Koliken und Blutharnen führen kann. Der Kriechende Hahnenfuß enthält nicht ganz so viel dieses Protoanemonins wie der ähnlich aussehende Scharfe Hahnenfuß *(R. acris)*. Im Heu sind diese giftigen Verbindungen nicht mehr vorhanden, da sie beim Trocknen abgebaut werden. Der Kriechende Hahnenfuß bleibt oft wintergrün. In den Alpen wächst er bis auf eine Höhe von 2400 Metern. Die bei uns endemische Pflanze verbreitet sich derzeit in Nordamerika, Neuseeland und Tasmanien als unwillkommener Neophyt.

STARK HAUTREIZEND

Wegen seiner Reizwirkung auf die Magen- und Darmschleimhäute wird der Hahnenfuß als Wildgemüse gemieden. Auch als Heilkraut spielt er keine Rolle. Im Mittelalter jedoch galt sein Saft als »Rötemittel« *(Rubefaciens)*, das, äußerlich angewendet, das Blut zur Hautoberfläche bringt und die Haut reizt und rötet. Der Saft wurde nach dem homöopathischen Prinzip »Ähnliches soll mit Ähnlichem geheilt werden« bei Hautaus-

Mit seinen zähen, weißen Wurzeln durchdringt der Kriechende Hahnenfuß auch verdichtetes Erdreich.

schlägen, Gürtelrose oder Nesselsucht in die Haut eingerieben.

Diese ätzende Wirkung auf die Haut machten sich bisweilen auch Bettler zunutze. Sie rieben sich Hände oder Gesicht immer wieder mit dem Saft ein, bis sich die Haut entzündete. Auf diese Weise konnten sie grässliche Geschwüre vortäuschen und hofften, so die Spendenfreudigkeit mitleidiger Bürger zu erhöhen.

Im Zeitalter der »heroischen Medizin«, als die Ärzte ihre Patienten mit giftigen Mineralien, Quecksilberpräparaten, Aderlass und anderen drastischen Mitteln drangsalierten, spielte der Hahnenfuß, insbesondere der Scharfe Hahnenfuß, als hautreizendes Mittel – *Rubefaciens!* – eine wichtige Rolle. Der berühmte kräuterkundige Arzt und Astrologe Nicholas Culpeper stellte im 17. Jahrhundert den Hahnenfuß unter die Herrschaft des hitzigen Mars, der für die rote Farbe und alles Scharfe und Feurige zuständig ist. Das »Marsfeuer« im frischen Saft der Pflanze sei es, das die Haut brenne und röte. Gemischt mit gemahlenen Senfkörnern wirkt der Saft genauso gut, um Blasen zu ziehen, wie das teurere Cantharidenpflaster. Dieses Pflaster, das heute noch von manchen Heilpraktikern verordnet wird, enthält ein Reizgift, hergestellt aus gemahlenen, getrockneten »Spanischen Fliegen«, einem metallisch grünen Ölkäfer. Die nach dem Einwirken der reizenden Wirkstoffe entstandenen Hautblasen füllen sich mit Gewebsflüssigkeit. Auf diese Weise sollten – nach damaligen neuesten wissenschaftlichen Erkenntnissen – Schlacken, Gifte und »schlechte Säfte« ausgeleitet werden. »Weißen Aderlass« nannte man diese Therapie. Sie wurde früher gerne bei chronischen rheumatischen Schmerzen angewendet.

◆

Alle Hahnenfußarten enthalten einen Milchsaft, der stark hautreizend wirkt.

DIE HAHNENFUSSSIPPE

Die weltweit rund 2500 verschiedenen Arten von Hahnenfußgewächsen mögen es alle vor allem feucht und kühl. Unter ihnen befinden

Wenn man ihn lässt, besiedelt der Kriechende Hahnenfuß schnell größere Flächen.

sich die ersten Frühjahrspflanzen, die in Auen, an Bächen und Quellgründen blühen, wie etwa Buschwindröschen, Trollblume, Sumpfhahnenfuß, Sumpfdotterblume und das in vielen Äckern und Gärten als »Unkraut« auftretende Scharbockskraut.

Wasser ist das Element der Hahnenfüße, insbesondere der Gattung *Ranunculus,* der »Fröschchen«. Tropen und Wüsten fliehen diese krautigen Pflanzen. Außer der Waldrebe *(Clematis),* der einzigen echten Liane Mitteleuropas, verholzen die Hahnenfußarten nicht; und einige, wie der Flutende Hahnenfuß und der Wasserhahnenfuß, sind echte Wasserpflanzen.

◆ In feuchter, sogar nasser Umgebung fühlen sich die Hahnenfüße wohl, manche sind echte Wasserpflanzen.

Frost und Kälte machen ihnen ebenso wenig zu schaffen wie Nässe. Die zur Familie gehörende Christrose vermag sogar um die Weihnachtszeit zu blühen; der Gletscherhahnenfuß ist die einzige Blütenpflanze, die es in den Alpen in die eisigen Höhen von über 4000 Meter schafft. Und unser Kriechender Hahnenfuß wurde – neben der Vogelmiere – neuerdings auch in der Antarktis als Neophyt entdeckt. Touristen haben ihn aus Versehen eingeschleppt. Auf dem zu 80 Prozent von Gletschereis bedeckten Kontinent besteht die endemische Flora vor allem aus Flechten und Moosen; lediglich zwei Blütenpflanzen sind dort heimisch: die Perlwurz, ein Polster bildendes Nelkengewächs, und die Schmiele, ein Süßgras.

DER LEBENDE FLUSS DER VERWANDLUNG

Vielleicht ist es der Bezug zum wässrigen Element, dem die Hahnenfußgewächse den Formenreichtum ihrer Blätter verdanken. Die untersten, kurz über dem Erdboden befindlichen Blätter sehen ganz anders aus als die darüber wachsenden, sie haben eine rundere, fülligere Form. Etwas weiter oben teilen sie sich mehr und nehmen die fünfzipflige, krallenähnliche Form an, der sie ihren Namen »Hahnenfuß« oder »Krähenfuß« verdanken. Je höher sie den Stängel emporsteigen, desto einfacher, filigraner, spitzer und kleiner werden die Blätter. Sie haben keine Blattstängel mehr. Zuletzt, ehe die gewaltige Metamorphose zur Blüte stattfindet, ist nur noch ein kleiner, spitzer Zipfel als Blatt übrig.

Es waren die Hahnenfußgewächse, an denen der begeisterte Botaniker Johann Wolfgang von Goethe die Gesetze der pflanzlichen Metamorphose entdeckte. Anhand dieses Verwandlungsprozesses erkannte er, dass die Pflanze kein starrer Gegenstand ist, sondern einen dynamischen Lebensfluss verkörpert. Man kann das pflanzliche Wesen niemals begreifen, wenn man an der festen Form – etwa der Buchillustration oder dem gepressten Herbarium-Exemplar – festhält. Man muss eine Pflanze als werdendes Wesen, nicht als Gewordenes begreifen. Diese Dynamik der stufenweisen Metamorphose findet in der Polarität zwischen Erde und Himmel statt, zwischen Wurzel und Blüte, zwischen dem dunklen, kühlen, feuchten Erdreich und dem strahlenden, warmen Licht der Sonne.

IN DER PRAXIS

WIE WERDE ICH IHN LOS?

Dem Kriechenden Hahnenfuß wird man nur Herr, wenn man ihn regelmäßig gründlich jätet und dabei darauf achtet, dass man auch die vitalen Ausläufer erwischt. Er wächst sehr schnell und breitet sich in kurzer Zeit auf einer Fläche aus, die nicht bestellt wird. Wer ihn aber häufig und gründlich auszieht, wird ihn auch los.

GIFTIGE FAMILIE

Zu den Hahnenfußgewächsen gehören so unterschiedliche Pflanzen wie Buschwindröschen, Trollblume und Eisenhut. Allen ist gemeinsam, dass sie Alkaloide enthalten, die für den Menschen giftig sind – allerdings in unterschiedlichem Maße. Der blaue Eisenhut zählt zu den giftigsten Pflanzen Europas, allein das Berühren der Pflanze kann dazu führen, dass die Giftstoffe durch die Haut aufgenommen werden, was besonders für empfindliche Menschen wie Kinder gefährlich ist. Der versehentliche Verzehr kann tödlich sein.

HANDSCHUHE TRAGEN

Wenn Sie die Hahnenfußpflänzchen ausreißen, sollten Sie vorsichtshalber Gartenhandschuhe tragen. Die hautreizenden Inhaltsstoffe der Pflanze können bei empfindlichen Menschen Ausschläge verursachen.

KLETTEN-LABKRAUT

Während die alten, bunt blühenden Ackerunkräuter wie Kornrade, Kornblume und Feldrittersporn immer seltener werden, gibt es andere – von der Vogelmiere bis zum Franzosenkraut –, die sich nicht unterkriegen lassen: Zu diesen zählt auch das Kletten-Labkraut.

Für die Landwirte sind diese zähen Ackerunkräuter eine zeitaufwendige und kostenintensive Plage. Diese vitalen Pflanzen haben durch übermäßige Düngung und andere Maßnahmen überhandgenommen, auch das Kletten-Labkraut *(Galium aparine)*. Das klebende, kletternde Rötegewächs bereitet den Agrarunternehmern Sorge: Nicht genug, dass es die Nutzpflanzen überwuchert oder Erntemaschinen behindert – es wird immer unempfindlicher gegenüber Herbiziden. Kinder jedoch mögen das Klebkraut. Es ist eine Kinderpflanze wie das Gänseblümchen oder die Pusteblume. Kinder lieben es, weil man damit spielen und es an die Kleidung kleben kann. Der botanische Name der Art, *aparine,* bedeutet ja »ergreifen«. Als Kinder der Nachkriegszeit spielten wir oft Krieg; mit einem Streifen Kletten-Labkraut auf beiden Schultern als Epauletten war man General oder wenigstens Hauptmann.

HEILKRAUT UND WILDGEMÜSE

Noch immer ist das Kletten-Labkraut eine meiner Lieblingspflanzen, allein schon wegen seiner Heilkraft. Es hat ähnliche therapeutische Wirkung wie seine nahen Verwandten, das gelb blühende Echte Labkraut und das weiß blühende Wiesenlabkraut:

- Der Tee wirkt harntreibend, entschlackend und leicht antibakteriell; regelmäßig getrunken hilft er bei **Psoriasis, Ekzemen, Arthritis, Skrofeln und Harnwegsinfektionen.** Auch bei Harnverhalten ist der Labkrautaufguss angesagt.
- In der traditionellen Phytotherapie gilt der Tee oder auch der frische Saft als ein »blutreinigendes« Lymphmittel, er **regt die Lymphgefäße an,** Gifte und Stoffwechselschlacken auszuscheiden. Eine Tee- oder Saftkur könnte ein unterstützendes Begleittherapeutikum bei der Hodgkins-Krankheit und bei lymphatischer Leukämie sein.
- Auch bei Flechten, **hartnäckigen Geschwüren** und Tumoren sind Umschläge mit Labkrautabkochungen eine Hilfe.
- Kletten-Labkrauttee – mit den ätherischen Ölen von Zitrone und Salbei als Zusatz – kann als effektives und völlig natürliches **Deodorant** eingesetzt werden.

Wunderbar geeignet für Kinderspiele: selbstklebende Kletten-Lab krautsamen.

AUS DER NÄHE

KLETTEN-LABKRAUT

Galium aparine

VERBREITUNG

Heimisch in Europa und Asien, weltweit als Neophyt verbreitet

STANDORT

Auf stickstoffreichen Böden an Hecken, auf Äckern und in Gärten

VEGETATIONSZEIT

Einjährig, die Pflanze überwintert und stirbt dann nach der Fruchtreife im nächsten Herbst ab.

VERWENDBARE TEILE

Ganze Pflanze, Blüten, Samen

1. FRÜHJAHRSTRIEB

Das einjährige Kletten-Labkraut treibt im Frühling zarte Triebe, die von etwa Mai bis August gut essbar sind.

2. STÄNGEL

Die niederliegend wachsenden, vierkantigen Stängel besitzen an den Kanten leicht nach unten weisende Borstenhaare, ebenso wie die Blätter. Mit ihrer Hilfe klimmen sie an benachbarten Stützpflanzen in die Höhe.

3. BLÄTTER

Deutlich sichtbar: Jedes Blatt ist an den Rändern mit kleinen, nach hinten und unten gerichteten Borstenhaaren bedeckt, die der Pflanze helfen, sich an anderen Pflanzen »festzuhalten«. Jedes einzelne Blättchen weist eine Stachelspitze auf.

4. BLÜTE

Die winzigen, nur etwa 2 mm breiten Blüten besitzen jeweils vier weiße Blütenblätter.

5. GRÜNE SAMEN

Die Früchte des Kletten-Labkrauts bestehen jeweils aus zwei kugeligen Teilfrüchten, von denen jede ein Samenkorn enthält.

6. REIFE SAMEN

Dicht an dicht tragen die reifen Samen borstige Widerhaken, mit denen sie sich im Fell vorbeilaufender Tiere oder in der Kleidung gärtnernder Menschen verhaken und so in der Umgebung verbreitet werden.

1

2

3

4

5

6

Auf jeden Fall ist er gesünder als viele konventionelle Deos und Schweißhemmer, deren Wirkung auf Aluminiumverbindungen und Alaun beruhen. Bei der Anwendung von Roll-Deos in den Achselhöhlen können diese Schwermetalle in die darunter befindlichen Lymphzentren gelangen und metabolische Schlacken bilden, die gesundheitsschädlich sind.

◆ Der kräuterkundige englische Arzt John Gerard riet bereits im 16. Jahrhundert Frauen, ihre Frühstückshaferflocken in Kletten-Labkrauttee zu kochen; das würde ihnen helfen, abzuspecken und eine gute Figur zu behalten.

◆ Auch essen kann man das Kletten-Labkraut, zumindest die noch zarten, jungen Triebe. Sie schmecken in Wildkräuter- und Gemüsesuppen, Aufläufen, Bratlingen, Rührei oder Quiche. Die getrockneten kugeligen Samen kann man im Backofen oder in der Pfanne rösten und aus ihnen einen Kaffeeersatz kochen.

Die weißen Blüten des Kletten-Labkrauts sind unscheinbar.

LIEBESKRAUT UND AUGENWOHL

Dem klebenden Labkrautgewächs, das die Bauern seit der jüngeren Steinzeit begleitet, haftet allerlei Aberglauben an. *Philanthropos* (Menschenfreund) nannte man es in der Antike, weil es sich so gerne an den Menschen anhaftet. Selbstverständlich wurde es auch zum Liebeszauber verwendet. Es war einst der Liebesgöttin Freya geweiht. In der Blumensprache bedeutet das Kletten-Labkraut: »Ich halte an deiner Liebe fest.« Einem Mädchen, dem Labkraut am Rücken klebte, ohne dass sie es wusste, wurde nachgesagt, sie habe einen heimlichen Liebhaber.
Die Sommersonnenwende ist eine magische Zeit, in der mancher Zauber gelingt. So konnte ein Mädchen, das einen Burschen an sich binden wollte, in der Mitternachtsstunde zu Johanni sich einen Kranz aus dem Klebkraut winden, derweil es beim Flechten dreimal ums Haus lief. Dabei musste es folgenden Spruch sagen:

Klebekranz, ich winde dich,
Schätzchen, ich empfinde dich.
Wenn du willst der meine sein,
komm vor meinen Augenschein.

Der Zauber hat aber seine Tücken. Ist das Mädchen beim dritten Umlauf mit dem Kranzflechten noch nicht fertig, so wird es, wie der Volksmund weiß, schwer krank.
In den Brandenburger Landen ging es etwas preußischer, etwas unverblümter zu. Da sagte das Mädchen:

Klebkraut, ich winde dich,
Feinsliebchen, ich finde dich.
Heute Nacht um
zwölf vor meinem Bett!

Als Kinder spielten wir gerne mit dem Kletten-Labkraut, das »von selbst« an der Kleidung klebt.

Die kugeligen Samen bleiben im Fell vorbeilaufender Tiere kleben.

Zu Johanni, um die Sonnenwende herum, wurde auch Heilzauber mit der Pflanze getrieben. In einer Gegend in Böhmen flochten die Mädchen Klebkrautkränze, hielten sich diese vor die Augen und schauten in das Sonnwendfeuer. Dabei sprachen sie dreimal:

> Johannisfeuer, guck, guck!
> Stärk mir meine Augen,
> Stärk mir meine Augenlider,
> dass ich dich aufs Jahr seh' wieder.

TEUFELSDRAHT UND LIEBFRAUENSTROH

Als alte einheimische Pflanze hat das Kletten-Labkraut viele regionale Namen: *Klimme* und *Klimm-upp* (Plattdeutsch), *Dübelsdraht* (Teufelsdraht), *Lüs* (alemannisch für »Läuse«). Man hat die Pflanze auch *Bettlerläuse* genannt, weil die Samen wie Läuse an der Kleidung festkleben. *Taubenkleis* hieß sie, da die Samen sich als Taubenfutter eignen, und *Gänsegras* (englisch *goose grass*), weil die Gänse das Kraut gerne fressen. *Bettstroh* oder *Liebfrauenstroh* nannte man das Kletten-Labkraut, da es zu den duftenden Kräutern gehörte, auf denen einst die Wöchnerin und ihr neugeborenes Kind gebettet wurden. Wie andere Labkräuter hat auch dieses einen cumarinartigen Duft, wenn es welkt und trocknet. Dieser alte heidnische Brauch, von dem die Frauen nicht lassen wollten, wurde allmählich christianisiert, indem die Kirchenmänner behaupteten, es handle sich um dieselben Kräuter, die in der Krippe in Bethlehem lagen, die Ochs und Esel nicht gefressen hatten und auf denen Maria das Christkindlein bettete.

Der wissenschaftlich-botanische Name der Pflanzengattung ist *Galium* (griechisch *gále* = Milch) und deutet darauf hin, dass Sennen den Saft als Lab-Ersatz benutzten, um beim Käsemachen die Milch zum Gerinnen zu bringen; das zusammengeballte Kraut hat man auch zum Filtern der Milch verwendet. Wie bei anderen Rötegewächsen kann man mit den Wurzeln rot färben, aber natürlich nicht so intensiv wie mit dem verwandten Färberkrapp.

ÖKOLOGIE

Was den ökologischen Nutzen des Klebkrauts betrifft, kann man sagen, dass das Kraut eine gute Futterpflanze für rund vierzig Insektenarten darstellt, für verschiedene Käfer und Springschwänze. Die kleinen, weißen, sternförmigen Blüten der Pflanze werden von Schwebfliegen, Schlupfwespen und Fliegen bestäubt. Bis zu 400 kugelige, borstige, mit kleinen Widerhaken versehene Früchte entwickeln sich pro Pflanze. Die Samen verbreiten sich, indem sie sich im Fell von Tieren und an Hosenbeinen von Spaziergängern festhaken – Besitzer von Langhaardackeln und Angorakatzen können ein Lied davon singen. Die Samen können aber auch schwimmen und manchmal befördert sie ein heftiger Windstoß.

IN DER PRAXIS

WIE WERDE ICH ES LOS?

Das Kletten-Labkraut verbreitet sich ausschließlich über Samen, und die sind hartnäckig. Sie verbreiten sich ja nicht nur rund um den Standort der ausgewachsenen Pflanze, sondern durch Menschen oder Tiere, denen die Samen an der Kleidung bzw. am Fell anhaften, in weitem Umkreis. Entweder man erwischt die Pflanze, bevor die Samen reif sind, also vor dem Herbst, oder man muss in den nächsten Jahren eifrig Ausschau nach kleinen Sämlingen halten und diese sofort entfernen.

WAS KANN MAN ESSEN?

Blätter und Triebspitzen kann man in Gemüsegerichten verarbeiten, sie müssen aber gekocht werden, weil in rohem Zustand die rauen Härchen an den Blättern unangenehm zu essen sind. Die Blüten dienen den ganzen Sommer über als hübsche Dekoration. Auch die Samen sind essbar, früher wurden sie geröstet und als Kaffeeersatz verwendet.

KLETTEN-LABKRAUT-DEO

5 TL frisches Kraut kleinschneiden und mit 100 ml kochendem Wasser überbrühen. Zugedeckt 10 Minuten ziehen lassen. Abseihen und den Aufguss mit 40 ml reinem Alkohol mischen. Für angenehmen Duft nach dem Abseihen entweder einige Tropfen Zitronen-Aromaöl zufügen oder 1 EL Salbei mit aufbrühen. Die Mischung in eine Sprühflasche geben oder mit einem Wattebausch oder Leinenläppchen auftragen.

LÖWENZAHN

Vor einigen Jahren gab es eine Umfrage, in welcher die Bundesbürger Auskunft geben sollten, wieviele wild wachsende Kräuter sie jeweils kennen. Der Durchschnitt lag bei lediglich sechs Arten. Darunter Brennnessel, Gänseblümchen und Löwenzahn.

Nicht jeder mag den Löwenzahn *(Taraxacum officinale)*, der Wiesen, Weiden, Anger, Gärten und Wegränder so üppig besiedelt. Besitzern makelloser englischer Rasen ist er ein Dorn im Auge, und manche Mütter befürchten, sein weißer, milchiger Saft sei giftig und könnte spielenden Kleinkindern schaden. Für mich jedoch ist der Löwenzahn eine ganz besondere Pflanze: Als Salat im Frühling regt er Stoffwechsel und Drüsen an, entschlackt den Körper und vertreibt die Frühjahrsmüdigkeit. Er scheint die Verkörperung der Lebenskraft an sich zu sein. Das wurde mir klar, als ich an einer Feuerwache in München vorbeispazierte. Da, direkt vor der Ausfahrt für die Löschfahrzeuge, hob ein kleiner, mutiger Löwenzahn sein Haupt aus dem Beton und blühte. Wie hatte ein dermaßen zartes Wesen es vermocht, das harte Pflaster zu sprengen? Für mich war es ein Zeichen der Hoffnung: Das sanfte Leben ist stärker als das Starre, Verhärtete, Leblose. Im Frühling leuchten die Löwenzahnblüten wie Tausende Sonnen auf den frischen grünen Wiesen. Wäre die schöne Blume seltener, dann würde man sie verehren wie etwa die Chrysantheme oder Dahlie, und Züchter wären fleißig dabei, besondere Sorten hervorzubringen. Sie wäre absolut Kult. Auf den Löwenzahn trifft wirklich das englische Sprichwort zu: *Familiarity breeds contempt* (»Allzu große Vertrautheit erzeugt Verachtung«, oder: »Was man zu gut kennt, schätzt man nicht«.)

BOTANIK UND ÖKOLOGIE

Jeder glaubt den goldgelb blühenden Korbblütler gut zu kennen. Stimmt das wirklich? Nicht nur an der Blüte, sondern vor allem an den lanzettlichen, schrotsägeförmigen Blättern, denen er seinen Namen verdankt, ist der Löwenzahn sofort zu erkennen. Und dennoch gleicht kein Blatt dem anderen. Je nach Standort, Klima, Jahreszeit, Landschaft, Höhe, Boden- und Lichtverhältnissen und anderen Faktoren nehmen die Blätter eine andere Gestalt an. Wo es schattig und feucht ist, sind die Blätter größer, breiter und weniger gezackt; an trockenen, lichten Orten sind sie kleiner und tiefer eingeschnitten.

Seine leuchtend gelben Blüten strahlen mit der Frühlingssonne um die Wette.

AUS DER NÄHE

LÖWENZAHN

Taraxacum officinale

VERBREITUNG

Weltweit verbreitet im gemäßigten Klima

STANDORT

Wiesen, Äcker, Gärten, anspruchslos und anpassungsfähig an unterschiedliche Bodenverhältnisse

VEGETATIONSZEIT

Ausdauernd, Blüte: April-Mai

VERWENDBARE TEILE

Ganze Pflanze, Blätter, Blüten, Wurzel

1. BLATTROSETTEN

Aus der ausdauernden Wurzel wachsen von März an die grünen Blattrosetten des Löwenzahns. Wenn man die Blätter oberhalb der Wurzel schneidet, treibt sie erneut aus und bringt oft mehrere Blattrosetten hervor.

2. BLÄTTER

Die Laubblätter des Löwenzahns sind länglich mit runder bis lanzettlicher Spitze und tief eingeschnitten und gezähnt – die Zähnchen können wie die Reißzähne eines Löwen aussehen. Die Blattfarbe reicht je nach Standort von Hellgrün bis satt Dunkelgrün.

3. VOR DER BLÜTE

In der Mitte der Blattrosette bilden sich zunächst knollige Blütenknospen, die schließlich einzeln aufrecht in die Höhe wachsen.

4. KNOSPE UND STÄNGEL

Kurz vor dem Aufblühen ist die Blüte aus der schützenden Tiefe der Blattrosette auf einem geraden, hohlen Stängel emporgewachsen.

5. BLÜTE

Die Hauptblütezeit des Löwenzahns liegt in Mitteleuropa im April und Mai. Einzelne Nachzüglerblüten erscheinen jedoch bis weit in den Herbst hinein.

6. SAMENSTAND

Aus den sonnengelben Blütenköpfen werden schließlich die Pusteblumen mit vielen Samen, die jeweils an einem Schirmchen (Pappus) hängen.

7. WURZEL

Die Pfahlwurzel des Löwenzahns kann bis einen Meter tief in die Erde reichen.

1

2

3

4

5

6

7

Wenn die Wiesen gelb von Löwenzahnblüten sind – dann ist der Mai gekommen.

Im Vorfrühling quellen sie aus dem kräftigen, pfahlförmigen Wurzelstock hervor und bilden eine Rosette. In der Mitte dieser Blattrosette erscheint die Blütenknospe, die dann auf einem hohlen, leicht rötlichen Blütenstängel emporwächst, auf dem sich der sonnenhaft strahlende Blütenkorb wie eine Krone entfaltet. Jede Blüte besteht aus rund 200 einzelnen gelben Zungenblüten.
Dieser Blütenkopf ist sensibel. Nachts oder wenn es regnet oder graue Wolken den Himmel bedecken, bleibt der Hüllkelch geschlossen. Aber wenn die Sonne scheint, dreht er sich ihr zu, öffnet sich und bietet dem Bienenvolk eine Fülle süßen Nektars und Pollens. Auch kleine, schwarze Rapsglanzkäfer werden von dem Gelb angezogen und fressen Pollen. Irgendwann, wenn die Bestäubung vollzogen ist, schließt die Blüte ihre Hüllblätter noch ein einziges Mal. Wenn sie sich wieder öffnet – welch ein Wunder! – erscheint eine leuchtende, schimmernde Kugel, ein rundes Gebilde, bestehend aus zahlreichen Einzelfrüchten (Achänen), die

alle einen Fallschirm aus feinen Haaren (Pappus) besitzen und beim nächsten Windstoß davonfliegen. Bis zu 15 Kilometer weit trägt sie der Wind.
Die milchhaltigen Pfahlwurzeln strotzen vor Lebenskraft; sie dringen tief in die Erde ein, lockern verdichtete Böden und pumpen ausgewaschene Nährstoffe wieder nach oben. Der reichhaltige Pollen wirkt als feinstoffliche Düngung auf dem Wiesenboden. Junge Regenwürmer halten sich gerne in Wurzelnähe auf, für sie ist das eine Kinderstube. Für Nager wie die Wühlmäuse, die unter den Wiesen ihre Gänge und Nester haben, sind diese Wurzeln eine wichtige Nahrungsquelle. Auch Insektenlarven fressen an den Wurzeln, unter ihnen die Larven des Ampfer-Wurzelbohrers – eine Nachtfalterart – und die Drahtwürmer, die Larven der Klick- oder Schnellkäfer. Singvögel fressen gerne die nahrhaften Samen. Auch wir Menschen können die getrockneten Samen sammeln und als Streuwürze wie Kümmel essen.

ÜBER FÜNFHUNDERT NAMEN

Für keine Pflanze hat der Volksmund so viele Namen ersonnen wie für den Löwenzahn. Der große fränkische Ethnobotaniker Heinrich Marzell[22] hat die meisten davon aufgezeichnet. Bärenzahn, Wolfszahn oder Hundezahn wird er, wegen der Blattform, hier und da genannt; in einigen Schweizer Mundarten ist er der »Weih Schwanz«, da die Blätter mit den Schwanzfedern dieses Greifvogels verglichen werden. Wegen der flachen Blattrosette nennt man die Pflanze im Schwäbischen *Kuhdätsch* (Tätsch = Fladen). Wenn die Samen verweht sind, bleibt ein kahler runder Fruchtboden zurück, daher wird die Pflanze auch Mönchsköpflein oder Pfaffenkopf genannt. Wegen der Form der Knospen heißt der Löwenzahn Saurüssel, wegen der glänzenden, gelben Blüte ist er die Goldblume, Butterblume, Schmalzblume, Ankeblueme (schweizerdeutsch *Anke* = Butter),

»Auch Erwachsene – ich bin da keine Ausnahme – haben ihre helle Freude am Pusten einer Pusteblume.«

Wolf-Dieter Storl

In den Blütenkranz der Maienkönigin gehört unbedingt auch eine Löwenzahnblüte.

Eierblume; und wegen des weißen Milchsafts heißt er Milchblume, Milchkraut, Buttermilch und Hexenmilch. Da er sich zur Sonne dreht, ist er die Sonnenblume, der gelbe Sonnenwirbel und wegen der Blütezeit die Maiblume.

Kühe fressen die saftigen Blätter des milchigen Korbblütlers gerne. Da man meinte, der Löwenzahn würde die Milchleistung steigern, ist er vielerorts als Kuhblume bekannt. Auch Schweine tun sich genüsslich an den Wurzeln, daher wird er im süddeutschen Sprachraum oft Saublume, im Norden *Swiensbloom* (Schweineblume), in Tirol *Faknblueme* (Fak ist ein Ferkel) und in der Schweiz, die *Môrbluem* – wobei Môr nichts mit dem Moor zu tun hat, sondern ein alter Name für ein Mutterschwein ist. Als Pferdeblume (niederländisch *Paardebloem)* kennt man sie in plattdeutschen Regionen.

KINDERSPIELE

Der Löwenzahn ist eine Kinderpflanze. Kleine Mädchen flechten sich gerne einen Kranz aus den schönen Blüten; und mit dieser Krone im Haarschopf verwandeln sie sich in Prinzessinnen oder Feen.

Für die Kinder ist der Löwenzahn eine »Ringelblume«, denn wenn man die hohlen Blütenstängel ins Wasser legt, spalten sie sich und ringeln sich auf. Aus diesen Ringen lassen sich Ketten, Gürtel und Sonntagsschmuck basteln, deswegen wird die Pflanze in der Kindersprache oft auch »Kettenblume« genannt.

Die Mütter sehen diese Spielchen nicht so gerne, denn die klebrige »Milch« hinterlässt in Kleidern und Hemden Flecken, die sich nicht mehr herauswaschen lassen. Der bekannte Münchner Kräuterkundige Sepp Ott vermutet, dass die Mütter deswegen den

Kindern sagen, der Löwenzahn sei giftig. Spaß macht auch das Wegpusten der kleinen Fallschirme vom Blütenboden. Daher ist die ausgereifte Blüte eine »Pusteblume« oder der »Lichtausblaser«. Da gibt es Wettbewerbe, wer die Früchtchen alle auf einmal wegpusten kann. Wem das gelingt, der hat allgemein Glück oder Glück in der Liebe; oder die Zahl der noch haftenden Samenfrüchte sagt an, wie viele Kinder der Bläser haben wird, oder wie viele Jahre es noch bis zur Hochzeit sind. Auch gruselige, verwegene Orakel können angestellt werden: Eine auf einem Friedhof gepflückte Pusteblume wird für denjenigen, der nicht alle Fallschirme auf einmal wegblasen kann, zur »Totenblume«; er wird noch im selben Jahr sterben. In Bayern kannten die Kinder das Spiel »Engel und Teufel« – wem es gelingt, alle Früchte auf einmal wegzublasen, der ist ein Engel und kommt in den Himmel; wem es nicht gelingt, der ist ein Teufel und kommt in die Hölle.

Wer den Löwenzahn im Garten wachsen lässt, hat stets kostenlosen Salat zur Verfügung.

Auch Erwachsene – ich bin da keine Ausnahme – haben ihre helle Freude am Pusten einer Pusteblume. Und manche lassen sich von ihr sogar zum Dichten eines kleinen Gedichts inspirieren, wie der Allgäuer Lyriker Josef Guggenmos (1922-2003):

Wunderbar
stand er da im Silberhaar.
Aber eine Dame,
Anette war ihr Name,
machte ihre Backen dick,
machte ihre Lippen spitz,
blies einmal, blies mit Macht,
blies ihm fort die ganze Pracht.
Und er blieb am Platze
zurück mit einer Glatze.

Auch Heinz Erhardt (1909-1979) konnte nicht widerstehen, der Pusteblume einen lustigen Vers zu widmen:

Löwenzahn ist schon seit jeher
als höchst kriegerisch verschrien,
denn er lässt bei gutem Winde
Fallschirmtruppen feindwärts ziehn.
Und ich sitz auf der Veranda
und verzehre meine Suppe
und entdecke in der selben
zwei Versprengte dieser Truppe.

HEILPFLANZE UND FRÜHJAHRSGEMÜSE

Der Löwenzahn regt als Bittermittel den Gallenfluss an und tut der Leber gut. Diesem guten Zweck dienen die im Frühling gesammelten Blätter als Salat, der Frischsaft aus ihnen oder – wie es heute modern ist – im Smoothie. Später im Jahr eignet sich ein Tee aus den Wurzeln oder getrockneten Blättern für eine solche Stoffwechselkur.
Schon die Ärzte der Antike kannten den Löwenzahn als Leberelixier. Sie stellten die Pflanze unter die Herrschaft Jupiters, des Gottes der Erntefülle, des reichen Essens und

Eines meiner größten Vergnügen seit Kinderzeiten: Pusteblumen pusten.

Die sonnengelbe Farbe der Blüten wurde als Signatur für die Heilwirkung bei Gelbsucht angesehen.

der berauschenden Getränke, aber auch der Gebrechen, die auf Völlerei oder Trunksucht folgen können. Besonders bei Gelbsucht galt die gelb blühende Pflanze als probates Mittel. Auch in der traditionellen chinesischen Medizin und im indischen Ayurveda ist *Taraxacum* offizinell bei Hepatitis und Leberbeschwerden. Löwenzahn soll auch die Sehkraft der Augen stärken; das macht Sinn, denn es besteht eine energetisch-reflektorische Verbindung zwischen einer gut funktionierenden Leber und »klarer Sicht«.
In der Volksmedizin gilt Löwenzahntee als ein entschlackendes, wassertreibendes Mittel, um den Stoffwechsel anzuregen und das Blut zu »reinigen«. Regionale Namen für die Pflanze wie *Bettseicher, Brunzblume, Bettpisserli* und dergleichen weisen auf die starke harntreibende Wirkung hin. Nach neueren wissenschaftlichen Untersuchungen[23] hilft der Tee aus Wurzel und Blatt bei Arthritis; er wirkt günstig auf das Bindegewebe; Nierensteine werden – bei kurmäßigem Teegenuss – langsam gelöst und herausgespült. Bei Hildegard von Bingen sucht man den Löwenzahn vergebens. Man fragt sich, wie das sein kann, wo diese Pflanze doch so häufig anzutreffen ist und in der ländlichen Heilkunde eine so große Rolle spielt? Sie erwähnt jedoch eine *Dauwurz* – »… mehr warm als kalt; sie hat starke Kräfte und ist rein in ihrer Natur. Wenn jemand sie wie ein anderes Kraut oft isst, reinigt sie den Magen und behebt die Dunkelheit seiner Augen. Denn ihre trockene Wärme reduziert die garstigen Dinge im Magen, die oft aus feind-

lichen und üblen Säften hervorgehen ...«[24] – eine Pflanze, die man nicht identifizieren konnte. In hessischen und westfälischen Mundarten ist der Löwenzahn jedoch als *Dauen, Sommerdauen* und *Dauerten* bekannt und ich würde wetten, dass Hildegard den Löwenzahn meinte, den man früher auch *Augenwurz* nannte.

An Vitaminreichtum ist das bittere Kräutlein kaum zu übertreffen. Der Löwenzahnsalat enthält ein Drittel mehr Vitamin A als der Spinat und ein Fünftel mehr als Möhren. Hinzu kommt eine ganze Schatztruhe aus Mineralstoffen, insbesondere viel Kalium sowie Bitterstoffe und Inulin. Der Japaner George Oshawa (1893-1966), einer der bedeutendsten Vertreter der makrobiotischen Ernährungslehre, rief, als er in Europa das erste Mal einen Löwenzahn auf der Wiese erblickte, voller Begeisterung aus: »Wo der Löwenzahn wächst, da braucht man kein Ginseng (als Stärkungsmittel)!«

Aus den gerösteten Wurzeln kann man Wurzelkaffee machen, der wegen des Inulingehalts für Diabetiker bekömmlich ist. Die Russen kennen als Gemüse gebratene Löwenzahnrosetten – sie werden in Salzwasser eingeweicht, dann mit Semmelmehl bestäubt und mit kleinen Mengen Hackfleisch gebraten. Ein Lieblingsgericht der Pennsylvania-Deutschen ist die Löwenzahnpfanne mit Speck. Wie beim nahe verwandten Chicorée kann man die Löwenzahnblätter bleichen, indem man im Frühling einen Topf über die wachsende Rosette stülpt. Aus den Blütenknospen lassen sich leckere »Kapern« machen, aus den Blüten ein »Honig«, der kaum vom echten Bienenhonig zu unterscheiden ist. Und der goldgelbe Löwenzahnblütenwein ist etwas für die Connaisseurs.

FRÜHLINGSKULTSPEISE UND CHRISTUSSYMBOL

Für die alten Germanen war das Löwenzahngrün Teil der »Grünen Neune«. Das war die der Göttin Freya geweihte Frühlingskultspeise mit neunerlei Kräutern, die mit dem Geist des neuen Lebens verbindet.

In der christlichen Ikonographie wird der Löwenzahn Christus, dem Licht der Welt, zugeordnet, weil die Blüte wie die Sonne strahlt. Das Rot im Stängel soll an den Tropfen Menstruationsblut erinnern, der auf die Erde fiel, als Maria zu ihrer Base Elisabeth ging, um ihr von ihrer guten Hoffnung zu erzählen. Dass die Gottesmutter trotz ihrer Schwangerschaft ihre Tage hatte, galt – in der Imagination frommer Mönche – als Beweis ihrer unbefleckten Empfängnis.

Die astrologische Pflanzenkunde deutet den weißen, milchigen Saft des Krauts als Signatur des Mondes; in der gelben Blüte erkannte sie den Jupiter und im Schopf der Pusteblume die Anwesenheit des Saturn. Rudolf Steiner, der verschiedene biodynamische Kräuterpräparate für den Kompost entwickelte, bediente sich auch des Löwenzahns, um den Kompost für die einstrahlenden Kräfte des Jupiters empfänglich zu machen.

Nicht alle Pflanzen blühen gleichzeitig – einzelne Blüten sieht man sogar bis zum Frost.

IN DER PRAXIS

WIE WERDE ICH IHN LOS?

Löwenzahn entfernt man am besten vor der Samenreife, indem man die ganze Pflanze samt tief reichender Pfahlwurzel aus dem Erdreich sticht. Wenn man nur die grünen Blätter abreißt, treiben zuverlässig immer wieder neue Blätter aus dem Wurzelstock aus.

WAS KANN MAN ESSEN?

Der Löwenzahn ist ein sehr ergiebiges »Unkraut«: Essbar ist jeder Teil der Pflanze, die Blätter in Salat oder Sauce, die Wurzel in der Gemüsepfanne oder in der Suppe, die Blüten im Salat oder als Sirup eingekocht, die Blütenknospen wie Kapern eingelegt.

LÖWENZAHNHONIG

Etwa 250 g Löwenzahnblüten (ohne die grünen Kelchblätter) mit 1 l Wasser aufkochen und im Kühlschrank 1-2 Tage ziehen lassen. Dann abseihen, vorsichtig ausdrücken und 1 kg Rohrohrzucker dazugeben. Man kann nun noch den Saft von 1-2 Zitronen dazugeben oder/und einige Scheiben Ingwer. Die Flüssigkeit aufkochen lassen, die Temperatur reduzieren und die Mischung unter häufigem Umrühren so lange leise kochen lassen, bis ein dicklicher Sirup entstanden ist. In sterilisierte Gläser oder Flaschen abfüllen und dunkel lagern. Mit dem Sirup kann man Getränke süßen, er schmeckt fein als Brotaufstrich oder über Eis oder andere Süßspeisen geträufelt.

LÖWENZAHNGELEE

Etwa 500 g Löwenzahnblüten (ohne die grünen Kelchblätter) mit 1 l Wasser in einen Topf geben und zum Kochen bringen. Den Saft von 2 Zitronen und 2 Orangen zugeben, 5 Minuten kochen lassen und vom Herd ziehen. Die Mischung abseihen, die Rückstände gut ausdrücken. 1 kg Gelierzucker (wer es weniger süß mag, nimmt Gelierzucker 2:1) einrühren und alles aufkochen lassen. 5 Minuten kochen und das Gelee in sterilisierte Gläser mit Twist-off-Deckel füllen. Kühl und dunkel lagern. Das Gelee schmeckt gut als Brotaufstrich oder in Joghurt oder Quark eingerührt.

LÖWENZAHN-WURZELTEE

Für einen Wurzeltee 1 Handvoll Löwenzahnwurzeln säubern und klein schneiden. In 1 l Wasser über Nacht zugedeckt ziehen lassen. Die Mischung am nächsten Tag aufkochen und 1 Minute kochen lassen. Zugedeckt 5 Minuten ziehen und abkühlen lassen, abseihen und trinken. Die Wurzeln dafür am besten im Herbst ernten. Gereinigt und klein geschnit ten kann man die Wurzeln für einen winterlichen Teevorrat trocknen.

QUECKE

Die Quecke ist ein Süßgras, das jeder Bauer und Gärtner kennt und fürchtet. Deswegen auch der Name – im Englischen heißt es »quickgrass«. Der Name passt, denn das Wurzelunkraut steckt voller nicht zu bändigender Lebenskraft.

Auch im Deutschen heißt die Quecke *(Elymus repens,* syn. *Agropyron repens, Elytrigia repens)* mancherorts Quickgras, Quackgras, Quietschgras oder auch – wie im Elsass-Deutsch – *Kecke,* niederländisch *kweek* oder norwegisch *Kvika.* Das mit dem Wort keck verwandte »queck« oder »quick« kommt aus dem indoeuropäischen Ur-Wortschatz und bedeutet lebendig, lebhaft, munter, frisch; es kommt zum Ausdruck in Begriffen wie quicklebendig, Quecksilber, Kaulquappe. Andere Namen für die Quecke sind Kriechquecke, Flechtgras, Graswurzel, Schnürgras, Bair, Rechgras, Wurmgras, da es wie ein Wurm durch die Erde kriecht, und Ruchgras, wobei man letztere Benennung nicht mit dem echten, auf Bergwiesen wachsenden, nach Waldmeister duftenden Ruchgras *(Anthoxanthum odoratum)* verwechseln sollte. Das echte Ruchgras war ein Räuchergras, das – zusammen mit Wacholder, Beifuß und gelegentlich Weihrauch – zum Ausräuchern von Stall und Haus zum Beispiel in den Raunächten verwendet wurde. Hundegras, eine weitere häufige Bezeichnung, drückt einfach die Verachtung für das als Unkraut wachsende Gras aus. Hundepflanzen sind in der althergebrachten totemischen Klassifizierung von Pflanzen oft unnütze, verachtete Pflanzen, wie die Hundskamille, die nicht duftet und sich nicht fürs Heilen eignet, oder die Hundsrose, die nicht die Pracht der Gartenrose hat.

ÖKOLOGIE

Die Quecke ist ein Ackerbegleitkraut. Sie hat sich seit der Jungsteinzeit, als die Menschen anfingen Feldfrüchte anzubauen, perfekt an das Ackerbiotop angepasst. Sie ist eine Pionierpflanze, die sich weniger durch Samen vermehrt als vielmehr durch ihre zähen, weiß-beigen, nahezu unverwüstlichen, kriechenden Wurzeln. Wenn der Bauer seinen Acker eggt oder der Gärtner den Boden hackt, dann vermehrt er die Pflanze. Jedes noch so winzige Rhizomstückchen wird zu einer neuen Pflanze.
Das hat mein Freund Larry erleben müssen, als er im Frühling munter seinen Acker mit der Motorfräse bearbeitete.

Das kriechende Gras gräbt sich mit seinen zähen Wurzeln durch jeden Boden

AUS DER NÄHE

QUECKE

Elymus repens syn. *Agropyron repens*

VERBREITUNG

Heimisch in Europa und Teilen Asiens, weltweit eingeschleppt

STANDORT

Bevorzugt frische, nährstoffreiche, auch verdichtete Böden

VEGETATIONSZEIT

Ausdauernd

VERWENDBARE TEILE

Rhizome, junge Blätter, Samen

1. WURZELN

Mit ihren dicken, weißen Wurzeln arbeitet sich die Quecke – nicht umsonst heißt sie auch Kriechquecke – durch den härtesten Ackerboden.

2. RHIZOME

Aus dem unterirdischen Rhizom wachsen in regelmäßigen Abständen grüne Triebe senkrecht empor. So erobert die Quecke in kurzer Zeit große Ackerflächen.

3. BLÜTE

Am Blütenstand gut erkennbar ist, dass es sich bei der Quecke um ein Süßgras handelt. Die Ähre mit zweiseitig angeordneten Blüten bzw. einzelnen Ährchen kann bis zu 10 cm lang werden.

4. SAMEN

Blüten- und Samenbildung erfolgen bei der Quecke erst im zweiten Jahr. Die Samen werden dann durch Anhaftung an Tierfell oder an die Wollpullover des Gärtners verbreitet, aber auch durch den Wind.

3

1

2

4

»In der Blumensprache bedeutet die Quecke: ›Gib mir eine Chance‹. Bei mir im Garten hat dieses lebenskräftige Gras auf jeden Fall eine Chance. Ich jäte es zwar beim Umgraben, aber ich sehe es nicht als Feind, sondern als das, was es ist: Ein Wunder der Natur.«

Wolf-Dieter Storl

Auf diese Weise zerschnipselte und verteilte er die Quecke, sodass seine Beete kurz darauf wie ein frisch eingesäter Rasen aussahen. Die drahtigen Wurzeln wachsen etwa zehn Zentimeter unter der Oberfläche, gelegentlich können sie aber bis zu 80 Zentimeter in die Tiefe tauchen. Die auslaufenden Rhizome können bis zu zwei Meter lang werden. Botaniker haben ausgerechnet, dass eine Pflanze bis zu zehn Quadratmeter pro Jahr zuwuchern könnte. Auch vermag sie bei ihrem Eroberungszug andere Pflanzen, die ihr im Weg sind, durch allelopathische (das heißt: Wechselwirkungen mit anderen Pflanzen hervorrufende) Ausscheidungen in ihrem Wachstum zu hemmen.
Die bei uns heimische Pflanze hat es über den Atlantik geschafft und tritt besonders in den endlosen Maismonokulturen als aggressives *alien invasive weed* auf, um das sich unter anderem die US-amerikanische Heimatschutzbehörde – sie ist auch für Terrorismus-Abwehr zuständig – und selbstverständlich die Herbizidhersteller kümmern.

Wertvolles Futtergras

Wo dieses Gras auf Weiden oder stickstoffreichen Ruderalflächen wächst, ist es ein wertvolles Futtergras für grasfressende Tiere wie Ziegen, Kühe oder Pferde. Raupen des Schwarzkolbigen Braun-Dickkopffalters fressen auch gerne an den Blättern. Finken, Ammern und Sperlinge picken die Queckensamen auf. Die Spelzen haften im Fell von Tieren, was eine weitere Verbreitungsstrategie (»Klettausbreitung«) der Quecke ist. Wühlmäuse fressen die stärkehaltigen Rhizome und tragen sie zusammen mit anderen Wurzeln in ihre Wintervorratskammern. Jedenfalls habe ich sie häufig zusammen mit Topinambur, Karottenstückchen, Knollenziest und anderem nahrhaften Wurzelzeugs in ihren sorgfältig für den Winter ausgepolsterten Nestern in meinen Gartenbeeten gefunden. Die beste Art und Weise, die

Wer die Quecke loswerden will, muss die weißen Wurzeln sorgfältig ausgraben.

Quecke in den Gartenbeeten loszuwerden, ist also, sie nicht den Wühlmäusen zu überlassen. Beim Herumschleppen lassen sie nämlich immer wieder kleine Rhizomstücke fallen und verbreiten auf diese Weise die Pflanze. Wenn man sie aus dem Gartenbeet entfernen will, ist die beste Methode, sie mit der Grabforke herauszustechen, durch Schütteln die Wurzeln von der Erde zu befreien und sie dann per Hand aufzulesen. Das bewährt sich übrigens auch beim Giersch, der Ackerwinde und anderen Wurzelunkräutern.

Wirt für Getreiderost

Ein weiteres Argument gegen die Quecke ist, dass sie ein Wirt für Getreiderost, Mehltau und Mutterkorn sein kann. Aber so einfach sollte man die Pflanze nicht zum Sündenbock machen. Pilzbefall findet dort statt, wo das Lebensumfeld der Pflanzen gestört ist, wo ihre Lebenskraft schon vorher geschwächt wurde. Solche Störungen können elektromagnetische Strahlungen sein, Luft- und Umweltverschmutzung, unsachgemäße Anwendung von Agrarchemikalien, auch anhaltende Wetterturbulenzen oder Klimawandel. Letzteres war in dem Zeitraum vom Anfang des 15. bis ins 19. Jahrhundert der Fall. Es kam zu einem anhaltenden Temperatursturz, der sogenannten »kleinen Eiszeit«. Wegen Feuchte und Kälte gedieh Getreide schlecht, es wurde anfällig für Pilzbefall, insbesondere für *Claviceps purpurea,* den schwarzen Mutterkornpilz. Die hungernden

Die Queckensamen werden gern von Singvögeln gefressen.

Menschen buken aus dem befallenen Roggen trotzdem ihr Brot. Die Folge war, dass ganze Gemeinden an Mutterkornvergiftung litten. Die Vergiftung äußerte sich in Durchblutungsstörungen der Glieder und im Wahnsinn, weil das Mutterkorn Lysergsäure-diethylamid (LSD) enthält. Die Finger und Zehen der Betroffenen wurden braun und schwarz und sahen aus, als wären sie verbrannt worden, deswegen nannte man die Seuche »Antoniusfeuer« – man rief den heiligen Antonius an, weil auch er von einer Schar übelster Dämonen befallen wurde, sie aber abwehren konnte.

In der Vergangenheit kam es häufig zu Massenvergiftungen durch Mutterkorn, besonders im Roggenmehl.

Die heutige Anfälligkeit des Getreides für Pilzbefall beruht auf konstitutioneller Schwäche der Getreidegräser: Sie sind überzüchtet, wachsen auf ausgelaugten oder toten mineralischen Böden und werden nur durch massiven Chemieeinsatz am Leben gehalten. Die naturfernen Anbaumethoden und weniger die Kriechquecke sind das Problem.

HEILEN MIT DER QUECKE

Dass die Quecke eine wunderbare Heilpflanze ist, ist den Menschen, die von Westeuropa bis in die russischen Steppen siedeln, nicht entgangen. Zuallererst wirken die Wurzeln harntreibend. Sie eignen sich als Tee zur **Durchspülung der Nieren und Harnorgane,** dabei entfalten sie eine keim- und pilzwidrige Wirkung und helfen, Nierensteine aufzulösen. Die Volksmedizin kennt den Queckenaufguss als hervorragendes entschlackendes Mittel bei **Rheuma, Drüsenschwellung (Lymphe und Milz), Steinleiden, Skrofulose, Akne, Prostatitis, chronischen Ekzemen und Gicht.** Als »Blutreiniger« kam die Quecke meist in einer Mischung mit anderen Heilpflanzen – Klette, Porst, Gundermann, Alant, Löwenzahn, Holunderblüte, Wacholder und Brennnessel – zum Einsatz. Auch als mildes Klistier wird der Tee eingesetzt. Nebenwirkungen sind keine zu befürchten, solange man genügend Mineralstoffe und Salze zu sich nimmt, um den Elektrolythaushalt nicht zu gefährden. Der frische Presssaft der Wurzeln wirkt ebenfalls diuretisch, auflösend und entzündungswidrig im Harntrakt und den Schleimhäuten des Magen-Darm-Kanals.

Die Quecke soll auch der **Leber** guttun. Der bekannte französische Phytotherapeut und Arzt Henri Leclerc berichtet von einem Patienten, der an chronischer **Gelbsucht** litt und sich einer Radikalkur mit Queckenwurzel hingab: Zwei Jahre lang ernährte er sich ausschließlich von Queckenwurzeln und wurde geheilt. Er kann von Glück reden, denn die Wurzeln dieses »Un-Grases« sind tatsächlich nahrhaft.

In der anthroposophischen Heilkunde spielt die Quecke eine wichtige Rolle. Die Heilmittelfirma Wala baut das berüchtigte Süßgras sogar an, um daraus homöopathische Globuli *(Agropyron Globuli Velati)* zur Anwendung bei **Erkältung, Stirnhöhlenkatarrh, Grippe und Mandelentzündung** herzustellen. Diese

Wer die Quecke einmal im Garten hat, wird sie nur sehr mühsam wieder los.

Indikationen beruhen nicht nur auf dem Vorhandensein von bestimmten Inhaltsstoffen, die schleimlösend, antimikrobiell und reizlindernd wirken, sondern auch auf der Wachstumsgeste – der Signatur – der Graspflanze: Die zähe Wurzel nimmt viel Sonnenkraft auf und schickt sie in den harten, zähen, kalten Boden – auch in verdichtete Ton- und Lehmböden – und belebt (quickt) diesen. Dass die Quecke viel Sonnenenergie in sich trägt, zeigt sich darin, dass sie viel Zucker enthält. Zucker ist nach Rudolf Steiner »geronnenes, mineralisiertes Sonnenlicht«, es ist das erste Produkt der Lichtassimilation (Photosynthese).

BIER UND BROT

Queckenwurzeln kann man gut essen. In Russland, der Ukraine und anderen Oststaaten werden die Rhizome im Frühling geerntet, solange sie sich noch in Winterruhe befinden und noch nicht austreiben. Sie werden getrocknet, zu Mehl gemahlen und dann als Suppenzutat oder zum Strecken des Brotmehls verwendet. Die frischen, noch weißen Halmtriebe kommen ebenfalls in Suppen oder gar in den Salat.

Die Queckenrhizome sind stärkehaltig. Auch verschiedene langkettige Zucker, Mehrfachzucker, Insulin-ähnliche Süßstoffe sind vorhanden. Sie haben einen Eiweißgehalt von bis zu 20 Prozent. Hinzu kommen die Vitamine A, B und C, Karotin, Kieselsäure, Schleimstoffe, Phosphorsäure, Kalisalze und Spuren von ätherischen Ölen und Saponinen, die etwas von der Heilkraft erahnen lassen. Wegen des Zuckergehalts wird in Osteuropa auch ein süßer Sirup aus den Queckenwurzeln hergestellt oder auch Alkohol aus der Pflanze gebrannt.

In deutschen Landen kannte man noch im 19. Jahrhundert ein Queckenbier. Die Rhizome wurden im März geerntet, dann gewaschen, getrocknet und – um die kleinen Seitenwürzelchen loszuwerden – gedroschen. Sie wurden über Nacht eingeweicht und anschließend mit Hopfen gekocht. Beim Abkühlen kam die Brauhefe dazu und man überließ die Mischung dem Gärprozess. Das Resultat war ein angenehmes Dünnbier. Man hat aber auch die Wurzeln gedarrt, zu Mehl gemahlen und anschließend mit Malz eingemaischt, um auf diese Weise ein stärkeres Bier zu bekommen.

In der Blumensprache bedeutet die Quecke übrigens: »Gib mir eine Chance«. Bei mir im Garten hat dieses lebenskräftige Gras auf jeden Fall eine Chance. Ich jäte es zwar fleißig im Frühjahr beim Umgraben, aber ich sehe es nicht als Feind, sondern eher als das, was es ist: Ein weiteres Wunder der Natur.

Aus ihrem dichten Wurzelgeflecht treibt die Quecke alle paar Zentimeter Triebe nach oben.

IN DER PRAXIS

WIE WERDE ICH SIE LOS?

Wenn man die Quecke dauerhaft loswerden will, hilft nur ein gründliches Jäten per Hand. Mit der Grabforke öffnet man den Boden entlang der Wurzeln und »verfolgt« die Rhizome möglichst weit auf ihrem meterlangen Weg durch den Garten. Dann zieht man die Rhizome aus der Erde und versucht, auch noch das kleinste Stückchen zu finden. Da das nur selten auf Anhieb gelingt, werden sich immer wieder kleine Rhizomteile durch ihren grünen Austrieb oberirdisch bemerkbar machen. Wenn man diese dann jeweils sofort ausgräbt und entfernt, sollte man das Problem allmählich in den Griff bekommen. Die Rhizomstücke nur auf einem gut aufgesetzten Kompost, der sich gut erhitzt, entsorgen.

WAS KANN MAN ESSEN?

Die Rhizome wurden in Notzeiten geerntet und frisch oder getrocknet verspeist. Heute macht sich kaum mehr jemand die Mühe. Die jungen Blätter kann man im Frühling kleingeschnitten in Wildkräutergerichte mischen. Auch die Samen sind essbar.

QUECKENTEE

Der Tee aus den Rhizomen hilft unter anderem vorbeugend oder auch therapiebegleitend bei Blasenentzündung und anderen Erkrankungen der Harnwege. Die Quecke ist auch Bestandteil von Mischungen zur »Blutreinigung«. Für den Tee 1 EL frische oder 1 TL getrocknete, klein geschnittene Queckenrhizome mit 250 ml kochendem Wasser überbrühen und abgedeckt 10 Minuten ziehen lassen. Abseihen, auf Trinktemperatur abkühlen lassen und trinken.

RUPRECHTSKRAUT

Im Halbschatten unter Hecken, im Wald, auf brachliegenden Beeten, am Wegrand, im Schutt der Hinterhöfe und sogar in Mauerritzen findet man das Ruprechtskraut: Ein hübsches Pflänzchen mit zart rosafarbenen kleinen Blüten und behaarten Stängeln.

Das Ruprechtskraut *(Geranium robertianum)* ist gut an windarme, schattige Standorte angepasst: Die Blätter bilden ein Mosaik, sodass keines das andere bedeckt und ihm das Licht streitig macht. Bei trockener Luft reagieren die reifen Fruchtkapseln, indem sie sich zusammenrollen und explosionsartig ihre Samen durch die Luft schleudern. Die Pflanze ist nur schwach verwurzelt, deswegen biegt sie ihre Seitensprosse an den verdickten »Gelenken« nach unten, um sich wie auf Stelzen zu stützen. Die Botaniker sprechen deshalb von einem »Spreizklimmer«. Stinkender Storchschnabel – englisch *stinking Robert* – wird das *Geranium*-Gewächs auch genannt, weil es einen starken Duft verströmt. Aber stinken? Nein, so würde ich das würzig-herbe Aroma nicht bezeichnen. Ich mag den Duft – er erinnert mich an Bratensauce mit Meerrettich. Das ist aber, zugegeben, eine recht subjektive Beschreibung der Geruchswahrnehmung. Auf jeden Fall charakterisiert er die Pflanze als typisches Geraniengewächs; fast alle Mitglieder dieser Familie, zu der auch die Pelargonien auf der Fensterbank gehören, haben stark duftende Blätter. Die Duftgeranien aus Südafrika können es an Vielfalt ihrer Düfte mit der Minz-Familie aufnehmen. Und wie bei einigen Minzen, die im Schatten oder Halbschatten wachsen, wie etwa beim Waldziest oder beim Waldgamander, empfinden wir den Duft als eher roh, wild oder herb. Ein Gutes hat der strenge Geruch des Storchschnabels: Wenn man sich mit den Blättern einreibt, bleiben die Mücken fern.

◆ Noch ein Vorzug der hübschen Storchschnäbel: Die Schnecken fressen sie nicht.

ADEBAR UND FRAU HOLLE

Botaniker gaben der Familie der Geraniengewächse ihren Namen, da die Früchte wie Kranichschnäbel (griechisch *géranos* = Kranich) geformt sind. Die Bewohner des nördlichen Europa sahen darin eher einen Storchschnabel. Der Storch gilt ja seit Urzeiten als ein ganz besonderer Vogel. Sein Schnabel und seine dünnen Beine sind rot, das Gefieder ist weiß und schwarz. Weiß-Rot-Schwarz, das waren seit paläolithischen Zeiten die Farbe der Großen Göttin, die wir im Märchen als Frau Holle kennen.

AUS DER NÄHE

RUPRECHTSKRAUT

Geranium robertianum

VERBREITUNG

In ganz Europa, Asien und Nordafrika verbreitet; in Nordamerika eingeschleppt.

STANDORT

Bevorzugt schattige, stickstoffreiche Standorte, toleriert aber auch volle Sonne. Je sonniger der Standort, desto intensiver ist die Rotfärbung von Blättern und Stängeln.

VEGETATIONSZEIT

Einjährig, Blüte: April-Oktober

VERWENDBARE TEILE

Ganzes Kraut, Samen

1. JUNGES BLATT

Die jungen Blätter des Ruprechtskrauts sind gefiedert und an den Rändern gekerbt wie die älteren, aber ihre Enden laufen noch sanft und rundlich zu. (Hier im Hintergrund übrigens ein junges Gierschblatt).

2. ÄLTERES BLATT

Jedes Blatt besitzt einen Stiel und ist drei- oder fünfteilig. Jedes Teilblatt ist stark gefiedert. Je mehr Sonne auf die schattenliebenden Blätter fällt, desto mehr rote Farbpigmente weisen sie auf.

3. STÄNGEL

Die Stängel der jungen Laubblätter sind oft noch grün, aber auch schon dicht drüsig behaart.

4. VERZWEIGUNGSKNOTEN

Die Pflanze wächst stark verzweigt mit verdickten Knoten, aus denen wieder neue Stängel herauswachsen. Das Ruprechtskraut kann die Stängel an den Blattgelenken nach unten absenken und sich so auf dem Untergrund abstützen.

5. BLÜTE

Die paarweise auf feinen Stängelchen sitzenden Blüten weisen jeweils fünf Blütenblätter auf. Meist sind sie dunkel- bis hellrosa oder violett, manchmal auch weiß.

6. SAMENSTAND

Sobald sie reif sind, lösen sich die Samen aus der Kapsel und werden mehrere Meter weit in die Umgebung geschleudert.

1

2

3

4

5

6

Wenn es wenig Sonne bekommt, behält das Ruprechtskraut seine grüne Farbe.

Mit diesen drei Farben – dem Weiß der Kreide, dem Rot oder Orange des Ockers und dem Schwarz der Holzkohle – malten die altsteinzeitlichen Jäger und Sammler ihre sakralen Höhlen mit Tierbildern aus. Die Höhlen galten als Schoß der Erdgöttin, in denen sie die Geister und Seelen der Tiere hütete. Sie empfing die getöteten Tiere, und nach einer gewissen Zeit schickte sie ihre Seelen wieder in neuer Verkörperung in die äußere Welt.

Auch die Menschen gingen, wenn ihr Lebensfaden riss, in das Reich der Holle ein. Wenn sie wieder in die Welt der Lebenden zurückkehrten, brachte der Vogel der Göttin, der Storch, sie zu den künftigen Eltern. Der magische Vogel holte die Kinderseelchen, so wie er die kleinen Frösche holt, aus dem Sumpf oder dem Teich – neben den Höhlen galten diese Gewässer als Zugänge zum Reich der Holle – und ließ sie durch den Rauchfang oder Schornstein in das Haus oder die Hütte hinab. Der Kamin oder Schornstein galt als der Eingang für die Geister – noch immer kommt der Weihnachtsmann in England und Amerika durch den Schornstein, und die »Hexen«, die Schamaninnen, fliegen auf ihren Besen durch diesen Schacht in die »andere Welt« hinaus. Der Storch, der die Kinder als Segen der Ahnenwelt bringt, hieß *Adebar.* Das ist althochdeutsch und bedeutet »Glücksbringer«.

Kinderwunschkraut

Noch lange war es Brauch, das Storchschnabelkraut über das Bett zu hängen, unter das Kissen zu legen oder es als Amulett zu tragen, damit ein Kinderwunsch in Erfüllung gehe. Was für uns moderne Menschen wie krasser Aberglaube erscheint, war in früheren Zeiten – auf dem Land bis Anfang des 20. Jahrhunderts – ganz real; es war eine Botschaft an die Ahnen oder die Gottesmutter, dass man bereit war, ein Kindlein zu empfangen. Wer weiß, ob es nicht doch öfter funktionierte, ob der Brauch nicht tiefe (psychologische) Resonanzen auslöste?

WER WAR RUPRECHT?

Wie erwähnt, wächst der Storchschnabel gerne in vernachlässigten Ecken im Garten, in der Hecke oder am Waldrand. Das sind genau die Orte, an denen sich das Zwergenvolk, die Elfen und Naturgeister gerne aufhalten. Einer der bekanntesten Namen der Pflanze in England ist *herb Robert* oder auch *red Robin*. Dieser Robert wird identifiziert mit dem Anführer der Kobolde und Hausgeister, Robin Goodfellow. Sein Vogel ist das Rotkehlchen *(robin)*, das im britischen Aberglauben eine große Rolle spielt: Wenn ein Rotkehlchen zum Beispiel ins Haus fliegt, gilt das als Vorzeichen des Todes. *Death comes quickly* (Der Tod kommt schnell) ist deswegen eine weitere Bezeichnung des Storchschnabels. Die Anderswelt kann eben auch gefährlich sein.

Ruprechtskraut könnte auch mit dem Knecht Ruprecht, dem Furcht einflößenden Begleiter des Nikolaus, zu tun haben, denn auch er war ursprünglich ein wilder Naturgeist, ähnlich wie Robin Goodfellow. Das Wort Rüpel geht ja auf den Namen Ruprecht zurück.

Für die mittelalterlichen Christen spielten die Heiligen eine wichtige Rolle, sie nahmen die Stelle der Naturgeister und vorchristlichen Gottheiten ein. Da weihte man die magische Pflanze dem heiligen Ruprecht oder Rupert, dem »Apostel der Bayern«, der im 7. Jahrhundert Landesbischof von Salzburg war und unter anderem als Schutzherr von Haus und Familie gilt. Dieser Ruprecht, vermuten die Volkskundler, hat den rotbärtigen Donar als Beschützer der Familie ersetzt. Andererseits könnte es sein, dass der Name Ruprecht einfach auf das althochdeutsche Wort *rotbreht* (= rötlich), *hrodberaht* (= ruhmglänzend) oder das lateinische *ruber* (rot) zurückzuführen ist, was ja passend für das Kraut mit roten Stängeln und Blättern ist.

Auf jeden Fall ist das Blutrot eine Zauberfarbe, und die Tatsache, dass der Stinkende

Das Ruprechtskraut füllt im Nu Lücken zwischen anderen Pflanzen, hier mit Bärlauch.

»Schon Hildegard von Bingen empfahl den Storchschnabel gegen Melancholie, und das erste gedruckte Kräuterbuch, der ›Mainzer Gart der Gesundheit‹ von 1485, sieht ihn als ein ›Mittel gegen Traurigkeit und gut fürs Herz‹. Da ist wohl was dran: Heute verwendet man Geranienöl in der Aromatherapie gegen Depressionen.«

Wolf-Dieter Storl

Storchschnabel zu der Jahreszeit anfängt zu blühen, wenn der Kuckuck – der Zauberer unter den Vögeln – ruft, sagt einiges über sein magisches Wesen aus.

BLUTSTILLENDE HEILPFLANZE

Zuallererst ist das Ruprechtskraut, seiner roten Signatur gemäß, eine blutstillende Heilpflanze. Der Aufguss oder auch der Sud wurden äußerlich bei **Schürfwunden, Hämorrhoiden und Hautentzündung** verwendet und innerlich bei blutigem Stuhl und Durchfall. Das ist durchaus vernünftig, denn wir haben es mit einer stark gerbstoffhaltigen Pflanze zu tun. Gerbstoffe (Tannine) ziehen verletztes, entzündetes Gewebe zusammen, trocknen und »gerben« zugleich die Bakterien. Es ist ein ähnlicher Prozess wie das Gerben von Leder, das die Zersetzung der Tierhaut durch Bakterien verhindert. Neben fünf bis sechs Prozent Tanninen enthält der Storchschnabel Bitterstoffe und ätherische Öle, die – innerlich angewendet – blutzuckersenkend und krampflösend wirken.
Auch gegen fressende **Geschwüre** soll das Kraut gut sein. Hieronymus Bock (1498-1554), einer der Väter der Botanik, schreibt: »Würt (Heilkraut), auch Herba Sankt Roperti geheissen, vielleicht darum, weil sie Schäden, Krebs und Fisteln heilt, damit dieser Heilige behafft gewesen.« Das würde heißen, dass sich der heilige Rupert seinerzeit selbst mit der Pflanze geheilt hat.
Kräuterpfarrer Johann Künzle, der die Pflanze *Gottesgnadechrut* (Gottesgnadenkraut) nennt, verschreibt es in Rotwein gekocht bei **Magen- und Darmentzündung,** als Tee bei **Halsweh, Zahnfleischgeschwülsten und Nierenschmerzen,** und er empfiehlt Umschläge aus dem getrockneten Kraut bei **Fisteln und Ausschlägen.**

HILDEGARDS ZAUBERPFLANZE

Für die Benediktinerin Hildegard war der Storkensnauel – wie sie das Ruprechtskraut –

Die spitzen Samenstände des Ruprechtskrauts haben ihm zum Namen Storchschnabel verholfen.

nicht nur eine Heilpflanze, die »mehr kalt als warm gegen Stein (-leiden) hilft«, sondern auch ein mächtiges Mittel gegen Gift und Zaubersprüche. Wahrscheinlich traute sie dem Kraut auch deshalb viel zu, weil es dem heiligen Rupert, dem Namenspatron ihres Klosters Rupertsberg, geweiht war, dem zu Ehren sie ein Büchlein geschrieben hatte. In einem aufwendigen Ritual, das mehrere Tage und Nächte dauert, werden Storchschnabelwurzeln und -blätter zusammen mit sieben Breitwegerichwurzeln und -blättern, zu einem Pulver verarbeitet, das die finsteren Geister in die Flucht treibt.

Wenn Hildegard schreibt, dass das Heilkraut auch für Herzbeschwerden gut ist, dann muss man wissen, dass das nichts mit der anatomischen Blutpumpe zu tun hat, wie wir das heute verstehen. Herzbeschwerden bedeutete damals ein schweres Herz, ein trauriges Herz, ein gebrochenes Herz, dessen Ausdruck vor allem die »Betrübnis«, die Melancholie, war. Dagegen »nehme man *Storkensnauel* und im geringeren Umfang Poleiminze und in noch geringerem Umfang Raute – das ist ungefähr ein Verhältnis von 100:10:1 –, pulverisiere diese und esse das Pulver oft mit Brot ... Das führt die korrupten Säfte, die das Herz der Menschen schädigen, in einen gesunden Zustand zurück«. Auch das erste gedruckte Kräuterbuch, der »Mainzer Gart der Gesundheit« von 1485, sieht das Geraniengewächs als ein »Mittel gegen Traurigkeit und gut fürs Herz«. Paracelsus lehrte ebenfalls, dass das Pulver, auf einem Butterbrot gegessen, froh macht und die Melancholie vertreibt. Könnte ja sein, dass da etwas dran ist; die Aromatherapie kennt ja schließlich auch ein Geranien-Duftöl gegen Depression.

Die Blüten des Ruprechtskrauts werden vor allem durch Bienen, aber auch Falter bestäubt.

IN DER PRAXIS

WIE WERDE ICH ES LOS?

Wenn man es regelmäßig jätet, kann man das Ruprechtskraut gut eindämmen oder sogar ganz beseitigen. Wichtig ist, dass man das vor der Samenreife tut, denn wenn sich die Samenkapseln einmal geöffnet und die Samen weit in alle Richtungen geschleudert haben, ist die nächste Generation schon im Anmarsch.

WAS KANN MAN ESSEN?

Das Ruprechtskraut ist als Wildkraut weniger auf dem Speiseplan als in der Hausapotheke zu finden. Es riecht sehr intensiv, und man kann, wenn man Geruch und Geschmack mag, die frischen Blätter in geringen Mengen als Würze in Salate geben. Aus den Samen lassen sich im Winter Keimlinge ziehen, die Salate und Gemüsegerichte mit Vitaminen anreichern.

RUPRECHTSKRAUTTEE

1 EL frisches oder getrocknetes Kraut oder 1 TL der getrockneten, klein geschnittenen Wurzel mit 250 ml kochendem Wasser überbrühen. Den Kraut-Aufguss 5 Minuten, den Wurzel-Aufguss 15 Minuten zugedeckt ziehen lassen.

Vom Tee trinkt man bei Magenentzündung und Durchfall 2 Tassen täglich. Abgekühlt kann man den Tee zum Spülen und Gurgeln bei Mund- und Rachenentzündungen verwenden oder auf einer Tamponade bei Nasenbluten. Die enthaltenen Gerbstoffe wirken zusammenziehend, blutstillend und heilend.

VOGELMIERE

Man kann getrost sagen: Was andere Nelken als Schönheit haben, hat die Vogelmiere an Lebenskraft. Und das, obwohl sie mit ihren winzigen, weißen Sternblüten so zerbrechlich und schwach erscheint.

Die Vogelmiere *(Stellaria media),* ein zartes Nelkengewächs, lernte ich so richtig in unserem Gemeinschaftsgarten im Camphill-Dorf kennen. Jedes Jahr im Spätherbst fräste der Gärtnermeister die Beete und machte sie unkrautfrei, damit wir im Frühjahr wieder zügig den Garten bestellen konnten. Doch nachdem dann im Frühjahr der Schnee den Boden freigegeben hatte, waren die kahlen Flächen dicht mit der hellgrünen Vogelmiere, dem *mouron des oiseaux* (= Gauchheil der Vögel), bedeckt.

Die zarte Pionierpflanze besitzt nicht nur eine überbordende Lebenskraft – sie vermag fünf bis sechs Generationen pro Jahr hervorzubringen und erzeugt bis zu 20 000 Samen pro Pflanze, mit einer Keimdauer von 60 Jahren –, sie ist auch winterfest. Sie keimt unter null Grad und wächst sogar unter der Schneedecke. In frostigen Nächten faltet sie ihre Blätter schützend über die jungen Triebe. Weltweit erstreckt sich ihr Areal bis über den Polarkreis hinaus. Wie das Gänseblümchen kann die Vogelmiere fast das ganze Jahr hindurch blühen, wenn die Strahlen der Sonne sie erreichen und der Frost die zarte Pflanze nicht allzu fest im Griff hat.

VITAMINREICHES WILDGEMÜSE

Pollenanalysen aus der Eiszeit vor 28 000 Jahren, die nach Ausgrabungen im Lee Valley Arctic Bed bei London durchgeführt wurden, zeigen, dass das kälteresistente, kriechende Kräutlein einst auch in der eiszeitlichen Tundra wuchs und Futter für Mammuts, Wildpferde und Steppenbisons war. Wahrscheinlich diente die Vogelmiere schon den Neandertalern als Vitaminspender; sie hielt ihnen den Skorbut vom Leibe.

Noch immer ist sie eines der schmackhaftesten Wildgemüse. Die zarten Blätter, die man mit in den Salat tut, ähneln vom Geschmack her dem milchreifen, frischen Mais. Das junge Kraut ist köstlich kleingehackt im Quark. Gekocht schmeckt es so gut wie Spinat. Neben viel Vitamin C, A, B1, B2 und B3, enthält das kleine Nelkengewächs auch Mineralstoffe (unter anderem Kieselsäure, Kalium, Eisen, Zink, Kalzium, Phosphor), Flavonoide (Rutin) und Saponine.

◆

Vitaminreich und köstlich: Vogelmiere als Salat oder Gemuse.

AUS DER NÄHE

VOGELMIERE

Stellaria media

VERBREITUNG
Weltweit verbreitet

STANDORT
Bevorzugt frische, feuchte Böden, eher halbschattig oder schattig als vollsonnig. Stickstoffanzeiger; auf nährstoffreichen Böden in Gärten, auf Äckern und Brachflächen

VEGETATIONSZEIT
Einjährig, wächst und blüht aber das ganze Jahr über, selbst im Winter

VERWENDBARE TEILE
Ganzes Kraut

1. JUNGER TRIEB
Mit ihren zarten grünen Trieben überzieht die Vogelmiere in kurzer Zeit größere Brachflächen im Garten. Durch den dichten Teppich, den sie bildet, schützt sie das Erdreich vor Austrocknung und Erosion.

2. TRIEB MIT KNOSPEN
Aus den Blattachseln entstehen immer neue Blütenstände. Die Knospen stehen aufrecht, an den dünnen, langen Stielen hängen die Fruchtstände.

3. BLÜTE
Jede Blüte hat fünf weiße Blütenblätter. Wer nicht genau hinschaut, zählt doppelt so viele – des Rätsels Lösung: Jedes Blütenblatt ist fast bis zum Grund zweigeteilt.

4. BLÄTTER
Die Blätter der Vogelmiere sind ganzrandig, länglich oval, glatt und am Ende zugespitzt.

5. SAMEN
Jeder der zahlreichen rotbraunen Samen ist nur rund 1 Millimeter groß.

1

3

2

4

5

Steffen Fleischhauer, der bekannte Wildgemüseexperte, berichtet, dass die Vogelmiere doppelt so viel Kalzium, dreimal so viel Kalium und Magnesium und siebenmal so viel Eisen wie Kopfsalat enthält, dazu zwei- bis achtmal so viel Vitamin A und C.
Auch den Vögeln schmeckt das frische Grün. In den Großstädten, etwa in London und Paris, wurde es in den Gassen an Besitzer von Stubenvögeln verkauft. Deswegen hat es seinen Namen Vogelmiere oder Vogelgras bekommen. Auch *Hühnerbiss* oder englisch *chickweed, Hühnerdarm* oder *Mäusedarm* wird es genannt, weil sich der innere Gefäßbündelstrang wie ein »Darm« aus dem Stängel herausziehen lässt.

HEILEN MIT DER VOGELMIERE

Ihre Lebenskraft sowie die reichhaltige Palette von Inhaltsstoffen machen die Vogelmiere auch zu einer beliebten Heilpflanze. Es war Kräutervater Sebastian Kneipp, der die Pflanze für die Neuzeit wiederentdeckte. Vogelmierentee gilt als schleimlösend bei Entzündungen der Atemwege. Kneipp ließ zu diesem Zweck das Kraut in Fleischbrühe aufkochen. Kurmäßig getrunken hilft der Aufguss auch innerlich zur Entschlackung bei Rheuma und bei Verstopfung.
Äußerlich, als heißer Umschlag, kann das Kraut bei Hautreizungen, Hautentzündungen, Geschwüren, Furunkeln und Schuppenflechte verwendet werden, oder man kocht

Inmitten von Konkurrenzpflanzen wächst die Vogelmiere auch in die Höhe.

eine Salbe aus dem Kraut. Wahrscheinlich sind es vor allem die Seifenstoffe (Saponine), die für die reinigende und schleimlösende Wirkung verantwortlich sind.
Hildegard schreibt: »Der *honesdarm* (Hühnerdarm) ist warm und ist ein *uncrùt* (Unkraut). Aber wenn ein Mensch unglücklich gestürzt oder mit Stangen gestoßen worden ist, sodass seine Haut davon bläulich ist, dann koche er *honesdarm* in Wasser, presse das Wasser aus und lege das Kraut warm auf die Stelle.«

Auf den Gemüsebeeten finde ich immer wieder Vogelmiere – sie wandert in den Salat.

ÖKOLOGIE

Nicht jeder ist begeistert von der Vogelmiere. Man braucht nur ins Internet oder in diverse Gartenzeitschriften zu schauen. Der Hühnerdarm nimmt den Nutzpflanzen Nährstoffe, Licht und Wasser weg, heißt es da. Die Bekämpfungstipps reichen vom gnadenlosen Jäten, Ersticken durch Abdeckung mit schwarzer Folie, exzessive Überdüngung mit Kali bis hin zum Unkrautvernichter Roundup. Der amerikanische Unkrautexperte Edwin Rollin Spencer wird richtig bissig, wenn er über die Vogelmiere spricht: »Schade, dass sie nicht einen Namen hat, welcher den Hass des Rasenbesitzers zum Ausdruck bringt, dessen Rasen von diesem Kraut erobert wird, einen Namen wie etwa ‚Rasen-Futsch'. Leider wurde sie von Naturliebhabern benannt. Sogar der botanische Name *Stellaria media* klingt himmlisch. ... Aber die Bestäubung der taubenetzen Blätter mit Ammoniumsulfat wird die Blätter genügend veratzen, sodass die Pflanze abstirbt«.[25]
Agrarwissenschaftler testeten die Bekämpfung mit Unkrautvernichtungsmitteln und mussten beobachten, dass die Vogelmiere äußerst anpassungsfähig ist. Sie entwickelt sich immer mehr zu einem der unangreifbaren »Superunkräuter«. Es scheint, als wolle Mutter Natur sich diese wertvolle Pflanze durch den Menschen nicht nehmen lassen. Die Vogelmiere spielt eine wichtige Rolle im ökologischen Netz. Das Kraut ist nicht nur für Menschen nahrhaft, sondern auch für Wildtiere, für Hühner, Hasen, Wildschweine; seine Samen sind Futter für Kleinvögel, seine nektarreichen Blüten werden von kurzrüsseligen Insekten, von Thripsen, Fliegen und kleinen Käfern bestäubt. Ameisen helfen, die Samen zu verbreiten. Die Pionierpflanze bedeckt schnell entblößte Böden und schützt sie dabei vor Austrocknung oder Erosion; sie heilt gestörte Böden. Wenn im Sommer Kohl, Sellerie, Lauch oder Mais hoch genug sind, dann ist die Vogelmiere in meinem Gemüsegarten als lebender Mulch herzlich willkommen.

Wer naturnah gartnert, braucht die Vogelmiere nicht zu fürchten. Sie schützt den Boden, heilt und schmeckt auch noch gut.

IN DER PRAXIS

WIE WERDE ICH SIE LOS?

Da die Vogelmiere außerordentlich wuchsfreudig ist und außerordentlich viele Samen hervorbringt, wird man sie nur durch sehr konsequentes Jäten los. Ihre Wurzeln, auch die ausgewachsener Exemplare, reichen aber nicht sehr tief in die Erde und lassen sich leicht herausziehen.

WAS KANN MAN ESSEN?

Die ganze Pflanze mit ihren zarten Stängeln, mit Blüten und Blättern schmeckt sehr gut als Salat, aber auch gekocht wie Spinat oder in Suppen und Eintöpfen.

VOGELMIERENSALBE

100 g Gänseschmalz mit 20 g klein geschnittenem Vogelmierenkraut in einem kleinen Topf bei schwacher Hitze langsam schmelzen lassen. Bei geringstmöglicher Temperatur 30 Minuten ziehen lassen. Vom Herd nehmen und abgedeckt und über Nacht ruhen lassen. Am nächsten Tag noch einmal kurz erhitzen, nur so lange, bis das Fett wieder flüssig ist. Durch einen Filter oder ein Mulltuch in ein sauberes Schraubglas abseihen, erkalten lassen und verschließen. Die Salbe hilft bei kleinen Verletzungen, schlecht heilenden Wunden und Abszessen.

VOGELMIERENSUPPE

Diese Suppe ist schnell gemacht. Wer nicht so viel Vogelmiere im Garten hat, kann sie auch gut mit Giersch oder Spinat mischen: Etwa 4 Handvoll Vogelmiere/Giersch fein hacken. 1 geschnittene Zwiebel in 2 EL Öl andünsten. 1 EL Mehl einrühren und langsam mit 750 ml Gemüsebrühe und 150 ml Sahne aufgießen, bis die Einbrenne sämig wird. Kräuter zugeben und einige Minuten kochen lassen. Nach Belieben die Suppe mit dem Mixstab pürieren. Mit Salz und Pfeffer abschmecken und servieren. Besonders fein schmecken knusprige Brotcroutons als Suppeneinlage. Dafür Weiß- oder Schwarzbrot – es kann auch schon vom Vortag sein – in kleine Würfel schneiden und in Butter oder Olivenöl rundherum knusprig braten.

VOGELMIERENTEE

Gegen Halsentzündung hilft der Aufguss mit dem frischen Kraut: Dafür 2 EL frische, kleingeschnittene Vogelmiere mit 250 ml kochendem Wasser überbrühen und zugedeckt 10 Minuten ziehen lassen. Den Aufguss abseihen, auf Trinktemperatur abkühlen lassen und in kleinen Schlucken trinken. Der Tee schmeckt sehr angenehm und wird auch von Kindern gern getrunken.

WEGERICH

Es gibt mehrere heimische Wegerich-Arten, und zwei von ihnen zählen zu den bekannteren Wildkräutern: der Spitzwegerich und der Breitwegerich. Letzterer hat es mit den Auswanderern über den großen Teich geschafft, als »Fußstapfen des weißen Mannes«.

Zur Gattung *Plantago* zählt zum einen die Heilpflanze des Jahres 2014, der Spitzwegerich *(P. lanceolata),* der am liebsten zwischen den Gräsern auf den Wiesen wächst. Auffallend mit seinen zähen, runden Blättern ist der auf Wegen, Parkplätzen, Fußballrasen – sogar im Torraum –, an Wegrändern und auf Brachen wachsende Breitwegerich *(P. major),* dem wir uns hier hauptsächlich widmen. Beide Arten sind windbestäubt. Und dann gibt es noch den gerne auf Rasen wachsenden Mittleren Wegerich *(P. media),* der oft mit dem Breitwegerich verwechselt wird, sich jedoch vor allem durch seine auffallenden hübschen, lilafarbenen Staubblüten unterscheidet; die Blüte duftet angenehm und lockt bestäubende Insekten an. An den Küsten wächst dann noch der Krähenfußwegerich *(P. coronopus),* der früher als Gemüse angebaut wurde.

ÖKOLOGIE EINER ZÄHEN »TRITTPFLANZE«

Der Breitwegerich wuchs schon in der Altsteinzeit in Europa, aber – Pollenanalysen zeigen es – erst, als die neolithischen Bauern dauerhafte Siedlungen anlegten, fand die zähe Pflanze auf Dorfplätzen, Wegen und in den festgetrampelten Tiergehegen einen idealen Standort zum Gedeihen.

Wie auch die Kopfkamille, die Quecke oder der Vogelknöterich, ist der Breitwegerich trittfest. Den Tritten von Tierhufen, Pfoten oder Fußsohlen kann er problemlos widerstehen. Er mag es sogar, denn das Getrampel und Gestampfe merzt zartere Konkurrenzpflanzen aus. Seine Samen sind außerdem schleimhaltig. Wenn es feucht ist, bleiben sie an den Sohlen kleben und verbreiten sich auf diese Weise. Daher nennen Botaniker die Gattung dieser Wegerichgewächse *Plantago: Planta* ist das lateinische Wort für Fußsohle. An den Stiefelsohlen der europäischen Siedler, den Reifen ihrer Fuhrwerke und den Hufen ihrer Haustiere schafften es Spitz- und Breitwegerich sogar über den Ozean bis in die Neue Welt, wo die Indianer die bis dato unbekannten Blattrosetten »Fußstapfen des weißen Mannes« nannten; auch die Maori Neuseelands bezeichnen die Pflanze so.

◆
Die Wegerich-Arten waren hoch verehrte Heil- und Nahrungspflanzen.

AUS DER NÄHE

WEGERICH

Plantago spec.

VERBREITUNG

Heimisch und sehr häufig in Europa, in Nordamerika eingeschleppt

STANDORT

Lehmige Böden, die viel begangen werden, vor allem auf und an Wegen und Weiden

VEGETATIONSZEIT

Ausdauernd, Blüte: Mai-September, Samenreife: September-Oktober

VERWENDBARE TEILE

Ganze Pflanze, Blätter, Wurzeln, Blütenstände, Samen

1. SPITZWEGERICH/GANZE PFLANZE

Alle drei bei uns vorkommenden Wegericharten sind ausdauernd und bilden eine Blattrosette. Beim Spitzwegerich wachsen daraus stängellose, spitz lanzettliche Blätter, die ihm seinen Namen gegeben haben.

2. SPITZWEGERICH/BLÜTE

Von Mai an bis in den Herbst entstehen immer neue Blütenknospen, die zunächst eiförmig, später länglich walzenförmig sind und einen Kranz von weißen, gestielten Einzelblütchen tragen.

3. SPITZWEGERICH/BLÄTTER

Die langen, schmalen Spitzwegerichblätter besitzen deutlich sichtbare, starke Längsfasern, die sie so stabilisieren, dass sie senkrecht stehen können.

4. BREITWEGERICH/ROSETTE

An der Blattform sind die beiden Wegericharten deutlich zu unterscheiden: Die breiten Blätter des Breitwegerichs haben ihm schließlich als charakteristisches Merkmal zu seinem Namen verholfen.

5. BREITWEGERICH/BLÜTE

Die Breitwegerichblüten erscheinen an einem langen, dünnen Blütenstand. Von der Mittelrispe stehen sie einzeln an feinen Stielen fast waagrecht ab und fallen mit ihrer blass grünlichen Farbe kaum auf.

6. BREITWEGERICH/SAMENSTAND

Der noch grüne Samenstand des Breitwegerichs ist – anders als die Blätter – dünner und länger als beim Spitzwegerich.

1

2

3

4

5

6

Wenn es so etwas wie besonders heilige endemische Pflanzen bei den Eingeborenen Europas gab, dann war der Breitwegerich gewiss eine der wichtigsten. Schon in der Jungsteinzeit wurde er, wie wir sehen werden, als Nahrungs- und als Heilpflanze verehrt. Heutzutage gilt er für viele eher als störendes Unkraut auf dem Rasen oder dem Golfplatz. Für Bauern ist er ein »Heudieb«, der das Weidegras verdrängt. Als Windbestäuber, der pro Pflanze drei bis vier Millionen Pollen in die Luft entlässt, gilt er zudem als Heuschnupfenauslöser – wobei zu bemerken ist, dass diese Allergie erst mit der modernen Lebensweise aufgetreten ist und eher auf ein gestörtes Immunsystem hinweist. Nicht nur erzeugt der Wegerich große Mengen Blütenstaub, sondern jede Pflanze kann zwischen 14 000 und 20 000 Samen hervorbringen, die Vögeln und Mäusen als Nahrung dienen. Die Wegerichsamen können bis zu 60 Jahre keimfähig bleiben.

Inzwischen ist der Wegerich weiter in Ungnade gefallen: Angeblich ist er Träger und Zwischenwirt für verschiedene Viren und Pilzorganismen, etwa den Tabakmosaikvirus, den Gurkenmosaikvirus oder den Kartoffelvirus, die unsere landwirtschaftlichen Monokulturen befallen. Besonders betroffen sind anscheinend wieder einmal die gentechnisch veränderten Pflanzen.

DAS HEILIGE KRAUT DER LACHSNER

Die unverwüstliche Zähigkeit der Wegerichrosetten wurde zur Signatur ihrer Heilkraft. Im »Angelsächsischen Neunkräutersegen« aus dem 11. Jahrhundert wird der Wegerich *(waybroad)* gleich als zweitwichtigstes Heilkraut nach dem Beifuß angerufen:

> Und du, Wegbreite,
> Mutter der Wurze (»Heilkräuter«),
> offen nach Osten,
> mächtig im Inneren,
> über dich karrten Wagen,
> über dich ritten Frauen,
> über dich schritten Bräute,
> über dich stampften Stiere.
> Allen widerstandest du
> und setztest dich entgegen.
> So widerstehe auch Gift
> und Ansteckung
> und dem Übel, das über das Land
> dahinfährt.

Die angelsächsischen Heiler, die Laece, bereiteten – nachdem sie den Pflanzengeist auf diese Weise angesprochen hatten – eine Heilsalbe gegen das »fliegende Gift«. Der Laece, wie der skandinavische Laeknir oder der (althochdeutsche) Lachsner oder die

Die Blüten des Mittleren Wegerichs sind unverwechselbar durch ihre lilafarbenen Staubfäden.

Länger als beim Breitwegerich, dicker als beim Spitzwegerich: die Blätter des Mittleren Wegerichs.

Der Breitwegerich siedelt sich besonders gern an viel begangenen Wegen an.

Lachsnerin waren schamanische Heiler, die mit »Wort und Wurz« (mit magischen Gesängen, Zauberworten und Heilkräutern) die Krankheitsgeister und »Würmer« vertrieben und die Kranken heilten.
Wegen seiner starken Heilkraft wurde der Wegerich vielerorts einfach als Heilblatt oder als *Kraut der Lachsner,* als *Lägenblatt* (schwedisch *laekeblad)* bezeichnet. Im süddeutschen Sprachraum wurde daraus das *Lügenblatt.* Man hatte den Ursprung der Benennung schon vergessen, dafür aber ein Kinderspiel erhalten: Wenn man ein Blatt herausreißt, bleiben eine größere oder kleinere Zahl von Gefäßbündeln am Stängelende sichtbar hängen. Jede dieser Fasern steht für eine Lüge, die man an dem Tag schon erzählt hat; einige der herausragenden Blattadern sind länger, andere kürzer, das sind größere oder kleinere Lügen. Als Orakel können

Mädchen fragen, wieviel andere Mädchen ihr Freund schon geküsst hat, oder wie viele Kinder sie haben werden.

Wegerich ist die häufigste Benennung der Pflanze. Sie bedeutet »König des Weges« *(rich* oder *rih,* wie das keltische *rig* oder das lateinische *rex,* bedeuten »König«). Dieser König beherrschte den sakralen Weg (den Hellweg), der im Neolithikum das Dorf – die Welt der Lebenden – mit der »Anderswelt«, dem Grabhügel, Hünengrab, Götterhügel, Mound, Megalithgrab oder *Sídhe* verband. Die Herrin dieser Welt der Geister, des Elfenvolks und der Ahnen war die Große Göttin, die »Verhohlene«, die wir noch aus dem Märchen der Frau Holle kennen. In den Mittelmeerländern kannte man in der Antike diese Göttin, die Herrin der Verstorbenen und die Hüterin der Samen, als Persephone oder Proserpina. Auf dem peinlich sauber gehaltenen Weg zwischen den Welten fuhr zu bestimmten Jahreszeiten ein Kultwagen, der die Göttin und ihren Gefährten ins Dorf trug, wo ihre Anwesenheit orgiastische Fruchtbarkeitsfeste auslöste. Der Kultwagen trug aber auch die Toten auf dieser Bahn in die »Anderswelt« (in den Grabhügel).

Wer damals verwundet war und zu verbluten drohte, wer einen Blutsturz, blutige Ruhr oder eine unstillbare Wochenbettblutung erlitt, war kurz davor, die diesseitige Welt zu verlassen. Aber auf dem Weg wuchs der mächtige Wegerich, und dieser konnte wie kein anderer das Blut stillen. Bei den Germanen war die den Hellweg beherrschende Pflanze dem Woden, dem Schamanengott, geweiht, der es vermochte, in die Anderswelt zu reisen und wiederzukommen. Im Mittelmeerraum war die Pflanze dem göttlichen Schamanen Hermes oder Merkur geweiht. Da die Pflanze dem göttlichen Wanderer Merkur geweiht war, ist es verständlich, dass man Wegerichblätter bei langen Fußmärschen in die Schuhe legte, oder dass die Wanderer sie bei Wasserblasen und Hühneraugen, Skorpionstichen, Hunde- und Schlangenbissen als Breiumschlag auflegten.

99 Wurzeln habe die Pflanze, wie es heißt, die alle mit der Mutter Erde verbunden sind und die Macht haben, gegen unsichtbare, Siechtum und Auszehrung verursachende »Dämonenwürmer« und böse »Schelme« zu wirken. Diese Wurzeln wurden als Amulett getragen. Hildegard benutzte den Wegerich gegen Gicht, Geschwülste und auch »wenn ein Mann oder eine Frau einen Liebeszauber gegessen oder getrunken hat, durch den er oder sie in schändlicher Liebe entbrennt«. Dieser Person verabreiche man Wegerichsaft und dann einen starken Purgiertrank, damit sie innerlich gereinigt werde.

HEILEN MIT DEM WEGERICH

Dass der Wegerich, wenn man ihn kaut und auf eine blutende Wunde legt, das Blut sofort stillt, haben wir als Kinder immer wieder

SCHUTZ BEI DER GEBURT

Noch bis ins Mittelalter hielten Frauen bei der Geburt den Breitwegerich in der Hand als Schutz vor Ungemach. Noch im 11. Jahrhundert schrieb ein Priester einen »Blutsegen« auf, in welchem einer unter starken Blutungen leidenden Frau das Kraut der Proserpina als Blutstiller in die Hand gegeben wurde.

erleben können. Als Kriegskinder spielten wir ständig Krieg – auf diese Weise spielten wir uns aus unseren Kriegstraumata heraus. Dabei ging es nicht zimperlich zu. Von Steinen getroffen, hatte der eine oder andere immer wieder mal eine Platzwunde, die wir mit dem Wegerich behandelten. Dieses Heilwissen war – wie die Pfeil-und-Bogen-Spiele, wie Hüpfspiele und Abzählreime – ein Aspekt der altüberlieferten, von Generation zu Generation weitergegebenen Kinderkultur, des Kinderwissens.

Die Heilanwendung des Breitwegerichs beschränkt sich aber nicht auf das Blutstillen. Die Pflanze wirkt adstringierend, Auswurf fördernd, antibakteriell, immunmodulierend, reizmildernd, erweichend, harntreibend und wundheilend und wurde deshalb auf vielfältigste Art und Weise eingesetzt. Eine Abkochung der Samen wirkt gegen Durchfall. Die heimischen Wegericharten gehören zu den seit alten Zeiten am häufigsten eingesetzten Heilkräutern.

ÖLSAMEN UND STEINPILZAROMA

Nicht nur heilen kann dieses »Unkraut«, es lässt sich auch gut essen. Für die Bauern der Jungsteinzeit gehörten die ölreichen Samen zu den »Getreiden«, den Körnern die »eingetragen« wurden. Wenn sie reif sind, kann man die Wegerichsamen im Herbst leicht mit den Fingern abstreifen und relativ schnell einen Behälter füllen. Man kann die Samen über den Winter aufbewahren, ins Brot backen, eine schleimige Grütze kochen, sie mörsern und ins Müsli tun oder in Aufläufen, Bratlingen und Suppen verwenden. Auch die Blätter sind lecker. Sie haben ein Steinpilzaroma und eignen sich gut für die Suppe. Die jungen Blätter kann man in den Salat mischen, oder – wie es die Russen machen – wie Sauerkraut vergären. Ältere Blätter werden zäh und schmecken nur noch klein geschnitten und gekocht. Wenn Raucher unter ihren Tabak getrocknete Wegerichblätter mischen, fällt ihnen die Nikotin-Entwöhnung angeblich leichter. Die grünen Ährenstände, also die langen, zarten Blütenknospen, sind ein delikates Gemüse. Man kann sie auch roh auf dem Butterbrot essen. Sie enthalten viel Vitamin A und Kalzium.

Die aus dem abgerissenen Breitwegerichblatt heraushängenden Gefäßbündel stehen im Mittelpunkt vieler überlieferter Kinderspiele.

IN DER PRAXIS

WIE WERDE ICH IHN LOS?

Da der Wegerich, vor allem der Breitwegerich, häufig in hartem, festgetretenem Untergrund wächst, lässt er sich nicht so einfach aus der Erde ziehen. Man muss jede einzelne Blattrosette heraushacken oder -stechen – und zwar am besten vor der Samenreife. Denn die Samen kleben an Tierhufen und Schuhsohlen und bleiben jahrzehntelang keimfähig.

WAS KANN MAN ESSEN?

Die ölreichen Samen sind nahrhaft und lassen sich für den Winter trocknen und aufbewahren. Die Blätter kann man roh oder gekocht verzehren, in besonders große, breite Exemplare wickeln Feinschmecker gern gewürzte Schafskäsewürfel ein oder pikante Füllungen auf der Basis von Reis oder Getreide.

Die unreifen Samen, also die ganzen Blütenstände, kann man kleingehackt in den Kräuterquark rühren, in die Wildkräuterbutter kneten oder einfach aufs Brot streuen.

WEGERICHTEE

Die Blätter des Breit- und des Spitzwegerichs ergeben einen hervorragenden Hustentee für den Winter. Dafür die Blätter im Schatten trocknen und an einem dunklen, trockenen Ort aufbewahren. Für einen Hustentee 2 TL getrocknete Blätter mit 250 ml kochendem Wasser überbrühen, 10 Minuten zugedeckt ziehen lassen und abseihen. Etwas abkühlen lassen und schluckweise trinken.

ANMERKUNGEN

[1] Gottfried Honegger: Was uns das Un-Kraut lehrt. Steinhausen, Schweiz: Verlag Victor Holz, 2009

[2] Felicia Molenkamp: Kräuter-Biotika. Aarau und München: AT-Verlag, 2015

[3] Tabelle: AID Infodienst, 1992, »Wildkräuter«, und https://zentrum-der-gesundheit.de/wildkraeuter.html

[4] Prof. Dr. Monika Krüger; Veterinärmedizinische Fakultät, Universität Leipzig

[5] Zu den Neophyten siehe Wolf-Dieter Storl: Wandernde Pflanzen. Neophyten, die stillen Eroberer. Ethnobotanik, Heilkunde und Anwendungen. Aarau und München: AT-Verlag, 2012

[6] Mechthild Scheffer und Wolf-Dieter Storl: Die Seelenpflanzen des Edward Bach. Aurum: Bielefeld, 2012, Seite 215

[7] Steffen G. Fleischhauer et al.: Essbare Wildpflanzen. Baden und München: AT, 2007, Seite 9

[8] Noch besser geeignet als Zinnputzmittel, auch als Schmirgel für feine Tischlerarbeit, ist der Winterschachtelhalm *(Equisetum hyemale)*, der an feuchten, schattigen Standorten, aber nicht auf Äckern wächst.

[9] Jürgen Dahl: Zeit im Garten. München: DTV, 1994, Seite 44

[10] Edward Rollin Spencer: All About Weeds. New York: Dover, 1968, Seite 196

[11] Sara Stein: My Weeds. Boston/New York: Houghton Mifflin Co., 1994, Seite 46

[12] Früher als Rachenblütler, heute offiziell als Wegerichgewächs klassifiziert.

[13] Hieronymus Bock: Kräuterbuch. Straßburg, 1551

[14] Mellie Uyldert: Verborgene Kräfte der Pflanzen. München: Hugendubel, 1984, Seite 148

[15] Plinius, nat. hist. XX 252 (hg. und übersetzt von R. König und G. Winkler)

[16] H. K. Bakhru: Foods that Heal. New Delhi: Orient Paperbacks, 1995, Seiten 87-88.

[17] Die Gattungen Gänsefuß *(Chenopodium)* und Melde *(Atriplex)* sind sich sehr ähnlich und werden von Laien leicht verwechselt. Die Unterschiede sind eigentlich nur für den Botaniker interessant. Gänsefüße sind zweigeschlechtlich, Melden sind eingeschlechtlich. Bei den Gänsefüßen fehlen die für die Melden typischen Hüllblätter der Frucht.

[18] Joseph A. Cocannouer: Weeds. Guardians of the Soil. New York: Devin-Adair, 1964

[19] John Gerard: The Herball or Generall Historie of Plantes. London: John Norton, 1597

[20] http://idiome.deacademic.com/2497/Schabab
http://bewohnerinderwaelder.blogspot.com.es/2008/09/welche-blumen-gehören-in-den-korb.html

[21] Hermann Löns: Der kleine Rosengarten. Jena, 1910

[22] Heinrich Marzell: Wörterbuch der deutschen Pflanzennamen. Stuttgart: S. Hirzel Verlag, 1979, S. 600-655

[23] Volker Fintelmann und Rudolf Fritz Weiss: Lehrbuch der Phytotherapie. Stuttgart: Hippokrates, 2002

[24] Hildegard von Bingen: Liber simplicis medicinae; Kap. LIII

[25] Edwin Rollin Spencer: All about Weeds. New York: Dover, 1968, Seite 110

REGISTER

G

H

I/J

K

L

M

N

O/P/Q

Wichtiger Hinweis

Manche der in diesem Buch vorgestellten Pflanzen sind regional geschützt. Bitte informieren Sie sich bei den Behörden Ihres (Bundes-)Landes über die geltenden Vorschriften. Wild wachsende Pflanzen, die nicht unter Naturschutz stehen, dürfen in der Regel genutzt werden; sammeln Sie jedoch nur einzelne Pflanzen, sodass der Bestand geschont wird. Die Informationen in diesem Buch wurden von Autor und Verlag sorgfältig geprüft. Dennoch kann bei Schäden, die durch die gegebenen Tipps, Hinweise und Rezepte entstehen, keine Haftung übernommen werden.

IMPRESSUM

Der Autor

Dr. Wolf-Dieter Storl, geboren 1942 in Sachsen, ist Kulturanthropologe, Ethnobotaniker und Autor. Als er elf Jahre alt war, wanderten seine Eltern nach Ohio aus, wo er seine Freizeit größtenteils in der Wildnis der Wälder verbrachte. Er studierte Botanik und später Anthropologie. Nach dem Studienabschluss wurde er Vollzeitdozent für Soziologie und Anthropologie. Er promovierte in Bern zum Doktor der Ethnologie. Es folgten Lehraufträge an internationalen Universitäten. Wolf-Dieter Storl unternahm viele Reisen in ferne Länder und betrieb ethnografische und ethnobotanische Feldforschungen. Das Gärtnern, aber auch die ursprüngliche Natur, Wildpflanzen und Tiere, waren immer schon seine Quelle der Inspiration. Seit 1988 lebt er mit seiner Familie im Allgäu.

Projektleitung: Maria Hellstern
Lektorat: Dorothea Steinbacher
Bildredaktion: Esther Herr
Umschlaggestaltung & Layout: kral&kral, München
Satz: Ludger Vorfeld
Herstellung: Susanne Mühldorfer
Repro: Longo AG, Bozen
Druck & Bindung: Firmengruppe Appl, Wemding

ISBN 978-3-8338-6349-3
9. Auflage 2025

Syndication:
www.imageprofessionals.com

Umwelthinweis:
Dieses Buch ist auf PEFC-zertifiziertem Papier aus nachhaltiger Waldwirtschaft gedruckt.

Bildnachweis:
Alle Fotos in diesem Buch stammen von **Ingo und Ingrid Lisa Storl,** mit Ausnahme von: **Alamy Stock Foto:** 16, 137-3, 189-7, 196-2, 207-2; **Rolf Brenner:** Cover, Innentitel, 4, 10, 45-2, 61, 97, 143; **Flora Press:** 35, 55-3, 72, 118, 136, 155-3, 156-1, 157-1, 224-3; **Fotolia:** 19, 20, 22, 27, 44, 82, 87-6, 91-2, 107-1, 152, 158-3, 233; **GAP Photos:** 63-2, 90, 106, 134, 159-2; **Bernhard Haselbeck:** 43, 98, 115, 240; **iStock:** 18, 28, 31, 108, 119-3, 149-5, 158-2, 185-3; **mauritius images:** 17, 30, 41-1, 113-1,119-2, 141-3, 149-1,151, 156-2, 181-1, 201-4, 213; **Jörn Rynio:** 225-1; **shutterstock:** 7, 9, 33, 55-1, 60, 75-2, 83-2, 87-5, 107-3, 131-5, 145-3, 150, 155-2, 157-2, 159-1, 177-3, 191, 196-3, 197-1, 197-2, 211-6, 216, 217-3, 225-2, 235-2, 235-3; **Martin Staffler:** 15; **Stock-Food:** 74-1, 91-3, 99-3, 137-2, 166, 169-2, 169-3, 195, 207-3; **Stocksy:** U4; **Friedrich Strauss:** 21, 54-3, 105, 145-1, 145-2.

QUALITÄTS G|U GARANTIE

LIEBE LESERINNEN UND LESER,
wir wollen Ihnen mit diesem Buch Informationen und Anregungen geben, um Ihnen das Leben zu erleichtern oder Sie zu inspirieren, Neues auszuprobieren. Wir achten bei der Erstellung unserer Bücher auf Aktualität und stellen höchste Ansprüche an Inhalt und Gestaltung. Alle Anleitungen und Rezepte werden von unseren Autoren, jeweils Experten auf ihren Gebieten, gewissenhaft erstellt und von unseren Redakteur*innen mit größter Sorgfalt ausgewählt und geprüft.

Haben wir Ihre Erwartungen erfüllt? Sind Sie mit diesem Buch und seinen Inhalten zufrieden? Wir freuen uns auf Ihre Rückmeldung. Und wir freuen uns, wenn Sie diesen Titel weiterempfehlen, in Ihrem Freundeskreis oder bei Ihrem Online-Kauf.

Sollten wir Ihre Erwartungen so gar nicht erfüllt haben, tauschen wir Ihnen Ihr Buch jederzeit gegen ein gleichwertiges zum gleichen oder ähnlichen Thema um.

KONTAKT ZUM LESERSERVICE
GRÄFE UND UNZER VERLAG
Grillparzerstraße 8
81675 München
www.gu.de

»Ohne Unkräuter wäre die Natur nicht denkbar.
Ohne sie wären wir viel ärmer.«

Wolf-Dieter Storl